佛山制造与工匠文化

中共佛山市委宣传部
广州市东方实录研究院 编著

SPM
南方传媒

广东人民出版社
·广州·

图书在版编目（CIP）数据

佛山制造与工匠文化 / 中共佛山市委宣传部，广州市东方实录研究院编著. —广州：广东人民出版社，2023.12

ISBN 978-7-218-16989-7

Ⅰ.①佛… Ⅱ.①中… ②广… Ⅲ.①制造工业—工业史—佛山 Ⅳ.①F426.4

中国国家版本馆CIP数据核字（2023）第191340号

FOSHAN ZHIZAO YU GONGJIANG WENHUA

佛 山 制 造 与 工 匠 文 化

中共佛山市委宣传部 广州市东方实录研究院 编著

版权所有 翻印必究

出 版 人：肖风华

责任编辑：梁 茵 胡 萍
责任技编：吴彦斌 周星奎

出版发行：广东人民出版社
地 址：广州市越秀区大沙头四马路 10 号（邮政编码：510199）
电 话：（020）85716809（总编室）
传 真：（020）83289585
网 址：http://www.gdpph.com
印 刷：珠海市豪迈实业有限公司
开 本：787 毫米 × 1092 毫米 1/16
印 张：20 字 数：350 千
版 次：2023 年 12 月第 1 版
印 次：2023 年 12 月第 1 次印刷
定 价：88.00 元

CONTENTS 目录

2 第二部分

佛山制造企业"工匠文化"访谈精华录

3 第三部分
参加访谈企业概况、工匠事迹与人才保育措施

1

《佛山制造与工匠文化》
课题研究报告

前 言

党的十八大以来，习近平总书记对劳模精神、工匠精神一再倡导与论述。2021年4月30日，在"五一"国际劳动节到来之际，习近平向全国广大劳动群众致以节日的祝贺和诚挚的慰问时说："劳动创造幸福，实干成就伟业。希望广大劳动群众大力弘扬劳模精神、劳动精神、工匠精神，勤于创造、勇于奋斗，更好发挥主力军作用，满怀信心投身全面建设社会主义现代化国家、实现中华民族伟大复兴中国梦的伟大事业。"[①]2022年4月27日，习近平在致首届大国工匠创新交流大会的贺信中说："技术工人队伍是支撑中国制造、中国创造的重要力量。我国工人阶级和广大劳动群众要大力弘扬劳模精神、劳动精神、工匠精神，适应当今世界科技革命和产业变革的需要，勤学苦练、深入钻研，勇于创新、敢为人先，不断提高技术技能水平，为推动高质量发展、实施制造强国战略、全面建设社会主义现代化国家贡献智慧和力量。"[②]自2016年以来，"工匠精神"和"工匠文化"连续在政府工作报告中提出，并在全国引起高度关注与普遍讨论。中华全国总工会和中央广播电视总台联合举办的"大国工匠年度人物"发布活动也在全国

[①] 《在"五一"国际劳动节到来之际，习近平向全国广大劳动群众致以节日的祝贺和诚挚的慰问》，新华网，2021年4月30日。

[②] 《习近平致首届大国工匠创新交流大会的贺信》，中国政府网，2022年4月27日。

推向深入，使得工匠精神的塑造，成为民族复兴伟业系统工程的重要组成部分。

佛山市第十三次党代会报告中提出，务必成为传承岭南广府文脉的领头羊，同时提出要推动工匠文化大放光彩，让市民在唤起"集体记忆"中共享美好精神财富，进一步坚定文化自信。

从历史发展和社会发展的视角看，"工匠精神"与"工匠文化"的提出实质是中华民族伟大复兴的需要，为中国正在进行的"十四五"规划建设项目提供切实可靠的伦理价值准备与思想文化支撑。在中国制造向中国智造转型升级的重要节点，提炼新时代"工匠精神"的特征，丰富其内涵，为之全力鼓与呼，对佛山而言有着特别重要的意义。

习近平总书记在考察格力电器股份有限公司时，同科研人员亲切交谈指出："实体经济是一国经济的立身之本、财富之源。"[①]在郑州煤矿机械集团股份有限公司考察时强调："制造业是实体经济的基础，实体经济是我国发展的本钱，是构筑未来发展战略优势的重要支撑。"[②]实体经济是大国的根基，从大国到强国，实体经济发展至关重要，任何时候都不能脱实向虚。中国作为四大文明古国之一，铸造技术在古代和中世纪曾长期处于领先地位。[③]明清时期在东亚范围内，只有中国和朝鲜有铁矿开采并能铸造铁器提供出口。[④]而古代佛山制造业，则是中国作为东方铸造文明大国世代辉煌的重要支撑点。佛山广锅为天下所贵，从郑和下西洋到"九边互市"，都以广锅作为王朝礼品馈赠南洋诸国和少数民族首领。清皇室长期在佛山采办大广锅，设置在盛京三陵、清宁宫、北京坤宁宫，作为祭祖

---

① 光明日报评论员：《把创新发展主动权掌握在自己手中——二论深入贯彻习近平总书记广东考察重要讲话精神》，《光明日报》2018年10月28日。

② 《习近平在河南考察》，人民网，2019年9月19日。

③ 华觉明先生曾论述了美索不达米亚、埃及、印度和中国的金属技术产生的年代，认为中国金属技术产生时间比埃及、印度要早，仅晚于美索不达米亚，而其他文明体均晚于四大文明古国。（载华觉明《中国古代金属技术——铜和铁造就的文明》，大象出版社1999年版，第285页。）李约瑟曾指出："从公元五世纪到十七世纪，在此期间，正是中国人而不是欧洲人，能得到他们所企求的那么多铸铁，并惯于用先进方法来制钢，这些方法直到很久，欧洲人仍完全不知道。""在中世纪，除了中国（世界上）没有什么地方能供应多量的铸铁和钢。"（载李约瑟：*The Development Of Iron and Steel Technology in China*，转引自《科技史文集》第3辑，上海科学技术出版社1980年版，第117页。）

④ 罗一星：《帝国铁都：1127—1900年的佛山》，上海古籍出版社2021年版，第123—124页。

先、敬天地的礼器。佛山还成为国内供应海防大炮的最大军火基地。作为支柱产业，佛山铸造业带动了陶瓷业、纺织业等175种手工业行业的发展，使佛山不仅成为中国南方地区最大的制造中心，也成为明清时期"天下四大镇"之一。①重温佛山制造的历史辉煌，应该成为佛山当今工匠文化建设的重要内容。

佛山是中国制造业大市，从古至今，制造业既是推动佛山城市文明进步的引擎，也是工匠文化的孕育条件和根本支撑；如今的佛山制造业，传承了历史的荣光，更以傲人的业绩扛起中国制造的一片江山。改革开放以来的40余年，极具活力的佛山民营经济铸造了制造业的奇迹。至2022年，佛山制造业企业超10万家，规模以上工业总产值超2.87万亿元，产值超千亿元的企业2家，超百亿元企业35家，超亿元企业2000多家，涌现出美的集团、格兰仕集团、海天集团、联塑集团、万和电气等一大批在全国乃至全世界都响当当的民营制造业龙头。围绕着这些龙头企业，产业链上下游又聚集了成千上万为之配套的中小企业，形成了极为完善的"大企业顶天立地、小企业遍地珍珠"的佛山民营经济生态体系。2019年，佛山跨入中国GDP万亿城市行列，经济总量名列全国前茅，成为广东省第三大经济中坚城市，佛山制造业立市正迈向新征程。可以说，制造业是佛山安身立命之本，是佛山城市长期发展的根基。

工匠文化是佛山民营制造的软实力和灵魂。明清时期佛山的居住人口以工匠最多，是劳动人口的主体，不以分散个体存在，而是分属于各个行业组织。各行都有自己的工匠组织——西家行，从而形成独特的佛山工匠文化，许多优秀的文化基因和执业理念作为吸引和聚合工匠的力量一直发挥着作用，留存后代、影响未来。

近年来，佛山的氢能、机器人、新能源汽车等新兴产业迅速发展，大批技术员工落户佛山，工匠群体成为佛山制造业腾飞的核心资源。如何激励工匠钻研技术，提高职业自信，营造适宜工匠文化发展传承的生态环境和舆论导向，从而推动佛山经济社会高质量发展，是摆在佛山市委、市政府面前的重要议题。

基于此，中共佛山市委宣传部与广州市东方实录研究院联合开展《佛山制造与工匠文化》课题研究，希望通过开展《佛山制造与工匠文化》课题研究，考察

---

① 罗一星：《帝国铁都：1127—1900年的佛山》，上海古籍出版社2021年版，第121—155页。

佛山工匠文化历史和现在的传承关系，总结佛山长期保育工匠群体良好生态环境的方式方法，成为佛山打造制造业名城的长期抓手，以及佛山完善城市品牌建设的重要文化工程，增强佛山人的文化自信和对城市的认同感、归属感。课题组访谈了美的集团、格兰仕集团、东鹏控股等20家佛山企业，获取第一手企业发展资料，充分发挥广州市东方实录研究院在佛山历史研究方面的人才和成果优势，对佛山制造和工匠文化的历史进行系统考察和梳理；以全球化视野重点剖析佛山企业消化吸收世界先进制造国家工匠文化的效果；探源佛山工匠文化历史，发掘提炼佛山工匠文化基因，为弘扬佛山新时代工匠文化建言献策。

本研究报告第一章梳理工匠文化的诸概念。第二章总结古代佛山制造的特点。第三章从工匠创物、工匠技术、工匠制度、工匠精神四个相互关联的维度，考察古代佛山工匠文化体系。第四章论述佛山工匠从古代制造业迈入近现代制造业的传承与蝶变，以全球化视野分析佛山企业与外国企业的交流与合作。第五章考察佛山现代工匠文化实践主体的角色特征和形态变迁，提出现代佛山工匠具有人机共舞的特点和"集成匠人"的工匠组织特征。第六章提炼新时代佛山工匠精神的核心内涵。第七章从厚植工匠文化的政府赋能层面，提出构建产业工匠群体保育体系、建设佛山智造产业大学等举措。第八章讨论佛山工匠文化的公众传播及城市品牌建树。

第一章

工匠文化诸概念梳理

2016年，"工匠精神"首次登上政府工作报告中，在全国引起高度关注与普遍讨论。工匠文化和工匠精神研究成为热点课题，人力资源和社会保障部、中央党校、国家社会科学基金以及上海市、苏州市等地的单位和学术团队都开展了相关课题研究，推出阶段性研究成果，[①]作出了开拓性贡献。

从国内外研究现状看，目前工匠文化研究主要集中在工匠精神内涵、工匠生存、工匠名录、工匠文化与科技之关系等层面。有的研究对工匠文化和工匠精神的概念把握不够准确；有的研究见事不见人，工匠本体缺位，更谈不上工匠精神；有的研究用工艺美术成果代替工匠文化，缺乏系统说服力。鉴于此，有必要对工匠、工匠精神、工匠文化等概念进行梳理，明确其涵义，界定其范围。

一、工匠

工匠是世间百物的造物者，是人类生活的创造者，生产性是工匠的重要特

---

① 工业和信息化部工业文化发展中心：《工匠精神——中国制造品质革命之魂》，人民出版社2016年版；吴顺主编：《工匠精神——传承与创新》，中共党史出版社2018年版；潘天波：《工匠文化三论》，中国社会科学出版社2021年版；钮雪林主编：《精致苏州与工匠精神》，古吴轩出版社2018年版；邹其昌：《论中华工匠文化体系——中华工匠文化体系研究系列之一》，《艺术探索》2016年第5期。

质。"匠人"在拉丁语中为Homofaber，即会制造与使用工具的人。在汉语中，"工"是象形字，本义是"工匠的曲尺"。《辞海·工部》说："工，匠也。凡执艺事成器物以利用者，皆谓之工。"制造是人类作为万物之灵长区别于其他生物的能力。只有人类才真正拥有系统性的制造能力，并高度依赖于自己的制造物。制造活动从人类诞生之日起，就与人类的生活伴随始终。

（一）中华古代工匠

早期"工"的主要活动是为官府造物和生产工具。中国社会第一代"工匠"可以说是殷商时代占卜事神的巫史，巫史从事并管理各种手工艺活动，由巫工刻画的甲骨卜辞在文化传播上发挥了重要作用。先秦时期诸侯之间竞争激烈，"问鼎中原"成为诸侯重视器物革故鼎新的时代命题。"工"在此时作为一个独立阶层出现，成为战国以来社会重视的重要群体。《考工记》曰："知者创物，巧者述之，守之世，谓之工。"《考工记》是中国古代第一部官方手工知识著述，一共记载了六大序列（木工、金工、皮工、色工、刮摩工、抟埴工）三十类工种，其中关于"金工"的记载与古代佛山冶铁工匠有密切关联。《考工记》载："攻金之工，筑氏执下齐、冶氏执上齐、凫氏为声、栗氏为量、段氏为铸器、桃氏为刃。"[①]"六齐"是中国铸造技术的智慧成果，就是六种合金剂量[②]。"冶氏执上齐"，说明"冶氏"掌握着重要的合金技术。凫氏做编钟乐器、栗氏做计量衡器、段氏做锄犁田器、桃氏做刀剑兵器，工匠术业，各有专攻。"佛山冶"为天下所称，环顾当时国内称"冶"的地名十分罕见，可见"佛山冶"，由来有自。

"百工"是先秦社会六职之一，《考工记》称"审曲面势，以饬五材，以辨民器，谓之百工"，百工的职责是充分了解自然物材的形状和性能，辨别挑选原材料，加工成各种器具供人所用。工匠此时成为除巫职之外的一个重要专业阶层。《考工记》记载："百工之事，皆圣人之作也。"这里将"创物"的"百工"称为"圣人"，体现了先秦社会对百工非凡智慧的尊重和敬畏。当时出现了"圣人""国工""上工""良工""下工""匠人""贱工"等有差别技术身份的阶层。"圣人"是指有创物智慧的神工；"国工"是指具有独门技术的特殊

---

① 邓启铜、诸华注释：《周礼》，北京师范大学出版社2019年版，第358—359页。
② 六齐是指我国古代青铜器冶炼中铜和锡的比例，"齐"通"剂"。锡占四分之一以下为上齐，锡占三分之一以上为下齐。

人才；"上工"即"大师"①。《考工记》中记载的上工（大师）有：（虞氏）上陶、（夏后氏）上匠、（殷人）上梓、（周人）上舆等。据研究，夏朝的著名工匠还有禹、公刘、仇生、乌曹、昆吾氏、伯益等，周代以来，名匠辈出，有姬旦、姬虎、楚庄王、楚灵王、弓工、西门豹、轮扁、公输般、管仲、华元、李冰、范蠡、伍子胥、许缩等，他们都在社会发展中发挥了重要作用。②

历史上工匠的身份和管理体制曾经发生了深刻变化，秦国将具有高超技艺的工匠视为战略资源加以保护，工匠在秦国劳动者中具有相对特殊的地位。汉唐以后，随着市场经济逐步扩大，民间制造业规模越来越大。宋代官营制造业渐趋萎缩。明代建立匠籍制度对工匠进行管理，民间工匠随手工业发展而迅速壮大。清代废除明代匠籍制度，放开盐、铁、矿等产业由民营经营，朝廷只保留了小部分制造门类，如江宁织造和景德陶瓷直接官营，规模有限。因此，明清时期，民间工匠成为制造业的主要力量，尤其在佛山镇更是如此。

（二）佛山工匠

佛山历史上没有经过官营手工业的发展阶段，因此佛山工匠没有受到官营手工业制度的羁绊。明清时期的佛山工匠甫经出世，就是民营手工作坊主或作坊工匠，佛山没有工匠人身依附官府的历史环境，都是身份自由的工匠。民营工匠是佛山工匠长期保持的主要身份特征。在讨论佛山不同历史时期的工匠群体活动细节时，本书区分传统工匠与产业工人的不同身份，并以"古代佛山工匠"命名传统工匠。

本书将佛山工匠视为从事佛山制造活动的主体。从本质而言，工匠既是人类物质文明的创造者，也是精神文明乃至人类一切生活方式的创造者和实践者。其从事的活动都与创新有关，只是这种创新多表现为一种循序渐进的过程。依据现代社会分工，工匠既是科学发明家，也是工程师和技术创新专家，还是艺术家和美化师，是多重身份或职能的统一体。佛山工匠是一个专有名词，特指全球化背景下的佛山市制造业专属群体。他们根植于中华优秀传统，成长于佛山现代企业，开放包容，乐于并善于与外国技术同行交流，具有全球意识与眼光；拥有较

---

① 《仪礼注疏》曰："大师，上工也。"
② 喻学才：《中国历代名匠志》，湖北教育出版社2006年版，第2—47页。

强的专业能力和学习能力；具有精益求精的工作态度、一丝不苟的敬业精神，以及道德感和责任心。佛山工匠作为创造广府文化的参与者，对广府文化的形成、发展都发挥着重要作用。佛山工匠是佛山千年工匠文化积淀而形成的当代形象，更是现阶段佛山经济社会发展的中坚力量。佛山工匠是广府文化形态的载体，是具有广府文化特性的劳动者，自身就是广府文化的体现。佛山工匠所创造的满足民生日用所需的物质财富，所创造的各种思想、观念、理论等精神财富，都是中华工匠文化重要的组成部分。

二、工匠精神

工匠精神是长期孕育而成的，古代工匠的手艺传统和精神境界是传统制造业文化的一部分。18世纪工业革命改造了传统制造业，催生了现代工业文化，也使作为传统制造业文化要素的工匠精神得到延续。现代工匠精神在保留传统工匠精神有益的核心要素的同时，必定有新的内涵和新的形态。工匠精神必须与制造业保持协同演化，方能在持续不断的工业化发展中维持生命力，并促进制造业的进一步发展。

何谓工匠精神？学界已有大量阐述与研究成果。大致而言，工匠精神可以从工匠本位精神和工匠超越精神两个维度来理解。工匠精神首先是一种工匠本位精神，指工匠的所思所想往往是以手作方式、工作态度、人生追求、器物世界等传达出来的，不是靠语言文字等形式传达的。它是一种包含情感、富有生命性质的精神存在，也是工匠对精神的书写方式。正因为有这一本位精神，就有了工匠和工匠文化区别于艺术、区别于其他文化的独特存在价值。工匠超越精神是指工匠超越其活动领域，对生存方式、工作态度和人生价值信仰的思考，追求工作的尽善尽美，境界更高。[①]两个维度契合了人类对美的广度和深度的追求，是工匠实现"真善美"的精神桥梁。如同庖丁完成解牛后，文惠君夸奖他刀功至臻。庖丁回答说："臣之所好者道也，进乎技矣！"[②]庖丁的追求超越了"技"的层次，进入"道"的高度。庖丁所追求的不仅仅是以刀解牛的一气呵成方法，而是"技道合

---

① 参阅邹其昌：《论中华工匠文化体系——中华工匠文化体系研究系列之一》，《艺术探索》2016年第5期。

② 刘建龙编著：《古文名篇类鉴》，中央编译出版社2020年版，第235页。

一"的完美状态，更是实现其人生价值并为社会创造价值的精神寄托。这也就是人生哲理性的工匠精神的意蕴。

具体而言，从人类精神谱系的心理层面上看，有关工匠的"专注""持久""严谨""细腻""精益求精""坚守""不急不躁""精致""敬业"等心理品质，支撑着工匠们完成创物行为。这些工匠的心理品质的聚集，构成了工匠精神，是所有工匠共同的精神财富。

中华工匠精神是中国工匠的共同信念、行为规范与价值标准。一个国家的建设与发展往往需要共同的理想信念、合理的行为规范与科学的价值标准。因此，在中国伟大实践中厚植精益求精的工匠精神，将为中国建设提供价值支撑与精神动力。

同理，佛山工匠精神也是中华工匠精神的组成部分，是佛山工匠的共同信念、行为规范与价值标准，必将丰富中华工匠精神的内涵，为佛山制造和佛山智造的腾飞提供价值支撑与精神动力。

三、工匠文化

工匠文化体系首先是一个历史范畴，是历史发展的产物。佛山工匠文化孕育而成的历史，经历了与农业经济相一致的手工艺工匠文化时期，与商品经济相一致的工业制造的工匠文化时期，再到今天与数字经济相一致的数字智造的工匠文化时期。佛山工匠文化随着历史发展而变迁，因此具有社会实践活动的深度和广度。佛山工匠文化根植于岭南广府地区文化多样性的历史环境，也必然被广府文化所熏陶，因此又具有历史性、时代性和独特性等诸多特征。

工匠文化体系更是一个逻辑范畴，应有科学理论研究对象和结果的界定。近年来，全国学者掀起了关于中华工匠文化研究的热潮，随着工匠文化理论和实例研究的深入开展，关于工匠文化体系和内涵的概念越来越清晰。梳理目前学术界关于工匠文化体系界定的研究成果，对于正确界定佛山工匠文化体系的研究对象，有十分重要的意义。

关于工匠文化体系，有学者从广义文化概念出发，认为工匠文化主要体现在劳动系统与生活系统两个基本系统中。劳动系统指工匠特定的技术（包括工匠个人的手工技能以及机械技术），以及在技术的运用过程中形成的方法。生活系统则指工匠为人们日常生活中的衣食住行用等各领域创造的器物文化世界。[①]而有学者认为工匠文化是由不同层次的子系统构成，即由核心价值层、制度规范层和物质显现层所构成的。[②]学者潘天波则从造物、技术、制度、精神四个维度来建构工匠文化。他认为，工匠文化是人类社会最为重要的与生活系统密切相关的知识系统，也是人类社会最为重要的区域性文化集丛体系，它聚集了工匠创物、工匠技术、工匠制度、工匠精神四种相互关联的特质文化，从而建构出具有相对独立性的"四位一体"的中华工匠文化知识体系。[③]

我们认为，面对佛山工匠文化如此厚重的历史财富，运用系统思维来解读佛山工匠文化是有效方法论之一，它可以避免研究的表浅化偏差，帮助我们从工匠文化集丛中探索到各种特质文化及其子文化的生态关系。本书将从工匠创物技术、工匠组织制度、工匠心理精神、工匠文化特征四个相互关联的维度，展开对佛山工匠文化的探讨。

四、工匠、工匠精神、工匠文化三者的关系

在工匠文化体系中，工匠、工匠精神、工匠文化三者之间的关系是主体—核心—框架紧密相连的关系。

工匠是工匠文化体系的主体和根本。人的存在，就是文化的存在。在本质上，人类伟大的创造史就是一部丰富的文化创造史。作为主体的工匠，有自己的时代定位。工匠怎样看待自己同其他主体的关系、自己在社会中所处的地位、自己所应承担的责任和使命等，都是较深层、根本的定位表达。工匠的定位，从根本上决定了工匠文化体系的社会性质和历史命运。

工匠精神是工匠文化的核心内容，是一种精益求精的职业态度或严谨的社会价值观，发挥着规约人伦、净化道德与陶冶情操的社会功能，并在生命情怀与手作理想维度上成就了社会人特有的文化价值。所以说工匠精神是一种文化精神财富。

---

① 邹其昌：《论中华工匠文化体系——中华工匠文化体系研究系列之一》，《艺术探索》2016年第5期。

② 刘刚：《工匠文化体系研究》，《系统科学学报》2019年第4期。

③ 潘天波：《工匠文化三论》，中国社会科学出版社2021年版，第423页。

工匠文化是中心内容，包括从不同维度文化视角考察的工匠生态模式和工匠文化方式的体系内容。工匠文化具有极其重要的价值取向和建构逻辑。其中工匠精神是工匠文化的核心价值观，是工匠文化体系的基础，是工匠文化具有独特存在价值的根源所在。它处于文化体系深层内核的位置，具有导向性和稳定性。工匠精神作为一种信仰、一种生存方式、一种生活态度，已经超越工匠和工匠文化，成为人类社会健康发展的巨大精神驱动力，对人类的过去、现在和未来发生着历史性的伟大作用。①

廓清工匠文化的边界及其核心内容，有助于当代人对工匠精神的结构性思考。只有将工匠精神置于工匠文化的整体系统中进行认知与解读，才能有助于人们对工匠精神的准确把握和科学传承。

---

① 参阅邹其昌：《论中华工匠文化体系——中华工匠文化体系研究系列之一》，《艺术探索》2016年第5期；邹其昌：《"中华工匠文化体系及其传承创新研究"的基本内涵与选题缘起——中华工匠文化体系系列研究之四》，《创意与设计》2017年第3期；邹其昌：《传承工匠文化，培育工匠精神，锻造"质量时代"的中坚力量》，《中国社会科学报》2018年11月6日。

第二章 | 古代佛山制造及其特点

一、古代佛山制造

佛山制造是佛山城市文明进步的长期引擎，是佛山社会变迁的经济动力。从石器制造到金属制造，是人类从自在走向自为的标志；从金属制造走向机器制造，是人类走向现代化质的飞跃的标志。勤劳智慧的佛山人民，在佛山这块土地上，刻下了中华制造的光辉印记。

从距今3000—6000年前的西樵山新石器制造工场起步，到宋代奇石窑采用龙窑技术大量生产内外销需要的日用陶瓷产品，再到明清时期佛山镇"春风走马满街红，打铁炉过接打铜"①的聚集性手工业基地，古代佛山制造经历了石器制造、陶器制造到金属制造的发展阶段。

明清时期的佛山制造，以冶铁业为主干，以陶瓷业和纺织业为两翼，带动了金属加工业、造纸业、成药业、颜料业、爆竹业、衣帽业、扎作门神业等的百业同兴。大批商人到佛山投资扩产，出产大量与民生相联系的日用品，如广锅、广窑、广缎、广纱、广扣、广针等产品，组成质量上乘、工艺精湛的"广货军团"，直达两广、云贵，畅销大江南北。史称"佛山一埠，为天下之重镇，工艺

---

① 万伟成编著：《佛山历代诗歌三百首》，广东人民出版社2017年版，第340页。

之目，咸萃于此"[1]。清代佛山全镇有手工业行业10大类175行，所有制造业工匠总人数超过10万人，佛山成为清代前期华南地区的综合性手工业生产基地。多样性、融通性、派生性和互补性，构成佛山手工业的有机结合形态。

二、古代佛山制造的特点

整体而论，佛山制造有三大突出特点：一是规模大，佛山最盛时有175种行业，4000家以上作坊商铺，城区"周遭三十四里"[2]，可见规模是支撑佛山成为"天下四大镇"之一的基石。二是品牌高、产品多，佛山品牌"广锅""广炮""广缎"均为朝廷认可，作为国礼馈赠各国首领。佛山所制造的产品，举凡民生日用品，无所不有。三是时间长，佛山制造从明初至今，约500年红炉风物的制造基因代代相传，至今不辍。

从技术发展水平、市场化程度等维度观察，古代佛山制造还具有以下历史特点：

（一）极高的专业化水平

技术独特，专业性极强，工艺水平一直领跑于国内同侪。

史前的河宕人使用"陶车"转动机械，工艺采用了拉坯成型的轮制技术，陶器上刻画了44种符号（陶文），属象形字和指事字的萌芽。"美陶"，成为河宕人的技术追求。直至今日，佛山人仍然在美陶与陶艺的赛道上更新工艺和技术，超越历史，超越世人。

佛山大型铸件的铸造技术传承于南汉时期的"塔铸"技术，明清时期，佛山炉户用"群炉汇流"的方式，浇筑出大型铜铁铸件，如迄今全国最大的北帝铜坐像（约5000斤重）和广炮（12000斤重）等。此外"失蜡铸造"技术源于夏商周三代，这一技术在秦汉的中原地区几近失传，而在佛山得以传承并发扬光大。

明清期间，佛山炉户始以"工擅炉冶之巧"[3]而闻名天下，佛山广锅制造工艺

---

① 彭泽益编：《中国近代手工业史资料（1840—1949）》（第一卷），生活·读书·新知三联书店1957年版，第590页。

② 乾隆《佛山忠义乡志》卷一《乡域志》。

③ 道光《佛山忠义乡志》卷十二《金石志》上。

和出品，达到宫廷御用的水平。清代前期石湾陶业缸瓦窑40余处，产品供给通省瓦器之用。《粤中见闻》记载："备极工巧，通行二广。"①白铅的生产工艺更是一绝，佛山工匠采用醋酸浸泡、高温蒸煮和冷却成型相结合的工艺，制造出世界独一无二的白铅，成为清中叶前西方国家商人争抢的中国硬通货。

（二）上下游畅通的市场关系

佛山制造崛起发展的明清时期，是中国国内统一市场的形成时期。明清佛山制造喝了"头啖汤"，建立了从原料采购到产品生产再到商品销售的上下游通畅的冶铁、陶瓷、丝织产业体系。广铁是佛山的优质铁料，来源于罗定、东安（今云浮云安区）、新兴、阳春等处。清初章程规定："通省民间日用必需之铁锅农具，必令归佛山一处炉户铸造，所有铁斤运赴佛山发卖。"②屈大均《广东新语》记载："铁莫良于广铁。……诸炉之铁冶既成，皆输佛山之埠。"③明代佛山炉户也把触角伸向四方铁矿产地，清代金鱼堂陈氏经营"东安铁场"和"英德炉冶"；鹤园陈氏的陈文炯创立了"东安县太平炉"；江夏黄氏投资经营了"金印""升印""丽印"等铁山，"就利于新兴、阳春等地"。清代石湾陶业原材料以本地岗沙为主要原料，"陶成则运于四方""供给通省瓦器之用"，长期产销两旺。清初佛山丝织业十八行作为华南最大丝织品制造基地，原材料市场更是根植于珠江三角洲"桑基鱼塘"的广丝，所出的广纱、广缎畅销华南和西北，同时出口海外，为"东西二洋所贵"。④

（三）面向海外市场的制造规模

古代佛山制造从来不是满足自给自足，而是面向更大的海外市场。从距今3000—6000年前西樵山大型新石器制造工场起，大量半成品的新石器就从西樵山起航，漂洋过海输出海外市场。如今环太平洋岛国发现的双肩石器，探其渊源，都与西樵山双肩石器有关联。宋代奇石窑的陶器大量出口，贸易超越前朝，中国

---

① （清）范端昂：《粤中见闻》卷二十三《物部三》。

② 《两广盐法志》卷三十五《铁志》。

③ （清）屈大均撰：《广东新语》卷十五《货语》，中华书局1985年版，第408—409页。

④ 罗一星：《明清佛山经济发展与社会变迁》，广东人民出版社1994年版，第197—198页，第207页。

商人满载陶器和青白瓷器出海到东亚和东南亚各地贸易。奇石窑出口的陶器，以盆、瓮、缸、碟、碗等日用粗陶器为主，尤为适销于南洋诸国。当地称为"广东陶器"或"广东罐"。

明清时期是佛山制造大举进军海外的兴盛时期。郑和下西洋，广锅作为国家礼品馈赠南洋诸国首领。在日本和琉球，大广锅备受追捧，一口大锅价银一两。清雍正年间，洋船每年到广东购买广锅75万口。而光绪年间每年广锅仍出口新旧金山50万口。清代石湾陶瓷也是大宗出口商品，光绪年间，石湾窑每年出口陶瓷值100余万银元。来自石湾的"广东陶器"为东南亚等地人民所争购，荷属东印度居民对石湾所制的龙凤缸喜爱有加，作为储藏珍贵器物之用。根据美国学者施丽姬博士的研究，至今在东南亚各地以及香港、澳门、台湾庙宇寺院屋脊上，完整保留石湾制造的陶脊就有近百条，建筑饰品更不计其数。

而佛山丝织品也很受外国商人欢迎，屈大均"五丝八丝广缎好，银钱堆满十三行"[①]的诗句，就描述了清代广丝出口的盛况。乾隆年间长住佛山的何姓行商，作为广丝出口贸易供应商，在长达35年的时间里，与荷兰东印度公司总共贸易广丝668万两白银。其贸易规模，不输广州十三行行商。

（四）行业高度集中

古代佛山制造具有高度集中的特点，围绕主干行业，形成规模和配套集群，进而形成街区和城市聚落。正所谓"器成于匠，匠聚成城"。

佛山因铁而生，因铁而聚，佛山更因铁都之名而雄于天下。清代前期，佛山二十七铺的区位功能发生变化，手工业作坊、商业店铺各自依据成行成市的原则聚集在附近地区，从而形成南部手工业制造区、北部商业中心区和中部工商、民居混合区三大功能区划。这一专业性聚集及其空间分化过程，肇始于明代末期，完成于清代前期。约500年的红炉风物，以冶铁业为主干，通过内生性的行业不断细分和外生性的新行业迁入，发展出175种以上的制造行业和服务行业，使佛山岿然成为"天下四大镇"之首。

陶业的发展，也促进了石湾镇的形成。清嘉庆年间，石湾发展为南海县屈指

---

① （清）屈大均撰：《广东新语》卷十五《货语》，中华书局1985年版，第427页。

可数的大镇，史称："南海繁富不尽在民，而在省会、佛山、石湾三镇。"[①]此时石湾的陶业与市镇皆已相当繁盛。

（五）长期专利制度保护

官准专利制度是佛山冶铁业发展的制度保证。官准专利制度肇始于明正德年间，两广总督陈金为筹措两广军费，由广东巡抚周南实施的盐铁一体税收制度。四方生铁云集佛山主要是因为佛山有冶工技术精良的条件，清代正式给予佛山官准专利政策。官准专利政策规定两广所属的铁矿大炉所炼出铁块，尽数运往佛山发卖，由佛山炉户一体制造铁锅农具。如在当地铸造，就属私铸，在稽禁之列，同私盐罪治之。如此就有力地保证了佛山冶铁业所需的原料。官准专利使佛山炉户的身份地位超越广东其他地方炉户，也使佛山炉户的命运与王朝体制紧密相连。

第三章 | 古代佛山工匠文化的孕育发展

古代佛山工匠文化是以佛山工匠为主体，以"精巧技术"和"西家行制度"为双翼，以"礼制文化"为规范，以打造民生日用精品为天职，以工匠精神为信仰的佛山工匠文化范式。本章将从创物技术、组织制度、职业精神和文化特质四个相互关联的维度，展开对古代佛山工匠文化的讨论。

一、古代佛山工匠的创物技术

上古时期的工匠将教化人文精神渗透到制器活动中，大大推进了制器技术及文化的发展。甲骨、陶器、青铜器、漆器、石刻、简牍、帛、瓦当等器物载体空间，均以器物文化而存在。从技术层面看，这些器物涉及冶铁、铸造、漆、雕刻、染织、烧制等技术活动；从人文层面看，这些器物是原始工匠的"人文化成"之物，是技术知识与人文知识的复合体，体现出"物以载道"的造物理念。佛山工匠甫一出世，就以创物技术行走天下。

（一）双肩石器与西樵山文化

佛山最早的工匠创物是西樵山石器。约3000—6000年前，西樵山工匠创制了大量细石器，其中以刮削器、尖状器为主，此外有雕刻器、琢背小刀、石钻、石镞等。它们是复合工具，要镶嵌或捆绑在骨质、角质或木竹柄杆上使用，是与早期渔猎经济相适应的。其中有一款石器造型别致，有柄部、肩部和刃部三个部分，在柄部与刃部相接处两侧形成对称的双肩，故称为双肩石器，是中国南方新石器时代最富有特色的遗物之一。西樵山工匠使用细石器技术如软锤来生产各类双肩石器，说明西樵山石器制造场的多样性。

作为生产工具的标型器，西樵山双肩石器类型作为规范标准，向南影响了东南亚诸国，向西可见于印度东部，向西南到了云贵高原，向东达至台湾圆山等遗址。双肩石器的制造与流行，是西樵山工匠文化最为显著的特征之一，是新石器时代的创造性发明，反映了当时人类的经济生活、生产技术和艺术审美意识，其分布与传播则显露出外向型的海洋性文化特征。西樵山大型石器工场的存在，表明工匠之间的协作性和生产的规模化。西樵山古代工匠的器物创制，不仅使西樵山成为东南亚考古学文化圈标志性石器的典型发源地，也使珠江三角洲放射出人文智慧的光芒。因此，考古学界将以西樵山双肩石器为代表的文化遗存命名为西樵山文化。

（二）河宕陶符与岭南象形文字传播

约4000年前聚居在石湾河一带的佛山先民，以善于制陶为其族群标志。河宕人是佛山地区发现的第一批能通过遗骸识别其人种的先秦工匠，属蒙古人种南部边缘类型。他们最早利用大雾冈一带的陶泥和冈砂，并使用陶车这类转动机械来烧制陶器。工艺采用了拉坯成型的轮制技术，制造出蓝纹红陶釜等大型日用陶器。擅陶成为河宕人的文化标志。也为石湾河一带陶瓷烧造的发展，积累了泥材选择、高温烧造的经验。河宕人大量烧制印有几何图形的圜底釜、圈足罐、黑皮圈足盘等大型陶器，陶器纹样是各种云雷纹、叶脉纹、规整曲折纹、双线方格凸块纹。尤其具有文化意义的是，陶器上有44种刻画符号（陶符），标志着佛山地区象形字和指事字的出现。

考古学家认为河宕陶器上的刻画符号，是古越族的文字萌芽。刻画符号在珠江三角洲乃至岭南地区曾经流传了上千年，这表明河宕工匠们创制的陶符不是个人所好。个性的东西若不为大众所认同，便不是文化。陶符绝不是个人随意刻画，而是为同族群或众族群所共享，具有特定音、义相结合并能够传播的形符。古代百越先祖的刻画陶符与中原流行的刻画陶符同源，又与吴城文化陶符、江浙良渚文化相关。刻画符号出现在夏商之际，盛行于两周时期，到汉初始被汉字所取代。至今湖南江永县保存的"女书"，就是秦汉时期尚可见到的刻画符号的孑遗。岭南地区的刻画陶符，作为一种文字功能，曾经对融合百越文化，推动岭南社会文明进步起了重要作用。河宕工匠们创制的刻画符号（陶符），为岭南地区象形字和指事字的传播推广，作出了不可磨灭的贡献。

（三）南汉铸塔之技

唐末南汉时期是岭南手工业发展的第一个高峰时期，尤以铸造技术的成熟运用为代表。佛山是南汉铸造技术的历史接棒者。南汉开国，分拆南海郡为常康、咸宁二县，又设立永丰场、重合场两个官营手工业工场，重合场生产陶瓷。南汉官府在文头岭（今南海区里水逢涌）开设窑场，留下"官窑"地名。永丰场生产铁器，虽然确切位置尚未确定，但其在今佛山区域内是可以肯定的。南汉时期铸铁产品均是超大型的建筑构件和铁塔，一共用铁铸了三座七层千佛塔，即广州光孝寺的东、西千佛塔和敬州修慧寺的千佛塔。其中光孝寺的东、西千佛塔是我国现存最古老和最重量级的铁塔之一。据20世纪50年代佛山球墨铸造研究所的研究，广州光孝寺东、西两铁塔和乾和殿大铁柱是用"群炉合铸"的方法完成。所谓"塔铸"方式，是"群炉合铸"和"复合浇铸"的有机组合，按由下而上的次序逐层浇铸，每层的接口需作技术处理，并插入铁钉作前后浇铸的熔合媒介，以确保铸件牢固可靠。东、西两铁塔和敬州修慧寺千佛塔，就是采用"塔铸"法铸成。这些技术，后来转移到佛山镇。佛山三大望族"李陈霍"之首李氏的铸冶技术就来源于南海里水。李氏在明代宣德年间从里水迁居佛山，世擅冶铸之业。南汉冶铸产品十分多样，有庙宇重器，如铁塔、梵钟、佛像、香炉、铜鼎等；有建筑构件，如乾和殿铸铁柱；有宫苑用品，清代佛山籍大吏吴荣光曾收藏了南汉国时期供奉于芳华苑的铁花盆一对，造型精美。南汉官营永丰场的存在发展，为后来佛山民营冶铸业的兴起和发展积累了专业人才，而"群炉合铸""复合浇铸"和脱蜡铸造法等技术积淀，也为明清佛山冶铁业的崛起打下良好产业基础。

（四）宋元龙窑烧造技术

宋代是石湾陶瓷生产开始采用龙窑烧造技术的时期。龙窑是数十米的大窑，能大量生产陶瓷。以龙窑取代唐代馒头窑是中国陶瓷烧造技术标志性的变革，佛山工匠参与了这一重大技术变革，并在奇石村聚集建造了一批龙窑。1972年考古学者在奇石村发现了唐宋窑群，共发现20多座北宋长条形斜坡式龙窑。同时出土北宋中后期年号陶片，大量陶片上有戳印姓氏，刻有"张可""安祖""潘南""潘安"等工匠名字，这是佛山工匠最早的"物勒工名"的实物。证明奇石窑集中了一大批工匠，采用龙窑技术，大量生产酱釉和青釉"四耳罐"、"四系坛"、盆缸等日用陶瓷产品。宋代奇石窑出口的陶器，以盆、瓮、缸、碟、碗等日用粗陶器为主，尤为适销于南洋诸国。宋代朱彧《萍洲可谈》记载了广州商船出口情况："船舶深阔各数十丈，商人分占贮货……货多陶器，大小相套，无少隙地。"[①]朱彧还说当时广州富人投资海舶贸易，利润超过一倍。最近的考古鉴定成果证明，"南海一号"出水的青釉四系罐及其他陶瓷产品，同属奇石窑生产。至今，东南亚诸国博物馆还收藏着被称为"广东罐"的奇石窑产品。

（五）明代钟鼎技术与礼仪文明

佛山最早的铸造重器，是现存祖庙大殿、铸于景泰年间（1450—1456）的北帝铜像，重约5000斤，是国内现存最大的北帝铜像。南汉时期的佛像和人像铸造采用商周青铜时代的脱蜡铸造法，这一技术为明清时期佛山铸造业传承。

钟鼎为国家重器，也是庙宇祭祀礼器。钟鼎上的铭文又称金文，历来是传承弘扬中华礼仪文明的器物载体。所谓"大器藏礼"，是指器物本身已然被人们抽象出与质料相关的文化与礼制。能铸造钟鼎，是佛山工匠铸造技术高超的体现。20世纪60年代前，祖庙享殿还保存有铸于万历十六年（1588）的2米多高的大铁鼎。现存祖庙大殿的大铜钟，重达1700斤，造型古朴，是明成化二十二年（1486）全佛山堡民捐银买铜，由佛山工匠铸造的，置放灵应祠永远供奉。明清两代，每当祖庙举行祭祀典礼，便有木槌撞击此钟，声音洪亮，传扬悠远。成化年间，著名岭南大儒陈白沙曾委托佛山工匠建模铸造3个大钟，并亲自撰写钟铭。陈氏家庙钟铭称："其质重，其声迟，其动静有时，永以为神之依。"丁氏祠堂钟铭称："出佛山冶，入济阳堂。厥声镗镗，震于无疆。"新会县衙门谯楼钟铭并序称："费而不伤，坏而有成。同百里之声，存万世之经。我民不信，视此钟铭。"陈白沙所铸以上3个钟，钟体大、钟声响，既是"出佛山冶，入济阳堂"的物质大钟，更是"同百里之声，存万世之经"的文化信物。此外，万历三十五年

---

① （宋）朱彧：《萍洲可谈》卷二。

（1607）南海县知县刘廷元也铸造一口重1200余斤的铜钟，送广州长寿庵供奉。明清时期，凡钟置放庙宇宫观者，均称"梵钟"。法国学者苏尔梦对现存东南亚寺庙的中国铁钟研究后认为："东南亚梵钟主要来自广东，尤其佛山。"①并统计出佛山工匠生产的梵钟占东南亚诸国庙宇现有梵钟的70%以上，可见佛山工匠通过铸造器物，完成了文化传承的使命。

（六）天下广锅与红模铸造法

明清是佛山冶铁业的兴盛时期，以铸造为主业，主要产品是铁锅、农具、钟鼎、军器等，其中以铁锅产量最大。明初佛山堡就有"佛山商务以锅业为最"之誉。②景泰年间佛山工匠就以"工擅炉冶之巧"闻名于世。郑和下西洋，广锅作为国家礼品馈赠南海诸国；明朝宫廷祭祀山陵，广锅作为御锅之用；兵部行伍需要军锅，广锅是25人的标配；工部供应各衙门官锅和马市抚赏品，均以广锅为佳。明代广锅占有九边市场空间，成为女真、蒙古和哈密贵族长期追求的贵重商品。而清代内务府通过工部采办广锅的制度，严格执行了260年。清中叶后，广锅还每年出口美国旧金山、澳洲墨尔本50余万口。如今英语词典中专指圆形尖底中国铁锅的"WOK"一词，就来源于粤语"镬"的发音。海外各国、官府民间，均以广锅为贵。广锅价银是它锅两倍以上。屈大均《广东新语》说："故凡佛山之镬贵，坚也。"③明清时期广锅产品系列化发展，共有23种规格的产品推出。

所谓"工擅炉冶之巧"，首先是指佛山工匠均擅长于自己行业的手艺。屈大均说："冶者必候其工而求之，极其尊奉。有弗得则不敢自专，专亦弗当。"④冶者是炉主，开炉必须请到专业工匠，并对工匠极其尊重。请不到工匠不开炉，即使开炉也不行。乾隆年间，佛山有叫谢信谦的工匠，人称"谢小哥"，在佛山以挑米为生，经常送米到炉行。一日有炉主正为炉火不旺发愁。谢小哥帮忙看火，半顿饭功夫炉中铁水熔化流出，比先前多了一倍。谢小哥担米到另一冶炉，该炉

---

① ［法］苏尔梦：《从梵钟铭文看中国与东南亚的贸易往来》，载郑德华、李庆新主编：《海洋史研究（第三辑）》，社会科学文献出版社2012年版，第62页。

② （清）冼宝榦辑：《鹤园冼氏家谱》卷六《六世月松公传》，载佛山市人民政府地方志办公室编：《佛山地区旧族（家）谱汇辑》第11册，内部资料，2014年，第298页。

③ （清）屈大均撰：《广东新语》卷十五《货语》，中华书局1985年版，第409页。

④ （清）屈大均撰：《广东新语》卷十六《器语》，第458页。

原本铁水艰涩，谢小哥到来指点，竟使铁水滔滔。户户尽然。炉主们无不视其为奇人，便有炉主许以红利的四分之一报酬请谢信谦看火。谢信谦每日往来于二三冶炉之前，铁水如长江大河，源源不竭。铸造出来的器物，无不坚固整齐，就像陶器一般精美。后来有炉主开出与谢信谦对半分红的条件。一家加码，家家跟进。不到十年，谢信谦富至巨万。

所谓"工擅炉冶之巧"，更是指佛山工匠能铸出薄壁器物。这是因为佛山工匠掌握了独特的红模铸造法。佛山工匠的薄壁件成型，并不完全取决于合金成分，其重要措施之一是依靠很高的铸型预热温度和铜铁液的过热温度。其工艺是把组装好的泥模焙烧到800度以上，使之通红透亮，随之将金属液浇入。用这种工艺制造的薄壁铸件，金相组织十分细结均匀，表面光洁度极高，成品率常达百分之百。中国古代金属技术史研究专家华觉明先生认为："这种特殊做法在现代是罕见的。""必须从中国古代金属技艺历史发展和实际来考察和理解具体器件的工艺实施。"[1]佛山工匠凭借红模铸造法，创制出"天下第一锅"，畅销世界五百年。

佛山工匠具有"智者"与"巧者"的双重身份。就技艺性而言，"红模铸造法"是佛山工匠在造物技术上的完美呈现。佛山工匠也对中国古代金属技术作出了杰出贡献。

（七）南风灶与陶塑瓦脊

石湾陶瓷业渊源有自，北宋时在石湾上游的文头岭窑和奇石窑既是中国南方地区陶瓷出口基地之一，也是石湾窑冶技术人才的最初培养基地。元代时，石湾霍氏祖先原山公已建造了"文灶"龙窑长期生产。明代石湾烧窑技术取得长足进步，正德年间建成的南风灶在"文灶"基础上改建而成。首先是使用方形砖砌窑身，使用楔形砖砌窑顶，使窑脊更为结实。同时增加投柴火眼密度，每排5个，距离缩为70—80厘米，并把火眼从两旁移至窑顶。技术革新后，使煅烧温度达到1100度，大大提高了成品率。清代石湾所制产品发展为日用、美术、建筑、手工业、丧葬五大类，产品种类繁多，其中以石湾工匠创制的陶瓷瓦脊最具特色，被认为是石湾陶塑中最杰出的艺术创作之一。清中叶后，石湾瓦脊畅销国内外，东南亚

---

① 华觉明：《中国古代金属技术——铜和铁造就的文明》，大象出版社1999年版，第199页。

的庙宇建筑都采用石湾瓦脊做建筑装饰。至此，石湾陶器开始著闻两广。《粤中见闻》记载："南海之石湾善陶，其瓦器有黑白青黄红绿各色，备极工巧，通行二广。"[①]"石湾瓦、甲天下"的美誉不胫而走。

二、古代佛山工匠的组织制度

工匠制度体系是工匠与社会各种关系的伦理制度的聚集体，它既是工匠手作文化的伦理制度，也是工匠精神文化的社会产物。明清时期佛山是中国南方地区最大的制造业基地之一，乾隆时整个佛山冶铁业工匠不下3万人，陶瓷业工匠和纺织业工匠也有数万人。清代佛山一共有175个工商类和服务类行业，各类工匠总数超过10万人。如此庞大的制造业工匠大军，他们的组织制度有什么特点，对佛山工匠文化又产生了何种影响？

（一）工匠组织与经营方式

佛山工匠组织经历了若干经营方式的发展阶段。明代早期，佛山冶铁业是以作坊经营方式组织工匠生产，有两种作坊：家庭小作坊和家族大作坊。家庭小作坊是最普遍的经营方式，家长既是作坊主，又是工匠，子侄是徒弟，手艺在家族中传承。家族大作坊经营方式出自佛山大姓望族，主要是在明代存在发展，家长是作坊主，子侄是工匠。如正统年间冼浩通就是佛山的大作坊主和大锅商，外省商人来佛山先去其家。其子冼靖等诸子侄和"家僮"就是作坊工匠，受冼浩通管理。明代石湾陶业也以家族为单位组织生产，海口庞氏、镇冈霍氏的子弟都是陶瓷工匠，史载石湾"居民以陶为业，聚族皆然。陶成则运于四方"[②]。

清代以后，商人经营的工场开始出现，多由外地商人挟资来佛开办。商人没有手艺，作为作坊主，必须依靠工匠生产，这是私营手工业结构中的高级形态。屈大均《广东新语》对佛山冶铁业有如下记载："诸所铸器，率以佛山为良。……计炒铁之肆有数十，人有数千，一肆数十砧，一砧有十余人。是为小

---

① （清）范端昂：《粤中见闻》卷十七《物部·瓦缸》。

② 《三院严革私抽缸瓦饷示约》，载广东省社会科学院历史研究所中国古代史研究室、中山大学历史系中国古代史教研室、广东省佛山市博物馆编：《明清佛山碑刻文献经济资料》，广东人民出版社1987年版，第20页。

炉。"①如果把一肆算30砧，一砧算15人，就有450人，如此大的单位规模，已远超明代作坊。清代佛山铸铁工场一向能快速承接官府大批优质铸件工程，因此能维持工场规模和资本投入。商业资本的进入，不仅使佛山冶铁炉户经营规模不断扩大，而且使原有炉房作坊主和工匠的角色发生变化，即原来传统社会的作坊主兼具生产者和销售者的多种功能角色，转变为单一生产者的功能角色，这预示着社会分化悄然而至。

（二）会馆与行会组织

"行"与"行会"是两个不同的概念。"行"是标明职业和售物类别的称谓，"行会"则指有共同利益而集中在一起的组织。明代广东官府为了征收赋税取办公物，以产品形式分别立行征收，由此形成了"行"。"行"有"包当"，负责该行取办。明代的"行"乃官府征课工具，并无团体利益的共识，有"行"而无"会"。明代中叶后佛山出现"炒铸七行"，均负有答应上供义务，明代佛山镇冶铁工匠都要"分别班行，遵应公务"。②

清代劳动分工使佛山行业利益分化，竞争加剧。竞争又使得各种职业内部相互依赖的关系日益增强，于是在整个经济组织中产生了稳固的社会组织——会馆。清雍正二年（1724），佛山镇最早的会馆——金箔行会馆建立。会馆的出现，是手工业组织的第一重分化。会馆的首要功能是维护本行业的社会诚信度。18世纪时，佛山镇会馆林立，比比相望，有48个手工业行业会馆、41个商业会馆和8个服务行业会馆。石湾陶业组织也从明天启年间的8行发展为20余行，佛山成为清代华南地区工商会馆最多的城市。

（三）西家行——工匠自己的行会组织

清代佛山随着行业细分发展，雇工增多，于是在主要手工业行业如冶铁业、陶瓷业和丝织业出现了行会内部的分化组织——东家行和西家行。这是手工业组织的第二重分化，即阶级分化。东家行是"拥资设肆"的东主（工场主）、商人

---

① （清）屈大均撰：《广东新语》卷十五《货语》，第409—410页。

② 《广州府南海县饬禁横敛以便公务事碑》，载广东省社会科学院历史研究所中国古代史研究室、中山大学历史系中国古代史教研室、广东省佛山市博物馆编：《明清佛山碑刻文献经济资料》，广东人民出版社1987年版，第14页。

的组织；西家行是"徒手求食"的西友（工匠）的组织。也就是说，东家行是资本利益的代表，西家行是工匠利益的代表。东、西两行的出现，根源于雇佣工匠的大量增加，表明了劳资双方矛盾的进一步发展。西家行组织就是适应矛盾斗争的需要而建立的，其功能是团结工匠，沟通东、西两方愿望，达成有利于双方的劳资管理协议，作为一个组织，其维护工匠的利益是无可否认的。

清乾隆六年（1741），佛山最早的西家行出现在陶艺花盆行。其后各行业陆续出现了东、西家行，如唐鞋行西家儒履堂、铸造器物行西家锐成堂、帽绫行西家兴仁堂、铁镬行西家陶全堂、铁线行西家同志堂、朱砂年红染纸行西家至宝祖社、漆盒行西家彩联堂、泥水行西家桂泽堂、大料行西家敬业堂、钮扣行西家堂会。各行的东、西家行均有自己的会馆，大多数就建在同一条街上。在商业交往上，仍以东家会馆为主，故而东家会馆往往是东西两家合资修建。

清代佛山东、西两家共同制定行规，订立工价。在决定行会发展的方向上，也体现了西家行——手工业工人的集体意愿。1741年，花盆行东、西家会同面议各款工价实银，制定了《花盆行历例工价列》。该工价列根据不同规格、技术难易，逐项拟定了上、中、下三等631项产品的名称与价格，同时还对烧窑、装窑和开窑的不同工种和工作量规定了工价。尤其对大师傅特别优待，"大师傅入灶肚作双计"。①该工价列确定了"主会制度"，主会是行会的领导班子，由东、西家八人组成，都是有一定威望的老板、技工师傅、热心为集体办事之人。该工价列还商定了入行制度、工作年限制度、神功及炮金制度、从乾隆六年到光绪二十五年（1741—1899）该工价列实行了150余年。1899年，东、西家再会同众议，重定工价。一再的重修与重申，使其工价得以留传久远。工价一经议定后，行友不得私自增减，如有作弊，"东、西均同议罚"，这又使得工价具有了契约的约束效力。除花盆行外，还有杂铁行在嘉庆六年（1801）也由东、西家会同议定工价单，亦具有长久不变的契约效力，直到民国年间。

由上可见，清代前期佛山手工业行会中分化出来的东、西行，又因各自发展需要重新整合在一起。随着东、西家协商制度的执行，因工资收入而可能产生的纠纷在通行公议下得到解决；西家行的群体利益得到东家行的承认；东家行所代

---

① 《花盆行历例工价列》，载广东省社会科学院历史研究所中国古代史研究室、中山大学历史系中国古代史教研室、广东省佛山市博物馆编：《明清佛山碑刻文献经济资料》，广东人民出版社1987年版，第71页。

表的整个行业的发展利益，也得到西家行的赞同。东、西两家共同构建了一个遵守制度、协商合作的长期商业环境，两者由对立状态转入调适状态，这在当时国内手工业中是仅见的。

（四）"物勒工名"与"炮匠李陈霍"

"物勒工名"是把自己的名字刻在制作器物上的制度。《礼记·月令篇》记载："物勒工名，以考其诚，功有不当，必行其罪，以穷其情。"[①]这是我国最早的对工匠质量管理的规定。"物勒工名"也可视作古代官府对工匠制造产品质量的追溯办法，是管理者之智。

佛山工匠最早的"物勒工名"是宋代奇石窑的民营工匠。在奇石窑陶片上有不少戳印姓氏，刻有"张可""安祖""潘南""潘安"等制陶工匠的名字。这些具体的姓名，代表了奇石窑民营工匠对"物勒工名"制度的集体认同和群体行为。

明代佛山铸造器物有不少大型礼器，器物铭文上的"物勒工名"世代不移。明成化十五年（1479）所铸铁钟的"佛山何盛"的铭文，是至今发现最早的金属铭文里佛山工匠的名字。嘉庆六年（1801）所铸三足大铁鼎"万名炉造"的铭文，则是清代佛山著名炉户的字号。广西贺州市博物馆保存了一批康熙至乾隆年间佛山铸造的铁钟，上有"广东佛山恒足店司铸造""佛山汾水万名炉造""佛山隆盛炉造""佛山万声炉造""万名号万生炉造""佛山汾水全吉造"等铭文，都是佛山炉户字号。有的铭文上的"佛山"地名，则是产品制造地的标志。"物勒工名"虽然是一种严格的质量保障制度，如同现今的产品可追溯制度，但对于佛山工匠而言更是集体文化自觉，是对自己产品有信心的表现。

鸦片战争前后，道光十五年至二十二年（1835—1842），清廷兵部委托佛山工匠铸造了一批从一千斤到一万斤不等的大铁炮，大部分铁炮身有"炮匠李陈霍铸""禅山炉户李陈霍制造"等铭文。清廷兵部规定，所有铸炮必须"物勒工名"，若有炮身炸裂，要追究责任。轻则赔铸，重则刑罚。

"炮匠李陈霍"并非个人实名，而是佛山铸锅行三十三家炉户的集体名号。它包括了佛山冶铁三大家族细巷李氏、金鱼堂陈氏、隔塘霍氏的名望和实力，也包括了陈吉等"铸法较为谙练"，讲求采料、提渣、候火各法的工匠群体，因此

---

① 张延成、董守志编著：《礼记》，金盾出版社2010年版，第174页。

兵部和两广总督才能放心委托铸炮任务。

鸦片战争期间，"李陈霍"承担了清廷兵部的铸炮订单，铸造的大炮重量达到六千斤、八千斤和一万斤以上，作为清军的主力作战炮群，全部布防于虎门炮台为首的广东沿海各炮台和广州城防各炮台。道光二十一年至二十四年（1841—1844），"李陈霍"先后承铸了"略仿洋式"的"西式炮""新式大炮"和"新式加料炮"2400门。其中安放在广州城外大黄窖和二沙尾的二尊一万三千斤大炮，演炮时"中靶八里之外。火力所至，两岸小船皆为倾覆"。①能铸造一万三千斤大炮，表明"李陈霍"的铸炮水平超越国内冶铁业同行，领先于东亚各国军火制造业。这些广炮，在明清之际袁崇焕指挥的宁远城之战、鸦片战争的虎门之战、太平军与清军的湖口之战中，均发挥了重要作用。

鸦片战争期间铸造的广炮身上的"炮匠李陈霍"铭文，犹如产品标志，"李陈霍"就是广炮制造的当家品牌。同时它更多体现了佛山工匠的爱国情怀和集体担当，体现了佛山炉户对广炮铸造品牌的集体荣誉感。

三、古代佛山工匠的职业精神

工匠精神集中反映了工匠的职业价值、行业理念和行为指向，具有稳定行为、凝聚力量、规范伦理与激发活力的社会化效能。因此，工匠精神是工匠文化中核心的力量聚合体。在经济层面，工匠精神是社会经济生产的修养或动力；在形而上层面，工匠精神是一种文化精神财富。考察佛山工匠精神的孕育发展，有以下五点尤为重要。

（一）新儒家四民观与职业自信心

古代佛山工匠文化首先表现为强烈的职业自信心，这来自于16世纪后新儒家四民观在岭南的传播和影响。

传统的四民观，以士为上，以农为本，以工商为末，即所谓"荣宦游而耻工贾"，但在明嘉靖时传统四民观开始改变。王阳明有"四民异业而同道"说，开了平等看待四民的先河。②清代沈垚更指出："古者四民分，后世四民不分。古者

---

① 中国第一历史档案馆编：《鸦片战争档案史料7》，天津古籍出版社1992年版，第15页。

② （明）王阳明：《王阳明全集4》，中国画报出版社2016年版，第62页。

士之子恒为士，后世商之子方能为士。此宋、元、明以来变迁之大较也。"①王阳明和沈垚都看到了士商之间的界限已渐趋模糊这一社会现象，并对商人的社会价值给予明确的肯定。

清代佛山士大夫和各宗族，亲身体会到工商业发展带来的城市繁荣，耳闻目睹了巨商大贾财富增加的速度及对佛山的贡献，其四民观比之明代大儒又有进一步发展。在他们的价值体系里，四民没有孰轻孰重之别。《南海佛山霍氏族谱》家训说："士农工商，所业虽不同，皆是本职。"②冼氏家训也称："天下之民各有本业，曰士、曰农、曰工、曰商……此四者皆人生之本业。苟能其一，则仰以事父母，俯以育妻子，而终身之事毕矣。"③上述两例，明确表述了"四民皆本"的观点。一般而言，在家训中告诫子弟的内容，通常是核心价值观。佛山士大夫和宗族在家训中明确宣扬"四民皆本"的观点，反映了清代佛山社会的普遍心理和价值标准。

工匠社会角色的获得，是指工匠能站在他人立场上考虑与反思别人的期望与态度，进而在心理上获得自身的社会角色，并产生较稳定的价值信念。明清时期，佛山以"工擅炉冶之巧"而扬名天下。社会的价值导向，使佛山工匠具有工匠职业自豪感，人人精研工艺、代代培养良工，以工为荣、以工为乐，百业同兴、万工齐聚，使佛山成为工匠施展技艺的场所，成为各行大师傅云集竞技的舞台，走上"工商立市"的城市发展道路。

（二）集体传承与群体优越感

古代佛山工匠具有鲜明的群体优越感，这来自家族对手工技术的集体传承。冼氏为南海望族，明代宣德年间鹤园冼氏大锅商冼浩通就以家族工场的形式掌握着佛山铸锅技术。明末清初南海陈子升说："佛山地接省会，向来二三巨族为愚民率，其货利惟铸铁而已。"④这二三巨族就包括鹤园冼氏。明崇祯年间细巷李氏

---

① 《落帆楼文集》卷二十四《费席山先生七十双寿序》。

② 佛山市档案局（馆）、佛山市地方志办公室：《佛山历史人物论丛》，广东人民出版社2012年版，第58页。

③ （清）冼宝榦总纂：《岭南冼氏宗谱》卷五之一《艺文谱上》，《家训》1卷，宣统二年（1910）刻本。

④ （清）瑞麟、戴肇辰、史澄等：光绪《广州府志》卷十五《舆地略七·风俗》，成文出版社1966年版，第279页。

出了户部尚书李待问，于是李氏在明末清初跃居佛山第一氏族，与金鱼堂陈氏、佛山霍氏形成了以"李、陈、霍"领衔佛山冶铁业的新局面。康熙年间佛山铸锅炉户出现了"李陈霍"的称谓，道光年间佛山铸造大炮上都有"炮匠李、陈、霍"的铭文，反映了清代佛山铸造承接官府采办广锅和广炮的订单都以集体名义承接的事实。因此"李陈霍"既是佛山铸造核心技术的传承载体，也是佛山制造的集体品牌。超越了个体炉户家族传承途径，在更大工匠群体内保存了佛山铸造的核心技术。

（三）守信精神与法度精神

守信精神是工匠精神的基础，也是工匠行为的伦理道德体现。佛山工匠为清宫廷生产广锅，所有材料和用工成本皆以银两计算，清代官府谓之"工料银"。工部采办广锅的"工料银"标准，自乾隆二年（1737）定下，乾隆以后虽有物价提升，但朝廷标准不变。佛山工匠信守"乾隆二年先例"，无论哪个炉户承接铸造，都宁愿让出利润，也不降低材料和用工成本。守信成为佛山工匠的文化自觉。佛山工匠还普遍认同"物勒工名"的市场制度，并以"物勒工名"为荣，同时自觉承担售后责任。道光年间虎门演炮出现炸裂事故，佛山炉户以"李陈霍"的集体名义全部重铸后安置虎门炮位。

法度精神是工匠对手作准则与根据的遵循。工匠手作重视法度，长短、规矩、方圆均在定格之中，不逾规、不违时。佛山工匠所有器物制造均以广尺为标准，上至清宫采办的广锅，下至民生日用缸瓦，无不以广尺论长短大小。广尺是明清时期广府地区制造广货的标尺，比清廷工部营造尺平均每尺约长一寸，以广尺所制之物也比营造尺所制为大，即使用料和难度都会增加，但佛山工匠坚持使用广尺制造广锅、广炮五百年不变，连工部和内务府都接受了广锅尺寸。为了使佛山全体工匠都能依照广尺标准制造器物，清代佛山民间自治机构大魁堂还特制金尺一把存放祖庙。金尺不会磨损，最为公正，可以随时校正工匠们在制物过程中出现的毫厘之间的偏差。这种佛山工匠的"守正"之功，体现了佛山造物对朝廷和民众消费的一种责任与尊重。

（四）兼容并包西方技术的胸襟

明永乐时从越南传入的火铳铸造技术，让佛山工匠较早就了解了热兵器的制造技术与原理。佛山大炮最初仿制于红夷大炮，形制与技术来源于葡萄牙在澳门的制炮厂。佛山工匠在该厂以铁材换铜材的过程中起到了关键作用，不久引入佛山本地铸造，明末创造了广炮体系。清道光年间，又引入"新式炮"技术，铸造出八千斤至一万三千斤的大型广炮。石湾陶瓷工匠能接受法国贵族定制家族徽章的订单生产，烧造出兼具中国元素和符合西方审美观的成套精美陶瓷，至今保存在欧洲古堡中。佛山丝织行工匠在清代长期接受欧洲丝商订单，织出绚丽多彩的金丝绸缎，成为法国贵族珍视的东方礼物。佛山织布工匠则开发印染南洋诸国喜欢的"长青布"，大量出口海外。此外，来自荷兰和葡萄牙的铜炮铸造技术，创立了使用铁材铸造的广炮技术体系和火药配套体系。手工技术的多源性和融通性，使清代佛山工匠胸襟开阔，傲视东亚同侪。

（五）现代工业文明理性精神

频繁与海外华侨群体的交往，为古代佛山工匠文化增添了现代工业文明的理性主义文化精神。佛山地处江海相接的滨海地区，明初就有南海人到南洋诸国定居谋生。清中叶后，大量广府人到澳洲、美洲参加开采金矿和修筑铁路，或移居香港、澳门做工，接触了现代工业文明。不少人致富归乡探亲访友，或在家乡投资建厂，带来了现代工业文明的信息，开阔了古代佛山工匠的新知，点燃其从事制造的热情。佛山海外华侨群体文化是一个复杂的结合体，既有以儒家学说为主要成分的中国传统文化要素，又有以现代工业文明为主的理性主义文化精神，诸如理性、科学、契约、平等、创造性、主体性等文化要素。文化的基本特征之一，就是文化的累积性和变异性的统一。文化的变异性在文化累积发展中具有重要的作用，海外华侨群体的文化精神，对古代佛山工匠文化契合世界人类共同追求的文化模式，起到了助推和转变的作用。

四、古代佛山工匠的文化特质

（一）功夫立身

功夫是一个汉语词汇：一指做事所费的精力；二指工作细致、精微、讲究；三指花了时间精力后所获得的某方面的造诣本领。功夫是佛山工匠的口头禅。古代佛山工匠无论从事哪一行业，都要"落足功夫"（粤语，拿出看家本领之意），方能一步步从"匠人"走到"炉头""师傅"乃至"行尊"。例如明万历年间，黄妙科打磨泥模下模的技艺尤为出色，成为佛山炉户争相求聘的"车下模"高手；明代石湾"祖堂居"和清代"文如璧"，都是石湾制陶工匠技艺的标杆，此所谓"功夫立身"。

功夫又是武术的别称。明清时期佛山商贸发达，保护地方安全和商品运输安全是社会需求，因此佛山家家有子弟习武，处处设镖局武馆。镖师和武师是佛山商业社会的重要职业，行内有师父和徒弟之别，与工匠师徒体制相仿。叶问出自桑园叶氏家族，武术代有传人；李小龙的爷爷李震彪是佛山著名镖局的镖师高手；黄飞鸿也在佛山任过镖师。叶问后来到香港发展，培养了一代功夫巨星李小龙。李小龙自创一门武术，通过电影艺术语言表现其武术思想。中国功夫也随之闻名于世界，各国观众欣赏并痴迷中国武术，许多外文词典里也出现了"kongfu"（功夫）这个新词。正因为佛山这座"功夫之城"的深厚土壤，催生了代有传人的工匠大师群体，也养育了蜚声中外的一代武术宗师。

（二）技兼天下

佛山工匠技术来源的多样性，以及佛山工匠较早就有与海外先进技术交流，由此而形成的长期技术积淀，使得佛山工匠具有技兼天下的特质。佛山铸锅工匠可以用"红模铸造法"铸出2毫米薄畅销天下的广锅，满足明清宫廷祭祀仪制；也能融合源于商周的"失蜡铸造法"铸造出祖庙大型重器；还可以参照红夷大炮范式、运用"群炉合铸"之法，铸出万斤大炮。佛山丝织工匠采用广丝并运用江南织造技术，织出厚实耐用而绚丽多彩的广缎。石湾陶窑工匠能用景德镇瓷，采用低温上釉和二次烧造技术，烧造出大量精美的出口彩瓷。佛山白铅工匠将化学浸泡技术和高温烘焙技术融合，制造出无与伦比的白铅，供应全世界。《天工开物》和《演炮图说》两书中，就记载了大量佛山工匠的工艺方法。明清两代，佛山工匠作为"粤匠"的代表，走遍南北两京官营工场，旁及葡萄牙和印度果阿。技兼天下，乃是古代佛山工匠的技术标签。

（三）自己执生

"自己执生"是一句粤语，意指无论何种情况，都要依靠自身智慧和能力去寻找机会，创造机会，达至目标。一个人如此，一个工匠如此，一个团体更是如此。

清代佛山主要手工行业的工匠，都成立了自己的团体组织西家行。西家行代表手工业工匠利益，与东家行达成有利于双方的"工价列表"并监督执行，因为佛山工匠团体利益得到东家行认可和长期社会保护，工匠与东家行双方长期在调适中发展。明清时期苏州也是手工业行会林立的城市，但苏州工匠的"叫歇""停工""齐行"的斗争一直不息，其核心问题就是工价得不到很好解决。而最终结果，无非是官府站在作坊主一边，缉拿"凶棍"，严惩工匠，并由官府定价，明示晓谕，立碑永志。特别在工匠组织行会、创立会馆上，商人和官府更是联合压制。所以终清一代，苏州各行业工匠（踹匠、机匠、纸匠、箔匠、烛匠等）为工价而停工和闹事，此伏彼起，了无宁息。相比于此，清代佛山工匠竟无一次为工价闹事，让人不能不惊叹佛山西家行的"自己执生"本领。

佛山百工兴旺，配套性好，入行工匠如鱼得水，大匠小工均可自由发挥，但随波逐流者渐亡，而自己执生者方兴。如同下围棋，无论执黑执白、先手后手，发挥全在乎自己。一个"生"字，概括了要想"活"，就要走市场之路、走发展创新之路的含义。自己执生就是把命运掌握在自己手里，自己选择发展路径和方法，自己出牌，或先人一步，或绝处逢生，发挥积极主动性才好，成功存乎于自己是否努力和付出。"等、靠、要"的行为，从来为佛山工匠所不耻。

第四章 佛山近现代工匠文化的传承蝶变

工匠文化系统作为一个历时性的有机演化系统，在其结构框架中，技术与制度是推动系统演化最活跃的因素之一。本章以技术与制度为切入点，考察佛山工匠文化的传承流变及其内在的逻辑关系。

近代以来，佛山制造业的技术和组织制度形态经历了三次重大变革：第一次是两次鸦片战争时期，传统作坊直面西方近代工业化的冲击；第二次是新中国成立后，企业接受社会主义公有制改造并大踏步完成工业化进程；第三次是20世纪70年代末开始，大批新生企业伴随着中国改革开放一同成长，在开眼看世界的过程中如饥似渴地吸收先进技术和管理经验，短短几十年走过了西方世界用上百年时间走过的路程。

在此以佛山产业具有代表性的个案，从组织制度的更迭与技术传承扩散这两条互相作用的线索，去体察在这过程中，作为工匠文化实践主体的佛山企业和佛山匠人，如何因时顺势，守护匠心、革新匠艺，让佛山工匠文化得以穿越世代，薪火相传，蝶变前行。

一、引入机械，成为民族工业先行者

珠江三角洲自古是蚕桑之地。明清之际掀起的"弃田筑塘，废稻树桑"的热潮，使南海、顺德诸多乡堡皆以"鱼桑为业"。康熙年间顺德县境内桑基已呈现"远望桑林如海"的壮观景象，正如康熙《顺德县志》所记载，"今且桑而海矣"。乾隆二十四年（1759）广州开埠之后，来采购生丝和丝织品的外国商船络绎不绝。出口生丝价格的提升，刺激了清代顺德、南海一带手工缫丝产业的蓬勃发展，这是佛山桑基鱼塘生态农业与国际贸易体系无缝对接的结果。

国际近代缫丝工业从19世纪上半期开始起步，到19世纪70年代，在亚洲法国殖民地的安南（今越南）和暹罗（今泰国）等地，已有了机器缫丝业的发展。陈启沅作为越南华侨较早接触到机器缫丝机，并毅然以一己之力引入中国。连陈启沅自己都没有意识到的是，引入西方近代工业设备和生产组织形式的这一创举，极大地促进了珠三角缫丝业的近代化转型，同时孕育了全新的工匠群体，奠基了佛山的近代工匠文化。

同治十一年（1872），陈启沅在南海西樵开办了中国第一家民族资本机器缫丝厂——继昌隆缫丝厂，开启了中国近代民族工业的序幕。此后半个世纪，机器缫丝厂在顺德、南海扎堆，成为广东境内数量最多的近代工厂，撑起当时中国民族丝业的大半壁江山。

继昌隆缫丝厂对佛山工匠文化有开拓性建树，其中最重要的一点，是陈启沅躬身实践，参与机器设备的研发制造，推动了整个缫丝产业制造的转型升级。陈启沅首先从生产制造的实业环节，切入缫丝工业产业链。除了蒸汽发动机，陈启沅参考多国的缫丝机方案，自己设计出缫丝机图纸。指导广州"联泰号"机器修理行共同研发制造，并亲自安装调试设备，下场教授工人如何使用机器进行缫丝，可以说是工业机器装备行业的拓荒者。直到缫丝厂开业四年后，陈启沅才开始在广州开设丝庄，介入流通环节。同样是机器缫丝厂的投资者，却与长三角同业大异其趣：一个是生产环节的技术匠人，一个是流通流域的洋行或买办。这充分体现出佛山这方水土的实业老板的"匠人"底色。站在今天，回看佛山制造的一路发展历程，不少创办人本身就是行内专家，醉心于以技术提升来引领行业发展，这是佛山企业家"匠人"风格一脉相承的印记，也是佛山制造工匠文化耀目的特点。

然而，陈启沅的继昌隆对佛山工匠文化发展的开拓意义，远不限于机械器物，它在制度建设上的贡献同样重要。工业革命给人最直观的印象是机械化工具的引入，与此同时，它也改变了制造业的劳动组织形式，催生了工厂制度。依托于机器，在空间上对制造活动进行集中，引进了较强的管理要素，并对制造者时间加以规划和控制。传统的具有更大独立性的匠人，被嵌入与机器结合的更强调协作性的工作现场，成为工人。这种匠人身份的转变，在制造业历史上具有划时代的意义。

陈启沅办厂直接引入近代工厂化管理模式。继昌隆工人有三四百人，厂址设在西樵简村，高高的烟囱和清晨的汽笛声成为工厂这个新事物的标志。工厂设"司理"（总经理）一人，陈启沅自己担任；设"司账"（会计）一人、"外江"（采购）数人。管理人员和机器维修工实行固定工资制，缫丝女工实行计件工资制。

陈启沅总结了旧式缫丝法和新式缫丝法的优劣，认为旧式缫丝用炭火，水温不好控制，难出上等丝。新式缫丝用蒸汽煮水，丝胶不变。继昌隆每个工人管理丝口60条，多者上百条，丝质光滑洁白，质量上乘，产品全部出口，西人愿意用重价购买。

先进的技术需要先进的管理方法。继昌隆制定了详尽的管理奖惩和劳动分配激励制度，职工除了工资之外，有月度和年度花红。另外，每半月有勤工奖，奖励无缺勤迟到早退并出品平稳者。在质量控制上，设立明暗两组质量巡查员，除了在现场明巡之外，更设有暗窗随机监察每个工位是否存在超额搭茧的行为。一经发现，马上从该工位的缫丝成品中取样烘干称重核实，超重三分之一，则以违规操作造成丝身粗劣论罚。这种把品质管控落实到生产环节中，而且以量化的测量数据说话的质量管理理念，放在150年后的今天，一点都不落伍。

在员工培训上，陈启沅创发了"替补学习"的生产现场培训制度。利用请假缺席的工位，让新手"埋位"，在实践中学习。待技能纯熟之后，就可以招收为领薪的正式工。在不影响正常生产的情况下，提供了技能培训，也节省了企业成本，为企业发展储备了合格的劳动力资源，是一举多赢的创举。

继昌隆企业管理的不少细节体现"以人为本"的理念。考虑到员工离家远来不及回家做饭，继昌隆允许员工在厂里生火做饭，并提供"公家柴"，甚至聘请村里的老年妇女为厂里女工生火热饭。完善的管理制度加上点点滴滴的人性化处理，让继昌隆具有相当凝聚力，厂内从未发生过雇主和工人的冲突。后来工厂因为同行打压不得不迁往澳门时，还有很多工人愿意跟随到澳门去工作。

当时在上海，英商怡和洋行等外商已设立了机器缫丝厂。然而这批外资厂无一例外都是直接全套引进国外设备技术乃至管理人员，其开办与关闭，对中国民族工业的发展关系不大。而陈启沅与继昌隆，却开了珠江三角洲机器缫丝业的先河。继昌隆以其生产效率和生丝质量无可辩驳的优势，引来各地缫丝厂竞相效仿，机器缫丝蔚然成风。清末民初时，南海、顺德一带缫丝业一路高歌猛进，仅顺德县在1911年机器缫丝厂就达300多家，女工达15万人，远超同期上海和无锡两地的机器缫丝厂。20世纪初，随着世界经济繁荣、国际生丝市场拓展和生丝市场价格不断上涨，珠江三角洲缫丝工业持续发展，丝厂规模不断扩大，成为珠江三角洲丝绸发展史上辉煌的时期。如1926年，珠江三角洲有丝厂202家、丝车95605部。

由此看来，陈启沅开创继昌隆的一小步，却是中国民族机器工业发展史上的一大步。陈启沅和他的继昌隆，因缘际会，担当起中国近代化工业拓荒者的角色。这民族工业自强自立的第一步由佛山匠人跨出，并不偶然。因为延绵千载的工匠文化，不但是潜心于技的造物情愫，更是放眼世界的开阔胸怀。正因为如此，在那个新旧时代的分水岭上，才会是佛山匠人，以开放的姿态，拥抱机器大生产时代来临，谱写出中国工匠文化的新篇章。

二、乾坤再造，打破技艺传承的藩篱

工匠要有所作为，有赖于社会经济环境的稳定。佛山近代工匠文化的建树，很快被第一次世界大战的硝烟所打断，接着是民国兵匪战乱和日本侵华国土沦陷，佛山境内工厂被破坏殆尽。真正迎来持续的和平和稳定，是中华人民共和国的成立。等待所有商家和工匠的，是一场人类历史上从未有过的恢宏的社会革新实践。私有制的生产关系被打破，同时以举国体制之力，不到三十年的时间建立起完整的工业体系，完成了被列强入侵和内外战乱所打断的农业国向工业国的转型进程。

在制造业从传统手工业向现代工业迈进的过程中，佛山制造业工匠文化的传承有两个途径：一是原有历史传统行业、企业及其匠人受到体制平台和技艺传承方式急剧变迁的双重影响；二是新兴制造业门类，更多是受惠于举国体制的技术人才资源大流通，迅速从无到有建立起来。在此以几个有着百年传承脉络的佛山传统酿酒业龙头为例，看看这些传统行业的工匠文化，如何在新组织形态中，找到新的栖息和繁育方式，破茧新生。

石湾酒厂源自清道光年间的"陈太吉酒庄"，抗日战争前传至第四代陈道富手上时，已在广州开设四个销售分栈，两条蒸酒产线，日产酒1.2吨，并销往香港澳门。日本侵华广东沦陷，所有分栈悉数被毁。抗日战争胜利后又迅速恢复生产，在广州和澳门共建有6条蒸酒生产线，并在1951年重新注册了商标。1952年，陈太吉与永联兴、品栈酱园等私营作坊联营，组成"石湾酒联组"。1956年因粮食紧缺而停产，部分人员调到顺德县北滘粤中酿酒厂，后来又在酒庄旧址组建公私合营的陈太吉酒厂。经过这一番分分合合，一家私营作坊改制为公私合营企业。

类似的情况，也出现在九江酒厂。1952年，以永德兴为代表，联合十二间酿酒作坊，共同组成了"九江酒业联营社"，并在1956年成为公私合营的南海县酒厂九江分厂。同样，顺德酒厂的前身国营顺德县酒厂，是1953年顺德境内的裕兴隆等20多家酒庄经过公私合营合并而来。

这种生产关系的剧变，不但促使生产资料所有制的变动，更对生产经营组织和技术传承产生深刻影响。频繁的组织重组，让之前在各个经营单位（家庭、坊号）之内的技术传承藩篱被打破，重新沉淀到新的经营生产单位中。陈太吉的"玉冰烧"，九江十二坊的"九江双蒸"，裕兴隆、德丰的"红米酒"技术，都是这样传承到新的平台上。

而从顺德酒厂"凤城液"的创制来看，在这段特别的历史时期内，产生了一种前所未有的技术开发和传承方式，体现了佛山工匠文化的独有特色。岭南本没有制作曲酒的传统，直到1964年，知识青年上山下乡，在国营顺德县酒厂建起了第一个酿曲酒的酒窖，三年后"南凤酒"量产上市。1972年，华北五省市酿酒专家来厂视察，发现生产"南凤酒"的曲酵香醅带有酱香型风格，经数年攻关，终于在1977年推出"凤城液"。正是在这一年，茅台酒厂的原技术专家聂镜明调入顺德酒厂，为"凤城液"注入茅台工艺基因，使其酒质更上层楼。聂镜明毕业于广东省轻工业学校酿造专业，之后在茅台酒厂一干就是20年，其间还被派往中科院进行"茅台菌种"研究和鉴定。对于茅台酒厂的酿造工艺，算得上是知其然又知其所以然的新一辈专家。这样级别人才的调配，只有在特殊历史时期才可能出现。

由此可看出，进入工业时代，传统行业的技艺传承出现新的特点：一是打破工艺技术只在传统作坊内部或血缘亲族之内传递的藩篱，进入全行业技艺革新和传承的大流通；二是科班出身的研究人员开始介入传统工艺技术领域，以现代知识拆解传统工艺背后的科学原理，并据此进行工艺控制和改良改造。佛山1956—1962年手工业发展规划明确提出用现代科学技术改造传统手工业，建立现代工业的任务。一批批佛山工人被送到工人业余大学、业余中等专业学校学习，壮大了佛山市工程技术人员的队伍。这个时期成立的华南农学院佛山分院、广东省电气学校、佛山市第一技工学校、佛山地区农业机械化学校等一批专业院校连续为各行业培养输送大量技能人才。佛山市光学研究所、化工研究所、农科所、纺织研究所、铸造机械研究所、分析仪器研究所、柴油机研究所、球墨铸铁研究所等陆续成立。1972年，国家第四机械工业部（电子工业）十六研究所派出108名科技人员到佛山市属电子厂工作，为佛山的电子工业发展奠定了基础。1958年，佛山照明的前身佛山灯泡厂在建厂时，从全国同行业调来专家协助开厂。这些技术人才成为重要的工匠资源，体现了工业化生产中工匠群体的分化，即一线生产员工与技术工人和工程师群体的分层。

三、改革开放，工匠能量大释放

20世纪80年代，改革开放的东风唤醒佛山人蛰伏的造物和创业热情，民营企业一下子遍地开花。这些"洗脚上田"的民营企业家，挟带着祖辈工匠基因，催生出佛山制造的独有发展模式，创造出经济发展奇迹，佛山活力十足的工匠文化，再度焕发出令人瞩目的光彩。

（一）民营经济大发展

改革开放之初，中国要素禀赋的特点是劳动力充裕而资本稀缺。也正是在比较优势这一经济规律的作用下，在发达国家和港澳台地区开始进行产业梯度转移时，佛山抓住这一历史机遇，率先引进了一大批"三来一补"加工业，同时大量引进先进的设备与技术，在此基础上发展出自身的民营经济体系。

20世纪90年代初，在完成早期资本积累之后，一部分佛山企业开始进入家电与电子等劳动密集与资本密集相结合的产业。从仿造我国香港和日本产品起步，佛山家电产业在简陋的工厂中敲打出第一把风扇、第一台空调、第一台冰箱。这些第一，都是通过购买产品—拆开研究—再自己生产零部件—组装出来。与此同时，佛山企业不断寻找机会，借助跨国公司战略调整的时机，寻求与竞争对手产业链合作，引进竞争对手的设备、技术和管理经验，实现自身的跨越。

格兰仕发现日本一家企业在美国工厂生产一台微波炉的成本需要800元，中国只需要一半价钱，于是说服日本公司将生产线搬到格兰仕。格兰仕就是依据成本优势，与200多家外国公司进行全方位的合作，将全球产业链资源成功引进整合，成为目前全球最大的微波炉生产基地，享有"世界微波炉王国"的美誉。

进入21世纪，中国消费结构发生了深刻变化，从以吃、穿为热点转为以住、行为热点。佛山制造再次抓住市场机遇，在消费热点的切换中完成了产业结构的初步调整。房地产的热潮在佛山既催生了碧桂园这样的千亿级房企，也催生了美的这样的家电企业，还使佛山的陶瓷产业发展成为千亿级的支柱产业。佛山最优秀的一批家电、陶瓷、建材、照明企业都在这一时期成为全国一线品牌。

（二）"星期六工程师"的主场

20世纪八九十年代市场经济破茧而出，企业组织模式的变迁带来匠人生态的巨大变化。当时许多国营厂被计划经济束缚了手脚，而亟待技术哺育并向市场经济腾飞的民营小厂反而成为"星期六工程师"的主场。

以南海西樵纺织业为例，西樵自古以来是蚕桑地，也是清代销行天下的广纱主产区，民国初年生丝生产和出口一时风头无两。中华人民共和国成立后，经过公有制改造，所有私营作坊被合并为南海丝织一厂、二厂、三厂三家国营大厂。直到改革开放，从1984年开始，家庭式纺织作坊开始在西樵大量出现。80年代末鼎盛时期，更是超过90%的村民都在从事这一行业，注册的纺织厂达3000多家，形成了"千家店、千家厂、万台机、亿米布"的产销体系，西樵迅速成为全国三大纺织品生产和销售基地之一。

在此过程中，私营作坊最早一批设备的获得，得益于当时由国家纺织工业部和各地纺织国营企业主导的技术变革。南海国营丝织厂就是在1985年开始引进意大利的剑杆织机，同时淘汰一批旧设备。这批旧设备以现金甚至"以物易物"的形式，转移到创业者手中，解决了生产机器资源稀缺问题。另一方面，国营厂的技术人员通过兼职"炒更"，帮助私企降低生产成本，解决机器使用维修、产品开发等技术问题，国营大厂则扮演了技术"孵化器"的角色。西樵镇大量私营纺织企业的兴起，催生了需求量极大的技术人员和生产工人市场，很多国营厂职工在业余时间被请到私营企业兼职，"炒更"成了国营厂职工的"第二职业"。

再以佛山建陶行业为例，佛山市陶瓷工业公司下辖的陶瓷厂纷纷从国外引进各类自动化生产线，工艺技术大大提升，石湾陶瓷产区由此开始腾飞。广东佛陶集团股份有限公司（简称佛陶集团）成立后，鼎盛时期旗下拥有54家企业，员工2.1万多人，年销值14亿多元，实现税利2.9亿元，占佛山全市市直工业的三分之一，年产墙地砖占全国总产量的四分之一。在市场刚性需求不断拉动下，石湾周边集体和私营的建陶厂如雨后春笋般破土而出。佛陶集团也产生了一批"星期六工程师"，利用业余时间到周边的建陶企业"炒更"做技术服务，把佛陶集团先进的生产工艺和技术不断传播推广开来。

（三）千亿建陶业的"黄埔军校"

佛陶集团作为国字号的大企业，有着比较完善的人才吸收和培养机制，不仅从各大专业院校招收，而且早在1987年就投资340万元建设了佛山市陶瓷职工中等专业学校，自主培养了大批专业人才。20世纪90年代初，远在江西的景德镇陶瓷学院，就有接近40多名老师"下海"来到石湾，且大部分进入了佛陶集团。鼎盛时期的佛陶集团拥有各类专业人才2300多名，其中高工有20多名。

1995年，佛陶集团冲刺境外上市因临门一脚而止步，面对蓬勃兴起的乡镇和民营企业浪潮，加上自身经营管理决策缺乏效率以及因冲刺上市带来的资金包袱压力等因素，佛陶集团慢慢走向衰落。于是，一大批陶瓷技术骨干先后出走自立门户，包括创办欧神诺的鲍杰军、科达机电的边程、唯美集团的黄建平、简一陶瓷的李志林、宏宇集团的梁桐灿等，他们成为佛山陶瓷行业发展的一支主要力量。广东蒙娜丽莎陶瓷有限公司（简称蒙娜丽莎）创办者萧华在安装维修意大利生产线的过程中，熟悉了其内部结构和技术参数，摸索设计出第一条国产自动化辊道窑生产线，开创了国产陶瓷窑炉自动化生产的先河。进口意大利窑炉的售价要人民币上千万，而萧华团队做出的国产化产品同样产量3000平方产能，只要人民币300万。佛山上千条窑炉生产线中，有近80%的设计制造安装出自萧华团队之手。《中国百年陶瓷史》称萧华为"窑炉大王"，萧华成为陶瓷行业的首个终身成就奖获得者。

据不完全统计，由"佛陶系"衍生出的企业、关联企业近300家，从业人员10万人。每年参加"佛陶情"新年联谊活动的陶瓷企业营收更是高达1000亿元，业内称之为"千亿聚会"。

（四）纺织不再"仿织"

改革开放之初，商品市场处于卖方市场阶段，企业普遍欠缺创新的压力和动力，当时西樵纺织主要就靠"仿织"。据说老板们在香港参观，每个人包里总忘不了带上剪刀，看到新面料"咔嚓"回来，仿造的"拳头产品"就面世了。他们幽默地说："纺织，仿织，没有模仿怎么织？"还说："包里可以没有钱，但不能没有剪刀。"靠一把剪刀，西樵老板"剪"出了1994年以前国内最大的化纤布匹市场。这种短平快的"抄作业"，只能是发展过程中的一个过渡性阶段，最终会导致大面积的产品同质化，卷入价格竞争，进而带来进一步的工与料的减省和品质下降。低层次的竞争，与工匠精神背道而驰。

进入90年代中期，随着我国经济结构转型和纺织业买方市场形成，出现了结构性过剩，西樵纺织业发展遇到前所未有的挑战。市场占有率不断下降，大量企业关闭、停产或转产，产业集群由全盛时期的3000多家衰减为300多家，产量比最高时减少60%以上。

企业的生存和产业的进一步发展，呼唤着技术和产品的创新，呼唤着工匠文化的回归。为了突破创新能力和竞争力不足的瓶颈，政府一方面扶持有实力的企业引进新设备进行技改，另一方面向广大中小企业创建了全国第一家社会化的纺织面料开发中心。几年间开发了上万个新品，市场命中率达80%，占到西樵轻纺市场新品的三到四成，同时质量和档次得到提升，面料单价平均提高15%—20%。

此举开启了一种新的技术生态，就是传统企业内部工匠担当的一部分创新职能，作为公共产品由政府创办的公有公营机构来提供，以纠正"市场失灵"。这个举措在全省乃至全国推广开来，政府对原来的创新中心再追加逾千万投入，拓展为"一个中心，五大支柱体系"产业创新服务体，并探索政府、企业、行业协会共建，实施市场化运营机制。

从这个产业创新中心创立和演化的例子可以发现，区别于早期技术自发性溢出和工匠文化生态的自然发育，在新一轮产业创新和技术扩散中，政府担当了主动有为的介入和导引角色。

当然，在佛山制造业的工匠文化产业实践中，企业的主体性一直有非常突出的体现。所有能够在市场竞争中脱颖而出的龙头企业，都是在长期经营中摸索到技术创新引领跑道，打造出长期竞争优势的。同样在南海，同样是纺织行业，必得福就是由五个人的小作坊起步，潜心精耕无纺布市场20年，一步步从门槛相对较低的工业无纺布，跨入生活和医疗卫生用品领域，成为全国最大的无纺布民营企业之一。在其引介之下，多个世界级行业龙头品牌进驻九江，打造出一个具有行业引领地位的"中国先进医卫用非织造产业示范基地"。这背后是对佛山制造业一脉相承的工匠精神的执着坚守。

纵观佛山改革开放四十余年的产业发展进程，佛山工匠文化经历了一个辩证发展的过程。在传统行业的劳动密集型阶段，传统手工工匠群体受到机械化冲击而出现分层，分化为训练门槛不高的简单操作工人，以及需要较多训练和专业学科知识经验的技术工人工程师群体。传统工匠那种一技守身的职业荣誉感，以及对出产产品的认同感有所流失。技术革命带来的工业化对传统的工匠精神带来冲击，使之需要泛化为一种职业伦理，熔铸到新时代的工匠文化精神内核之中。

四、面向全球，汲取国外工匠文化

过去半个世纪以来，中国经济腾飞的奇迹，得益于全面拥抱和助推了高歌猛进的全球化浪潮。佛山凭借历史上一直拥有的"货通四海、放眼世界"的产业基因，一次又一次地把握住产业跃升的机遇。从20世纪80年代初"三来一补"社队企业轻装起步，到80年代中期"以集体经济为主导"的乡镇工业化浪潮，再到90年代初邓小平南方谈话后的企业转制和现代企业制度的建立，完美衔接新千年中国入世的机遇。在佛山产业经济与国际生产大流通一步步深度融合的过程中，佛山企业与国外企业的交流合作不断深化，对国外工匠文化不断博采众长，学习吸收，竞合成长，形成属于佛山的当代工匠文化崭新面貌。

（一）对日本工匠文化的吸收

日本的"匠人精神"，一直为世人所称道。这种根植于民族性格的工作态度，与其背后的历史源流、社会结构、文化沉淀有着千丝万缕的联系，不容易被轻易移植。美的集团技术人员在一个做模具的日本公司看到一个标语"胸无大志，企业栋梁"，就是说工匠要做到心无旁骛，沉下心来做好自己手头的这些技术活，才是企业需要的人才。他们同时认为，日本在技术上是很精耕细作、很长期主义的，但也有着思路上比较保守的缺点，喜欢在原来方向上修修补补，迭代速度比较慢。中国与日本均受儒家思想影响，在对集体主义的认同上有着共同的文化底色，当日本的"匠人精神"糅合进当代的"精益生产"等管理方法论，显化为一系列制度和文化特征，就让佛山工匠有了可以学习和模仿的抓手。

20世纪80年代，一些由日本转移到"亚洲四小龙"的劳动密集型产业，随着这些国家和地区的产业升级转型，开始向中国大陆沿海转移。一批日本企业以合作、合资乃至独资等形式，越来越深入地参与到佛山的制造业之中。

国星光电五十年发展历程中，与日本三洋的合作是一段非常重要的经历，不但通过来料加工赚取到第一桶金，而且完成了规范性管理制度及人才队伍的建设。一些跟三洋合作的老员工说，三洋对每一个环节都要求很细，有一种近乎"变态"的极致工艺要求。例如一些数据，普遍认为做到小数点后两位就差不多了，但是他们会再继续深究，做到四位数。这种工作方式和态度，对从合作分厂出来的员工产生了深刻影响，对个人成长起到很大的帮助，其中一个学历不高的干部，后来成长为子公司的高管，在他身上，这种"日式"的工作方法和理念，体现得非常鲜明。

格兰仕在1992年从东芝引进当时最先进的微波炉生产线和技术，次年开始引进日本管理人员从事产线管理，打造成本优势。之后凭借规模化成本优势和协作生产（OEM加工），突破反倾销壁垒获取国际市场，同时不断消化吸收全流程零部件技术，终于在2001年攻克核心部件磁控管技术和数码光波技术，一举超越日本师傅，成为产能和技术的世界第一。

至2020年，佛山已累计引进日本直接投资项目200多个，投资总额超36亿美元。包括丰田、本田、松下、东芝等在内的数十家日资世界500强企业深耕佛山，用"脚"投票，展现出佛山制造的强大魅力。日本当代企业的工匠文化，也悄然融进佛山制造之中。

（二）与德国制造的互动

德国以8000多万的人口体量，贡献出奔驰、宝马、西门子、拜耳等2300多个世界名牌，在全球2700多家"隐形冠军"①企业榜单里，独占半壁江山。德国制造作为世界制造高地的一极，其工匠文化也是独树一帜的标杆。隆深机器人的研发人员认为，德国注重专利和创新，做新产品时哪怕行业里有现成的解决方案，一般都不会去直接沿用，而是一定要走出一条新路径，找到和对手的差异，要有一些盖过对方的优点。为达到高端或极致的性能，德国人会做非常多的研究，运用非常复杂新颖的设计，想法大胆，做工复杂，成本很高，但一旦做出来，就是行业里顶尖的，锁定高端的市场。

由于德国本身固有的优势产业领域和其他历史原因，在中国改革开放前20年，德国对华投资的主要区域在长三角和渤海湾地区，直到最近10年，德国企业对珠三角的投资才开始全面升温。佛山制造对德国制造伸出橄榄枝的突出案例，是邀约世界照明行业领军企业之———德国欧司朗入主佛山照明。

2004年，出于对获得欧司朗在照明领域未来方向的发光二极管（LED）技术的期望，佛山国资委把手上的佛山照明股权，售让与欧司朗及其合作港资公司，由此欧司朗得以成为佛山照明的最大股东，走的是以产能换技术的路子。但是后来欧司朗因为不能实现对佛山照明的进一步绝对控股，始终不肯向佛山照明转让LED技术，佛山照明则选择远赴美国与普瑞光电合作获得相关技术。后来欧司朗调整全球经营策略，放弃通用照明市场，2014年佛山照明再度回到国有控股。今天的佛山照明，通过控股同为广晟集团旗下的国星光电，形成涵盖上游LED芯片制造、中游LED封装、下游LED应用产品的全LED产业链垂直一体化整合，走上了深耕照明行业更稳健的可持续发展之路。

在欧司朗控股之前，佛山照明已经为欧司朗代工了十年，并且也代工了当时其他两家占较大市场规模的国际照明品牌飞利浦、GE。在与这些国际品牌的长期OEM合作中，佛山照明已经打造出基于精细化管理的质量成本控制能力，甚至超过欧司朗本身的自有生产厂家。欧司朗入主之后，并没有参与具体生产管理，主要仍是通过所采购成品的技术指标、工艺规范要求推动佛山照明自我提升。

---

① 指在某一细分领域处于绝对领先地位、年销售额不超过50亿美元且隐身于大众视野之外的中小企业。

佛山制造与德系企业互动的全面提升，始于2012年广东省重要战略合作平台——佛山中德工业服务区的成立。库卡机器人生产基地、广东—亚琛工业4.0应用研究中心、德国机器人学院等德企或中德合作项目陆续落户。2021年中德工业城市联盟成员大会在佛山召开，由德国联邦政府经济合作与发展部（BMZ）设立、德国国际合作机构（GIZ）实施的政府与企业合作项目——中德工业4.0学习平台项目落户佛山。佛山作为全国唯一的制造业转型升级综合改革试点城市，被选为该项目在华南地区的试点城市。在中德职教领域展开这一轮全新合作，让佛山企业能够同步地接收到全球制造业数字化转型中最新的教培观念和信息，助力佛山企业在智造时代与世界同业群雄竞舞。

2022年5月，美的集团宣布其全资控股德国库卡机器人公司的申请已获得库卡股东大会通过。交易顺利则意味着为时近七年的美的收购德国库卡行动彻底完成。作为全球机器人四大家族之一，德国库卡在汽车、航天等领域的大型设备制造领域称雄全球。消化和整合库卡固有技术，发展出贴合中国这个机器人存量最大、增长最快的市场的应用场景需求，是美的集团在未来一段时间里激动人心的挑战。随着一期、二期工程的投入使用，美的库卡智能制造科技园2021年产值24亿元，同比增长154%，2022年预计生产机器人为2.5万台，产值约30亿元，成为华南最大的机器人本体生产基地，也成为佛山推动制造业数字化转型升级的关键落子，更成为佛山机器人产业向世界级产业集群迈出的重要一步。

（三）与意大利制造的竞合

1983年，国营石湾耐酸陶瓷厂（利华厂）全线引进了价值207万美元的意大利全自动生产线，《中国陶瓷百年史》称之拉开了中国建筑陶瓷（简称建陶）工业的现代化序幕。仅花了22年的时间，中国的建陶产量就超过意大利，坐上了世界建陶产量的头把交椅，2005年跃居建陶出口量世界第一。

佛山作为中国乃至世界陶瓷重镇，自立自强，一步一个脚印打破西方强国的技术封锁，自主研发出中国第一台全自动液压压砖机、第一台陶瓷磨边机、第一台抛光机、国内最大吨位的液压压砖机等全产业链的国产化设备。佛山由此成为中国最大的陶瓷机械装备生产基地，拥有了一条世界级的完整产业链条。

然而，佛山乃至中国的陶瓷制造业，与作为世界该领域领航者的意大利陶瓷，仍有相当差距。意大利是仅次于德国的欧洲第二大制造强国，其陶瓷产业的背后，是一个拥有世界顶尖的航空航天、汽车制造、电子仪器、机械加工、电子通讯、医疗器械等诸多行业的完备健全体系。对标意大利工匠，绝不仅仅是对标制作高档皮鞋、时装的手工艺匠人，而是对标生产航空母舰、波音空客、兰博基尼顶级跑车以及工业机器人和数控加工中心的研发制造人员。

有人说，如果光看瓷砖的产品质地、耐用寿命、吸水缩水率，佛山陶瓷大牌的产品与意大利无异，然而如果从产线装备的先进性和产品设计的审美素养来说，佛山还有相当大的提升空间。意大利制造业对品质的执着，本质来说，来自深层的生活审美态度和激情，源自欧洲文艺复兴传承下来的科技理性和人文美学的统一，这种精神的理想人物原型是贯通科技与人文，在众多领域都达到精通程度且表现超群的达·芬奇。而陶瓷产品的创制，恰恰需要美学观念的介入。就像意大利陶瓷巨头罗马尼集团的定位："我们不再是一家生产设计产品的陶瓷公司，而是一家生产陶瓷的设计公司。"因此，不仅要懂得生产美的瓷砖，更要懂得美的艺术，这关乎整个国民美学素养的提升，也关乎整个国家和民族向世界输出其审美价值的文化软实力。要创造出足以代表中国工匠文化的产品器物，还要注入具有独特文化基因的审美情怀。

面对意大利美学壁垒，佛山提出新对策。一是"佛山品牌+意大利设计"。如金意陶瓷签约意大利著名设计师，为产品提供研发设计；二是"佛山品牌+意大利制造"，如金意和蒙娜丽莎让意大利瓷砖企业为中国客户做贴牌加工。陶瓷行业"佛山队"有了"外籍球星"，佛山以自己的"功夫"获得意大利工匠认同，成就一段"携手闯江湖"佳话，也让佛山工匠文化融入新的理念。

第五章 佛山现代工匠文化的实践主体

面对佛山制造业转型升级期的多样化产业生态，本章尝试从"守正"和"开新"两个角度，阐述佛山工匠如何与时俱进，嵌入日新月异的产业系统中，为佛山制造赋能，并进一步考察佛山现代工匠文化所具有的精神价值内核。

一、产业转型升级中的工匠主体

汉字的"匠"字，本来就是从木工的职业引申出来，是一个会意字。它由"匚"和"斤"组成，这个"斤"，就是斧子，而匚（fāng），就是盛放工具的筐器。所以"匠"诞生之初，就与他所运用的工具相连接。实际上，日常生活中我们也是常用"匠"所操持的工具来定义他的工种的，比如车工、钳工、铣工等。所以，本质而言，"匠"就是操持工具得法、造物有方的人。这就意味着，每一代的匠人，总是与那个时代的工具相伴而生。这个称谓本身，就内含着一种与工具的互动关系。由于今天的工具，更多时候是机器，所以当代的"匠"就指向了一种新的人机关系。

从历史演进的角度看，制造业从业者的外延（匠人群体），经历了三轮迭代，即从传统手工业时期以自身技艺资质作为职业身份的传统匠人，到工业化冲击下两极分化而产生出的一线普工与技术工人（工程师）分层的近代产业工人群体，再到数字化转型时代强调终身学习和全员创新的新工匠群体。当然，这种演进的过程，在同一个区域的不同产业，乃至同一个企业、同一条产线的不同工序环节，都会因为发展的不平衡而产生各种演进阶段的"工匠"共存的情形。而同一位制造业从业者（匠人），在其职业生涯的不同阶段，也会发生角色切换。

二、现代佛山工匠的"守正"之功

工匠文化诞生于社会专业分工之下的工匠实践，即器物制造。对于专业化的制造而言，达至出品的一致性，是从手工业年代到机器化规模大生产的不变要求，也是工匠之为工匠的立身之本。所以，在工匠文化框架的视野下，以技术和制度保证器物在品质乃至效率上的稳定产出，是佛山工匠对佛山制造业贡献的"守正"之功。

汉字的"工"字，《说文解字》注释："为巧必遵规矩、法度，然后为工。"即遵循一种既定的法则、标准去完成事情，才可以称为"工"。就像近一百年前的佛山上利亚陶窑厂为中山纪念堂所做的五万套瓦筒瓦片、五千套檐口琉璃套件，即便在手工制作的工艺条件之下，其色泽、规格都具有完美的一致性，体现了民国佛山工匠专业水准。可见对产品一致性的预期，古今一脉相承。

在佛山制造向佛山智造转型升级的过程中，各企业各产线的自动化改造进程并不一致。鹰牌陶瓷耗资千万，费时十年研发出国内首个连体坐便器高压注浆机，由于是国内首创，很多工艺参数要摸索调整，工艺流程仍需要改造，仍然有不少调试和维护岗位需要人手的介入，尤其需要一批与新的机器运作相匹配的行家里手和新工匠。例如瓷砖生产窑炉车间的磨棒工，其工作是定期把窑炉滚棒上黏结的坯粉（俗称棒屎）磨下来。如何把那一点点疙瘩磨掉，又不损棍棒表面，让它再上一道铝浆后即完好如新，就是一门手艺。蒙娜丽莎的罗思东在磨棒工的普通岗位上一干二十年，练就了一手绝活，获得大家认可。这说明在机器生产环节，工匠仍具备不可或缺的经验技能价值。蒙娜丽莎还有一位叫杨一管的普通窑炉工，干的就是把砖烧好这一件事。每当出现砖体变形、起波浪等问题，他去炉前蹲守一两个小时就能调好。他在技术方面的钻研，令很多科班出身的同事都很叹服。这些需要岁月积累沉淀的匠艺，与传统工匠的功夫养成，并无二致。

当代工业产线，就是由这样一个个各自拥有经验和技能诀窍的岗位串联起来的。每个人都要独当一面，把守好自己的阵地，才能保证最终成品的质量。而产线自动化程度的提高，也带来了新的风险。因为操控这些设备的员工，动动鼠标，按错一个按钮，都有可能对生产带来巨大的影响，让企业蒙受巨大损失。传统匠人面对工作时的那种敬慎之心，丝毫不可或缺。

在现代企业，不仅生产部门需要这种稳定产出的要求，研究开发领域也同样如此。研发需要通过控制变量来观察输出结果的变化，需要可重复的操作去确认。这意味着，操作的持恒和产出的稳定，是一切工业生产的基础和追求的目标。只有在流程操作保持标准一致的前提下，一切技术革新才有据可循。

进一步观察，还有一个非常有趣的现象，就是为广大企业提供智造装备的机器人企业本身，往往成了最少不了手工作业环节的企业。由于它们做的是个性化解决方案，小批量的定制品无法上自动化产线，设备上的每一个焊点和接线，都只能用人工完成。在这个意义上，支撑着企业用炫目的智造工具进行规模生产的，恰恰是一群操弄着最朴素手艺的工匠。

工匠技艺的本质，在于通过对工具的驾驭，达至品质的持恒。旧工具在不断被淘汰，相关的技术和岗位无疑会随之退场，但同时也会有新工具诞生替补，同样需要人去操控驾驭。新的工匠运用新工具，再度累积新经验和技能，把这个新岗位上的工作做到极致。在工业4.0时代，仍然有一批这样手艺型的工匠，充当着智造的守门人，为佛山制造呈献工匠文化的"守正"之功。

三、现代佛山工匠的"开新"之能

工业革命，让相对静态的农业社会迈向了充满动感的现代社会，为制造业带来一种趋新求变的创新气质。在工业时代，工匠文化的精神气质呈现出从求稳到创新的重大转向。与社会大众形成对科学家、发明工匠和企业家的崇敬心态相一致，在机器化生产企业内也形成了对一般操作性岗位与具备专业的学科知识和经验、具备创发能力的职能角色的尊崇。工程师、科研人员以及有技术革新能力的工人，作为新的工匠群体被引入，成为引领现代制造业进步的创新力量。

佛山成为中国制造业名城，得益于敢为天下先、"敢饮头啖汤"的本土文化基因，更得益于佛山不断求新求变的工匠文化，为制造业带来"开新"之能。今天，所有能在行业排得上龙头地位的企业，都有着长年累月对技术和产品孜孜不倦的创新追求。以一款水控全自动燃气热水器开启全自动燃气热水器时代的万和，以一块陶瓷薄板开启中国瓷砖薄板时代的蒙娜丽莎，以个性化定制大规模生产开启家具智造时代的维尚家具……回顾这些企业立足市场的历史，每一次市场拓展凯旋的背后，都有一个技术突破和爆款产品的身影。佛山绝大多数的本土制造业企业，创办人都是技术出身，都是技术控、产品控，对于技术的钻研和创新的追求，几乎有着一种出自天性的热爱。第一批"下海"创业的老板，基本上都是事必躬亲，在摸爬滚打中学习，在自己涉及行业的每一个范畴，举凡设备、产品、工艺等，都把自己逼成"半个专家"。

百余年前民族工业起步时，佛山上利亚陶窑厂就专门设立一个研究室，从事各种研发活动，研发过抽水马桶、陶瓷滤芯等。今天，研发部门已经成为佛山企业的标配。不少大企业都设有自己的研究院，还有分布在全国乃至世界各地的研发中心。这些研究部门里的研发人员，成为新时代工匠的重要组成部分，使科技驱动成为企业发展的重要引擎。

充分发挥工匠的创造力，以创新科技引领企业发展，在广东溢达纺织有限公司（简称溢达）得到充分体现。2022年5月25日，中央电视台发现之旅频道《未来使命》栏目推出《满而不溢达济天下》专题报道，向外界展现溢达耗时九年攻克"无水染色"世界难题，建立了第一条年产3000吨棉纱无水染色生产示范线。与现有工艺相比，可节约100%的盐、95.8%的水，降低能耗39.3%，活性染料利用率由约60%提升到97%。如果在国内全行业推行，每年可节约大约194个西湖的水量。这不是溢达第一次攀上行业技术顶峰，他们完成全世界第一个海岛棉基因组测序，曾经创下纺出全球最细的700英支纱并织成面料的记录并保持至今。溢达成为世界上全棉色织衬衫和T恤制造领域最顶尖的企业之一。溢达还拥有世界顶级的工匠团队：在加拿大做癌症药物研究的香港理工大学博士张玉高担任集团的首席科学家，来自香港科技大学、香港理工大学、美国内华达大学、哥伦比亚大学、麻省理工学院、密苏里大学的博士、硕士陆续加盟溢达。有国家级企业技术中心和博士后科研工作站，在自动化设备的改造和研发上近年累计投资超过20亿元，获得授权专利1600多件，其中发明专利600多件，连续7年荣登"佛山市专利富豪榜"，而且两度夺冠。溢达把自己定义为行业的知识提供商，利用多年来的技术储备，孵化出提供纺织服装设备与科技创新服务的子品牌匡博，成为行业首个开展对外科技服务的纺织企业，为客户提供纺织及服装全方位服务和一站式解决方案。

通过日复一日的生产创新实践，制造业的工匠们掌握着当代最前沿工程技术应用经验。中国医卫用无纺布龙头企业"必得福"与外部科研机构合作，大多开展比较基础的材料开发研究，涉及生产流程、材料性能的微调改良则由企业来完成，因为最新、最细致、最全面的工艺参数知识往往沉淀在厂家手里。产品的开发同样不会假手于人，因为企业更了解客户需求，更了解技术趋势，也更贴近市场。

在企业的实践中，工匠的创发革新并不局限在研发部门，而是泛化到整个制造流程之中，涉及每一位有志于此的员工。还是以溢达为例，这家拥有众多世界级发明专利的公司，就是一家全员创意氛围浓厚的企业。为了激励一线基层员工创新，溢达开发了专门的应用程序（APP），一线基层员工的合理化改善建议，可通过手机APP直达企业高管。每年收到的合理化改善建议超过2000条，采纳比例超过50%。在这种鼓励创意的企业文化氛围中，仅有初中学历的普通车缝工张雄颜，成为脱颖而出的技术明星。她拥有9项实用新型国家专利、1个外观设计专利和4个发明专利，专研梭织衬衣车缝工艺30多年，参与多种织物成衣的工艺技术改进研发，使企业实现梭织车缝自动化覆盖率达到74%以上。

技术创新能力成为企业生存竞争的关键要素，佛山工匠的"开新"之能，成为佛山制造业转型升级尤为直接的动力。

四、佛山智造的"人机共舞"

所有生产流程的自动化，本质上来说，都是把工匠的能力和经验向外转移，沉淀到外部的硬件设备和软件程序中，从而实现产品品质的恒定和效率的提升。如果说工业化早期机械化的机器代人，还是比较多集中在对人的体力的替代的话，随着后工业化信息时代的智能化，则越来越多地介入对人的脑力判断的替代。

在这个过程中，从业者固然可以从繁复劳动中解放出来，但也意味着岗位工作内容的复杂程度、不可替代性被降低了。对原岗位的工匠来说，随着工艺和设备的变迁，其原有经验技能价值可能被打折甚至清零。所以在制造流程转型升级的过程中，新设备和老匠人存在着某种程度上的博弈。对企业决策者以及岗位上的工匠来说，是退守回舒适区，还是紧随时代的步伐、拥抱变化，是一种智慧和胆识魄力的考验。

怀抱着打造一个全新业态的雄心，维尚家具从一种可以标准化、模块化拼装的家具产品入手，打造一种个性化订制、规模化生产的全新智造模式。当时设备控制都是工程机，要实现每一台机器的源代码互通，完成全流程的工艺重构，必须逐个环节调试，把整个流程一一打通，而且要不断地迭代修改完善，有时候三五天就得修改一轮。这种反复修改打乱了工作节奏，一般人会觉得不胜其烦。技术变革的过程，其实是一个思想和思维转换的过程，要转变一线员工的观念和技能相当不易。过去是老师傅说了算，改造流程，某种意义上是抢了他们的饭碗，会有抵触。还有就是话语权的问题，家具行业的车间主任、厂长原本非常重要，上系统后，生产的进度资讯就直接转化为直观的数据流，会弱化他们的权限，也会牵涉相关利益，所以有些人就直接罢工或离职。维尚的解决方法就是管理者直接深入一线，在各个岗位手把手地教，一个个地带。离开的人看到项目照样运行，就又回来了。维尚家具用了整整两年时间，把生产全流程重构。到2008年重构完成后，效率十倍速地提升，整个企业开启了跑步发展模式。这启示我们要以更宽泛的思维去看待工匠，可以把企业作为一个整体的工匠以实现技术提升，而非局限于个人手艺层面的工匠价值。因为后者在某种情况下，甚至会是前者的一个障碍，企业要去突破改变，需要很大的魄力。

新工艺新设备的研制，离不开传统工匠的经验技能加持。在箭牌研发全自动喷漆机器人时，外请的博士团队是遵循离线编程的技术思路进行喷漆轨迹设定，效果总达不到人工操作的效果，最后让机器人去全程模仿熟练工人喷漆过程，才把问题解决。这充分诠释了自动化的本质，就是把人的经验技术外化并沉淀下来。传统产业的自动化智能化升级，要靠传统匠人赋能给机器，这正是传统匠人在转型升级中体现自己价值之处。

同样的例子也存在于九江酒厂、石湾酒厂等传统酒企之中。传统老匠人用感官去感知，用感性的语言去表达工艺技术，需要一一转化为可用数据去标定的工艺参数。比如发酵时间够了，到底意味着温度是多高？构成酒的各种风味的化学物质到底是什么？它又是来自哪些菌群，在什么环境状态下经过多少时间发酵出来的？在这些行业中，这种技术工艺指标的提取，是以几十年为单位缓慢地进行，掌握关键技术的人在慢慢地完成着代际传承，所以对于这一行业传统匠人的冲击，没有其他行业来得猛烈。

五、"集成匠人"成主角

新时代工匠主体不仅仅局限在个体，而应拓展到一个组织或企业。这种由复数的人通过高度协作有机结合起来的组织结构，也视为工匠的一种。它宛如一个加载了复合经验和能力而得以"升维"的工匠，可称之为"集成匠人"。

"集成匠人"的产生基于两个背景：一是科技的进步使每一个工业制造过程所涉及的知识门类日益多样化，所面对的问题日益具有综合性，解决问题所需要的知识技能也呈现多样和综合的特征。如陶瓷设备开发团队必须融合机械、材料、工艺、自动控制、化工等专业领域的知识和人才。再如集成电路，以往二极管、三极管、电阻、电容等分立单元，已经被高度结构化地封装进集成芯片，并以此为单位来执行过往元件的功能。二是在万物互联的时代，人与人之间产生更多维度、更为频密的连接，比以往任何时候都更加强调开放、共享和协作。通过团队内所有成员彼此知识经验的交融互补，一个可在某个专业领域提供解决方案，并共享着相同价值的网络和"肌体"于焉成形。在社会生产实践中，可以把这种共同体视为一个具有独立感知、决策和行动的单元，它有着能动的学习、成长和创造的意愿，发挥着工匠的造物功能，散发着工匠的精气神，参与着工匠文化的形塑。

"集成匠人"不但可以是一个知识团队，也可以扩展到一个公司级别的组织。这种企业级别的"集成匠人"，或者为行业提供解决方案服务，如做工业产线集成的隆深机器人、为服装行业提供解决方案的溢达匡博，或者直接为满足消费者生活需求，如做微波炉的格兰仕、提供定制家居服务的维尚家具。把一个企业视为"集成匠人"，其企业文化特征，就是这位"集成匠人"的个性。对民营企业来说，企业的个性往往是创办人的禀性特征的外显。佛山绝大部分民营企业的创办者都是技术出身，或者创办者组合中有技术人员，也就是说创办者本身就是工匠，因而佛山不少企业本身就带有浓浓的工匠气息。箭牌陶瓷的谢岳荣，是景德镇陶瓷大学陶瓷制造专业科班出身，没有他数十年如一日带领团队工作在研发第一线，就不会有耗资千万耗时十年"死磕"的国产高压注浆机的成功。溢达掌门人杨敏德，是麻省理工学院数学学士和哈佛大学工商管理硕士，没有她国际化的学界人脉背景，也就没有溢达国际级的明星科研团队和科研成果，以及国际顶尖的行业地位。维尚家具的李连柱，是著名管理软件品牌圆方软件创建者之一，没有他为家具行业定做软件的经验人脉及市场洞察，就不会跨界重整产业流程，打造一个具有深厚互联网技术（IT）基因的家具智造公司。

将社会生产活动实践主体的组织单元进一步延展，一个个专业镇也像是在制造领域术业有专攻、各擅其长的"集成匠人"。佛山拥有大批国内外知名的专业镇，是广东省拥有省级专业镇最多的地级市，专业镇对经济的贡献率保持在80%以上，大大小小的镇都以专业镇的形式，聚集形成产业集群，展现出强有力的产业生态自组织能力。其中最为炫目的，莫过于北滘这个面积仅92平方公里，却拥有3000多家家电生产及配套企业的小镇，这里形成了一整条全国乃至全球规模最大、品类最齐全的家电配件产业链，大部分配件的采购半径都在50公里范围内。2021年，全镇工业总产值超过4200亿元，其中家电产业产值超过7成，约占全国家电产业总产值的10%。生产的家电出口到全世界200多个国家和地区。这里孕育出两家世界500强企业——美的和碧桂园，并孵化出一批上市企业和"隐形冠军"。拥有上市（控股）企业15家、新三板挂牌企业5家、意向上市企业9家，上市公司集群高峰时总市值突破一万亿元。更为难能可贵的是，区别于在其他地方经济发展呈现的"大树底下不长草"的现象，北滘镇不仅有美的这样的千亿"巨无霸"，还有德尔玛、小熊等一批十亿级的"新锐"企业，形成了良好的产业梯度和生态。

顺着这个逻辑和视角，再进一步，制造业大市佛山也可视为一个更高组织维度上的"集成匠人"。在产业领域上，依托着整体的擅长之技；在文化性格上，浸润着从丰厚的制造业历史沉淀而来的匠人气质和精神。佛山的工匠文化与城市品牌建设实现了交汇，成为工匠文化的实践主体。

第六章

新时代佛山工匠精神

今天的佛山，面向第四次工业革命的浪潮，带着前所未有的"制造业立市"的清晰定位自觉，迈向制造向智造转型的征程。有必要认真梳理提炼新时代佛山工匠精神的内涵要义，构建立体完整的佛山工匠文化认知框架，打造一个凝聚全社会认同的知识共同体。与此同时，佛山提出争当传承岭南广府文脉领头羊，这要求我们要站在打造岭南广府文化高地的角度，去观照佛山工匠文化的本土精神特质。

新时代佛山工匠精神，起步于"尽忠职守、敬业重信"的职业素养，透过年复一年的"精益求精、专注持恒"的职业修持，融入"学习分享、创新包容"的当代理念，达至"追求极致、创新超越"的职业风范，最后养成一种"安身立命、乐在其中"的职业情怀。它层层递进，始于当下的"职守"，终其一生的"志业"，支持工匠们一路健行不倦，创造出绚丽多彩的工匠文化景观。

一、尽忠职守、敬业重信——工匠精神的起点

"工"字，在古文的解释里面就有"工者，事任也"，以及"善其事曰工"的说法。就是说，把事情担待起来，把事情做好，称为"工"。

佛山工匠们身上的这种尽职敬业精神，从必得福参与2020年保障应急物资供

应之战中可见一斑。作为设备装配班长的朱丽平，为了跟疫情赛跑，没日没夜地驻扎在生产一线，带领班组两班倒，每天睡眠不到5个小时，只用一星期就完成第一条非织造/熔喷布生产线的复工投产。随后，又立马投入了生产设备的增添改造。在短短两个月内，他带领攻坚小队与各设备生产厂家成功改造符合应急物资所用材料生产的车间2个，安装并投入生产了大量应急物资，保障了应急物资的供给，必得福也因此被广东省授予抗疫先进集体称号。就是这种把本职工作做好的工匠精神，让朱丽平从一名电工学徒，一步一个脚印成长为在关键时刻挑起大梁的工匠人才。同样的敬业担当在格兰仕技术人员身上也有体现，在特殊时期，他们发挥家电研发优势，集体攻关，短期内创造出新产品"空气消毒器"，病毒消除率可达到99.99%，一台机器辐射范围达20平方米。

敬业表现为对自己所从事事业的全身心投入。面对市场竞争和挑战，面对国际国内环境的风云变幻，对自己技能和专业的矢志不移，是佛山工匠的立足根基。

广东嘉腾机器人自动化有限公司（简称嘉腾）联合创始人、副总裁陈洪波说过："死也要死在冲锋的路上，因为你没有退路。死在冲锋的路上我也没有遗憾。"2005年，嘉腾正式进军国产移动机器人研发制造领域，开启了二次创业之路。然而，怀着美好愿景的创业团队却遭到现实的"毒打"。2005年到2008年，嘉腾为研发机器人，不仅花光了第一桶金，还借了不少钱，前后投入超过3000万元。可3年间，嘉腾每年卖出的机器人数量只有个位数。面对质疑，创业团队并未放弃，而是继续冲锋前行。经过长期摸索，嘉腾的技术也在众多机器人企业中脱颖而出。2016年，嘉腾的"大黄蜂"和"小白豚"两款移动机器人获得有着"工业设计界奥斯卡奖"之称的红点奖，更登上被誉为"全球工业领域奥斯卡"的德国汉诺威工业博览会的舞台。嘉腾让原先只看到过"机械手"的外国人，第一次见识了机器人领域的"佛山无影脚"。目前，嘉腾移动机器人销量位列全国前三，合作伙伴遍布北美、欧洲和东南亚各个地区，客户包括华为、美的、奔驰、联合利华等在内的60多家世界500强企业，其中仅奔驰一家就用到1000多台嘉腾机器人。

这启示我们，制造业匠人每天所从事的制造过程，内含不以人的主观意志为转移的客观规律，至于主观层面的务实，扎扎实实、实事求是同样是工匠的基本素质，是制造业企业以产品和质量取胜的关键要领。佛山工匠在历史上备受尊崇，在生产上有很大的话语权，如就算为朝廷铸炮，需要什么材料、可以铸多大的口径，乃至怎么署名，都是工匠说了算，就是因为背后有制造过程的不可违逆的客观规律。每天与客观规律打交道的历练，让尊重规律、实事求是的务实性成为工匠的天性。

二、精益求精、专注持恒——工匠精神的修持

以敬慎之心，把本职工作认真做好，这是为工为匠的起点。能否精益求精、专注持恒地把工作长期做好，决定了工匠修持最后能够达到的高度。工匠精神就是一种长期主义的价值取向，一个个体如此，一个企业也是如此。每一个制造业的龙头或"隐形冠军"，都是"押宝"在一个赛道上经年累月，心无旁骛、持之以恒的结果。格兰仕许多产品都是多年磨一剑，航天微波炉是10年磨一剑，Q6微蒸烤一体机是8年磨一剑，元器件是20年磨一剑。在自动化上每年以15%以上的效率在持续提升，同时成本不断下降，格兰仕追求质量更加稳定，产品一致性更加好。欧神诺陶瓷历时4年，推出抗菌陶瓷新品；溢达历时9年，攻克无水印染技术；箭牌陶瓷历时10年，攻克一体坐便器高压注浆机，这些成果的背后都是成建制的工匠团队锲而不舍、百折不挠的追寻。广东东鹏控股股份有限公司（简称东鹏控股）董事长何新明把工匠的长期主义精神称为"以此为生，精于此道"八个字，刻成匾放在办公室，送给经销商。

"烧鸡狂人"、格兰仕工程师黄醒民为研发双变频微波炉，两年烤6000份鸡；"煮饭痴者"、美的集团工程师黄兵为了研发电饭煲，连续13年每年煮1吨米，出11万份报告；华美众源副总经理杜蔚安从事核酸检测研究13年；大明照明总经理冯坚强从事照明研发20年；九江酒厂工程师崔汉彬从事白酒酿造28年；中鹏热能董事长万鹏从事窑炉制作30年；东鹏控股董事长何新明从事陶瓷行业42年……作为佛山工匠杰出代表的"大城工匠"，大都是潜心浸淫在自己的专业里数十年，并且具有死磕到底的韧劲，与这个行业一起成长，既成就了行业，也成就了自我。

三、学习分享、创新包容——工匠精神的时代召唤

面临着席卷而来的产业智造革命和转型，面临着产业流程和工具的迭代，工匠必须以一种更开放的姿态，随时随地不断吸取新知识，磨炼新技能，与所在产业流程、设备共同进步，才不会被时代所抛弃。佛山隆深机器人有限公司董事长赵伟峰说："现在对工匠的要求是具备多工位复合型的技能，具备操作高端设备的能力。产线在不断迭代进步，传统的工艺已经被更先进、更快捷的生产加工手段所替代，必须有新思维、新知识来支撑。"毫无疑问，工匠的终身学习能力是新时代的职业要求。

在今天的社会化大生产中，无论是科研和生产都以团队运作的模式展开。这决定了协作性和开放的分享能力是一个人必备的素质。这与传统行业里工匠独自完成产品，或对自己工艺环节里的"诀窍"敝帚自珍的做法有天壤之别。工匠要以开放进取的姿态，主动地拥抱这种潮流的变化，参与到这些工艺和设备的创新中，要以自己的知识和经验给设备机器赋能，主动引领这些变化，成为这些工艺和设备的催生者和驾驭者。

在这方面，溢达高级经理张颜雄的成长历程就很有借鉴意义。作为一位只有初中学历入职普通车缝工的她，边工作边学习，不但取得了大专文凭，更凭借丰富的一线生产经验和勤于思考、勇于创新、乐于分享的精神，成为企业设备研发部门带头人。她与科研技术人员通力合作，取得生产环节的技术革新和发明专利，使企业实现梭织车缝自动化覆盖率达到74%以上。她认为："你要给别人一碗水，你自己先得有一桶水。你要不停地把你的水分享给别人，就只有自己不停提高自己的水平。"她带领团队荣获唛架技能大赛团队第一，还根据个人经验编写关于车缝技术的书《衣艺传承》，热心传技育徒培养接班人，并成长为管理2000多人的跨部门经理。

面临快速迭代的技术进步时代，企业对创新的需求前所未有的强烈。近年来，美的集团在科技创新上成果斐然。2022年3月，国际创新数据库"智慧芽"的榜单显示，在中国专利能力领先企业里，美的专利总量排在第三位，仅次于华为、国家电网两个企业。嘉腾的研发人员占员工比例较高，600多人的公司获得专利数近400项，产品获得国内外多项大奖。嘉腾曾多次代表中国机器人企业参加德国汉诺威工业展，也是最早将产品出口欧洲的中国机器人公司。在嘉腾，每

个员工都在企业的鼓励支持下努力创新。"每个技术人员、每个工匠都在想，我能不能精度比你更高，速度比你更快，我怎么样能做到更高、更强、更远，如果你没有这个气魄决心，那么你在这个行业里面，很难赢得尊重。"嘉腾总经理陈洪波如是说。可见创新已经成为这个时代企业的生存方式，成为时代精神的深刻铭印。

鼓励创新同时包容创新失败，是新时代佛山创新企业和团队的一大特征。近5年来，美的集团平均每年投入研发约100亿，创发了大量国际领先的技术成果，与此同时，有约10%的项目研发失败或没有产出。"董事长不会怪你"这句话，反映出美的集团领导层对创新失败的包容态度。嘉腾2020年有一笔价值635万、没用过的物料，厂长从管理效益角度提出要严格整改。董事长却说："不能全部怪研发人员。这600多万可能有一半都是研发失败的成本。要创新就要容错，不允许犯错，他就不敢创新了。"广东天安新材料股份有限公司（简称天安新材）负责人宋岱瀛说："只有失败，才能提供改善的机会。我们尽一切可能不放过失败带来的每一个机会，一旦发生失败，必须有复盘。"佛山企业技术创新需要长期的资金投入和经验积累，允许创新过程中出现的失败，承担因创新出现的沉没成本，复盘失败的技术路径，这种包容创新和失败的精神会激发起每个员工的创新激情，让企业上下一心为创新，咬定青山不放松。

四、安身立命、乐在其中——工匠精神的情怀

对工作热爱，愿意付出一生，是工匠精神重要乃至核心组成部分。东鹏控股董事长何新明说："我觉得工匠精神不是停留在口头上，也不是一朝一夕的事情，它是一种文化。从公司企业文化角度看，东鹏的工匠精神就是'以此为生，精于此道'。"30多年一直在东鹏控股做技术创新和新产品开发的姜安宁说："这是我第一份职业也是终身职业。我在公司这么多年能够坚持下来，就是对这份工作的坚持、热爱和兴趣。"广东一方制药有限公司董事长魏梅认为："我享受把一件事情做到极致带来的愉悦感。如果一个人没有幸福感，很多时候是因为他没有追求卓越带来的愉悦感，从而对工作乏味。"蒙娜丽莎董事张旗康认为："工匠精神应该是喜欢、热爱排在前面，其次才是专业，然后专注坚守。如果你不喜欢、不热爱这份工作，如何能成为专业呢？"嘉腾董事长陈洪波说："做工

匠肯定要热爱，才能够静下心来把自己的想法放到技术或产品里。"这其中所展现的工匠精神，是深层次的激情和热爱，是一种把职业作为一生的"志业"的追求，乃至"使命在我"的家国情怀。找到自己内在激情和使命的幸福感，让工匠们得以在一种职业角色中安身立命，发现自身价值，并乐在其中。

第七章 | 佛山工匠文化发展的政府赋能

佛山工匠文化研究，并非从理论到理论的推演，而必须要落实到如何进一步弘扬发展佛山工匠文化。政府可以通过一系列顶层设计和有效举措，包括提供设施配套的硬件支持，为佛山工匠文化建设赋能。

一、构建工匠群体保育体系

工匠作为工匠文化实践的主体，是工匠文化体系中最能动、最有创造力的因素。弘扬佛山工匠文化，首要的是培育工匠群体，使之留得下、发展好。有必要构建一个佛山工匠群体保育体系，包括实施工匠生活平台工程、工匠职业晋升工程、工匠人才教培工程、工匠榜样力量工程、工匠技术转化工程。

（一）工匠生活平台工程

在调研中不少企业认为，佛山制造业面临着人力资源供给的系统性危机，如何抢到人才、留住人才，是企业普遍面临的问题。而如何提升人才的满意度以留住人才，子女入学、园区市政配套、住宿交通等成为企业呼声最高的方面。

1. 提高子女入学率

沿海地区较为优质的教育资源，是吸引工匠人才的主要因素之一。佛山近年来采取新建扩建公校、"公参民"转公办、购买学位等方式来保证公办学位的比例，取得一定成效。调研中美的集团反映企业能享受政府高层次人才政策，持有优粤佛山卡、顺德人才卡的员工子女入学能优先录取，但是仍存在学位尤其是优质学位供给不足的问题。有企业反映，员工也开始关注学校的质量，建议进一步实现佛山市义务教育学校的合理布局和教师的均衡配备，建立教师、校长在城乡、校际之间定期交流制度，从而促进义务教育资源的均衡性，进一步实现教育公平。

2. 落实工业园区配套设施

在城市转型升级过程中，产业园区普遍迁移到较为偏远的区域，相关配套设施未能跟上，成为企业吸引人才、留住人才的重要制约因素。在产业园区配套设施短时间内难以改善的情况下，可以优先安排连接园区到邻近区镇商业区的公交线路。对于新开发的产业园区，一定要秉承"以人为本"理念，充分考虑出租房源地距离、通勤交通连接、商业文体医疗教育设施配套等，进行科学规划，并预留弹性调整空间。

3. 建设产业工人公寓

调研中，不少企业建议建设产业工人公寓。可以在区镇街中心地段，由政府建立一批供产业工人租住的公寓，安排通勤巴士，使其能够享受到城市发展成果。每天下班后，产业工人乘坐通勤巴士回到公寓，去享受购物中心、公园、图书馆、电影院等便利设施，体现政府对产业工人的关心关怀，增加他们对城市的认同感。

（二）工匠职业晋升工程

目前，很多企业都制定了技术职级与管理职级互相打通的政策，但要彻底打通技术职级纵向晋升通路，突破技术人才晋升成长的"天花板"，仍然存在不少瓶颈。

而佛山企业技术工人职级晋升面临的最大制度障碍，是原有岗位工种目录远远落后于产业实际需求，连历史悠久的陶瓷、纺织、酿造等行业都覆盖不上，更不用说装备制造、智能制造等行业不断涌现的大量新岗位。

目前政府部门已经下放规模企业技术职级认定的权力，并且根据行业需求去打造工种目录未覆盖的岗位体系，但其中的岗位定义、考核形式和内容题库等需要大量专业细致的工作，耗费大量的人力和资源。建议政府给予更多支持举措，并在不同产业逐步铺开技术职级认定，配套相关培训奖励人才的优惠政策。

（三）工匠人才教培工程

1. 学校教育——探索佛山双元教育新路径

2020年《佛山市"广东技工"工程实施方案》印发，确立了2022年技能劳动者要占总量25%以上，2025年高技能人才占技能人才达40%以上的指标；提出加快佛山技工教育载体建设，原则上各区要单列建设一所公办技工院校，探索完善职业教育人才培养质量第三方评价机制；推动职业院校全面实施"1+X"证书制度；大力推行粤港澳大湾区"一试三证"制度。借鉴德国"双元制教育"方面，佛山企业多年来都在进行不同的探索，比如不少企业与职校、技工学校开设学徒班、订单班等。建议一方面通过国有大中型企业与公办学校平台合作，展开"双元制教育"项目实验。另一方面，支持行业协会以行业为单位，统筹业内资金、人才等与学校进行合作，积极探索以行业协会为主轴，兼顾中小型企业需求的佛山"双元制教育"新路径。目前，佛山高校数量与制造业体量不匹配，高层次人才培养供给上可以从两个方面着手：本科教育层面，主要针对本地龙头产业，在大学开设相关专业，安排企业首席技术官员为兼职教授，如必得福就有意在佛山科学技术学院开设无纺布专业教育；研究生教育层面，充分利用季华实验室、仙湖实验室等行业或者区域科技创新共享平台，以项目形式培养相关专业高端人才。

2. 在职培训——建立"工匠学习资源共享中心"

除了人社部门牵头提供培训、考核评定、政策奖励外，可以建立一个全区域产业工人共享的"工匠学习资源共享中心"，整合散落在各单位各企业的培训资源，通过文化宫、文化馆等的多媒体学习平台，扩大覆盖面。以学时积分、答题有奖等形式提升产业工人学习的主动性、积极性。

（四）工匠榜样力量工程

1. 树立工匠团队榜样

企业的技术创新离不开集体合作，工匠团队更能体现团结合作、齐心协力的精神，是宣传弘扬工匠精神的重要载体。充分利用各种主流媒体和新媒体平台，讲好工匠团队拧成一股绳、团结共进、勇于创新的故事。

2. 开展对工匠的常态化宣传

目前，对工匠的宣传还缺乏常态化机制，往往是聚焦在工匠获奖或取得重大成果的"高光时刻"，之后对他们的宣传就归于沉寂。建议组建工匠宣讲团，深入企业和校园等开展常态化宣讲。可以利用新媒体平台开设专栏，邀请工匠们讲述他们的故事，不仅讲他们做了什么，也讲他们为什么能做到，讲述他们几十年如一日持之以恒的工作态度，传播工匠对事业和工作恒定的特质，使之成为大众心目中散发着特殊匠人风采的明星。也可以利用新媒体平台来展现工匠们平凡的一天是怎么度过的，分享对工作的点滴感悟，或者解决工作中问题的过程等。

3. 企业首席技师评定

完善企业首席技师评定制度，出台相关的人才奖励政策。在企业内部建立"首席技师工作室"，完善市一级的首席技师联谊会等组织机构。通过多样化形式和平台宣传企业首席技师及相关企业，通过榜样和标杆的力量弘扬工匠精神。

（五）工匠技术转化工程

德国除了有"双元制教育"，还有良好的科技应用转化机制。《佛山市产业协同升级行动方案（2022—2026年）》提出，推动佛山企业与高等院校、科研院所组建各类创新平台和产业公地。目前，佛山拥有省重点实验室、省级新型研发机构、研究院、技术研发中心、孵化器等各类科技创新平台过百家，但是科技成果转化方面还有较大提升空间。某些实力雄厚的研究院研究业务并不饱和，虽然地方各级行政官员也常带不同的行业协会到机构进行参观交流，但是效果未如理想。目前，散布在佛山的上百个科研创新机构，大多是由企业与大学合作，或以大学或研究院为基础，围绕某个产业议题在佛山设立的科研机构，平台化程度普遍不高。建议设立"佛山市科创资讯流通平台"，参考科创中国创新资源共享平台、广州创新创业服务资源共享平台（创享嘉网）等模式，设置创新服务、创新成果项目库、创新创业服务资源等，实现技术资源整合分发。

二、建设佛山智造产业大学

习近平总书记在党的二十大报告中指出："教育、科技、人才是全面建设社会主义现代化国家的基础性、战略性支撑。必须坚持科技是第一生产力、人才是第一资源、创新是第一动力，深入实施科教兴国战略、人才强国战略、创新驱动发展战略，开辟发展新领域新赛道，不断塑造发展新动能新优势。"他还强调："加快建设国家战略人才力量，努力培养造就更多大师、战略科学家、一流科技领军人才和创新团队、青年科技人才、卓越工程师、大国工匠、高技能人才。"[1] 培养更多工匠人才，开办产业人才教育机构、完善高技能人才培育生态是重要一环。佛山在高等院校配置上与产业规模体量不相匹配，与长三角城市苏州、宁波、无锡乃至省内一些城市相比，都有相当差距。佛山产业发展对高素质人才产生大量需求，也是创建一家与佛山产业地位相匹配的高等院校的重要支撑。依托佛山产业优势，创办一所智造产业大学，是顺应时代大势的必要之举。

智造产业大学可借鉴德国的"双元教育"模式，充分体现"双元"里企业这"一元"的主体地位。课程内容设定、课堂与实践融合，都要围绕企业需求来展开。要建立企业与校方师资轮换、行业协会介入、学生考核等制度。佛山智造产业大学将成为佛山产业人才的摇篮，源源不断为佛山输送高素质产业人才。佛山智造产业大学也可以作为佛山产业教育的标杆，既可引领整个佛山教育水平的提升，也可增强佛山作为产业和文化强市的城市地位，提升佛山城市美誉度和吸引力。

三、建设佛山城市文化广场（工匠文化广场）

佛山是广府文化的核心基地，许多广府文化的标志性元素在佛山诞生发展并

---

[1] 习近平：《高举中国特色社会主义伟大旗帜　为全面建设社会主义现代化国家而团结奋斗——在中国共产党第二十次全国代表大会上的报告（2022年10月16日）》，人民出版社2022年版，第33、36页。

流传海内外。佛山的城市历史文化从未出现断层，自明正统十四年（1449）成为城市以来，570多年的深厚历史积淀铸就了文化的昌盛，状元文化、祖庙文化、粤剧文化、功夫文化、工匠文化等世代留存，但佛山缺少一个与城市实力相符的城市文化广场（工匠文化广场）。

佛山城市文化广场（工匠文化广场）展现佛山制造大市和文化强市的气质风貌，将佛山跻身"天下四大镇"时期的辉煌与现代化都市的未来结合一体，打造佛山城市客厅。佛山正埠大码头原来是明清时期佛山镇的客厅和门户。因为河道的长期淤塞，现在的正埠码头处已经变成小河沟，难以充当城市客厅的功能。建议选择东平河北岸某处，这里河面宽阔，可以重现明清时期葡萄牙船舶以及大小五千艘船只齐聚汾江的繁盛景象，又可以与旧正埠码头、琼花会馆、梁园、祖庙、东华里、南风古灶、霍氏大宗祠、陈太吉博物馆连成一线。复建"敕赐忠义乡"大牌坊、接官亭、正埠大酒楼、旧槟榔街、佛山行、江门行、海南行等景观和商业街铺，设立佛山状元群体、佛山古代著名工匠群体等雕塑群，配建未来天街和商业街，出售佛山文创产品和特产食品，使之成为传承历史文化、陶冶家国情怀、展示城市形象的重要场所。

四、举办佛山工匠文化节

佛山工匠文化深厚，自古就有尊崇工匠的优良传统，应该有一个弘扬工匠文化的重要节庆平台，多渠道、全方位、立体化展示佛山工匠风采，发挥佛山工匠的传帮带和示范引领作用，助推知识型、技能型、创新型人才队伍的建设。建议由市政府牵头举办佛山工匠文化节，搭建展现佛山工匠文化的大舞台，打造佛山又一张文化名片。佛山工匠文化节可在每年的5月1日至5月5日期间举办，开展"佛山市工匠成就展（创意展）""中国工匠成就展""佛山杯工匠技能大赛""大城工匠"颁奖仪式、工匠经验交流报告会等活动项目，展现佛山工匠的时代风貌，致敬礼赞佛山工匠，弘扬佛山"大城匠心"。

| # 佛山工匠文化的传播

一、佛山工匠文化与城市品牌形象

工匠文化系统除了技术器物、组织制度外，更有在工匠生产实践中沉淀下来的一套观念态度、行为习惯和情感价值，即所谓的工匠精神。工匠精神源自工匠的生产实践，反过来也支持推动着工匠文化体系中的一切物理和非物理性的文化景观。对佛山工匠文化的弘扬，就是通过对其中蕴含的这一套核心价值的宣导传播，为工匠文化建设提供精神动能，服务于制造业乃至其他产业的发展。

佛山"制造业立市"的城市定位，使得佛山的城市性格有着鲜明的匠人特质，也就是说，佛山这座城市本身也可被视为一位"工匠"。因此，厚植佛山工匠精神的同时，也是在塑造和输出这座城市的品牌形象，这就使得佛山工匠文化的弘扬站到了城市品牌建设的高度。

二、佛山工匠文化的传播策略

（一）传播目标

营造全社会"尊匠尚技"之风，鼓励更多人投身到制造业之中，展现佛山制造业的深厚根基与成就，使受众对这座制造之城及其工匠文化产生更多认同。站在塑造城市品牌的高度，通过对佛山源远流长的工匠文化（包括器物、技术、匠人事迹、品牌风采等）的叙事输出，传达背后的工匠精神，在全社会建立价值观念共同体。

（二）形象定位

文化传播极致的表现形式，是呈现为一个有血有肉的人格形象，使之成为与受众共享某种价值观的朋友。历史上的佛山，以冠绝天下的铸铁之艺，引领出百业纷呈的工商生态，跻身"天下四大镇"之列，巧匠辈出，宗师满城，是"一座有功夫的城市"。正像一位有传承、凭真本领吃饭的师傅，在新时代以"新功夫"守正开新，健行不息。

（三）信息采集

在品牌策略总体纲领的指导下，发动社会各界对佛山具有影响力的行业、企业和工匠的事迹进行发掘和整理。采集对象不仅包括传统行业，也包括新兴行业，博古与通今相兼，科技与人文并举。

（四）传播项目

一是开展"工匠乐业谈"活动，邀请企业工匠、首席技师、技能比赛获奖者等到企业和职业学校宣讲座谈，在媒体参与访谈与观众互动，交流分享成长经历、如何面对职业瓶颈、如何自我激励、如何创业乐业等话题。二是开展"乐活探厂"活动，组织佛山企业以"乐活探厂"为标签，以新媒体为平台，以视频形式展现企业场景以及企业员工工作生活感受等。三是开展佛山工匠文化游。遴选佛山工匠文化一日游线路，串联地标景观、知名企业、工业遗址、历史文化景点、佛山美食等，组织市民群众尤其是产业工人游览，加深对佛山工匠文化的了解。四是建设佛山工匠文化网站。以视频、音频、游览图等多样化形式，以有关佛山工匠文化的地标景观、知名企业、工业遗址、历史文化景点等为主要内容，打造内容全面、形式生动的佛山工匠文化网站。五是打造一批展示工匠文化的景观景点。整合传统老字号产业文化博物馆，重新发掘产业遗址资源，依托新兴行业企业展览厅、企业开放日等，展现佛山制造新业态场景。利用公共文体娱乐及城市景观设施，注入佛山工匠文化内涵，打造成为向公众传播"尚技尊匠"社会新风的阵地。六是形成一批工匠文化精品传播项目。集中优势资源，打造精品项目，树立传播标杆，包括一部佛山制造主题影片、一个佛山制造沉浸式常设主题展、一档佛山工匠主题访谈互动媒体栏目、一档佛山工匠主题技能比拼节目等，集中宣传佛山作为"匠心之城"的形象和风采。

结 语

　　佛山制造崛起的明清时期，是国内统一市场的形成时期。佛山制造生逢其时，建立了上下游通畅的产业体系。围绕主干行业，形成了规模和配套集群，进而形成街区和城市。正所谓"器成于匠，匠聚成城"。清代佛山工匠的工艺水平一直领跑于国内同侪，傲视于东亚群工。"功夫立身"和技兼天下，乃是古代佛山工匠的文化特质。古代佛山社会礼赞工匠，工匠受到社会和作坊主的"极其尊奉"。而西家行和集体品牌"李陈霍"，则在更大群体内保存了佛山制造的核心技术，同时传承了佛山工匠堪比御制的专业水准和敢为天下先的工匠文化基因。

　　在当代佛山制造中，由于技术和产品创新需求的日益增加，产生出工匠的专业分层，而制度的执行和机器的运行，又全然操之于人。工匠的"守正"之功，既是达至产品一致性的保证，也是工匠的立身之本。新一代的匠人，一如既往地需要过去匠人那种勤勉敬业、一丝不苟、持之以恒的精神，需要不断运用新工具，累积新经验，锤炼新技能，把所在岗位工作做到极致，这就是在工业4.0时代匠人所扮演的"智造守门人"的角色。

　　佛山制造源远流长，于今为盛；佛山工匠守正开新，代代扬名。无论是古代的西家行组织里的工匠，还是今天的世界级企业里的"集成匠人"新角色，佛山工匠都是企业的核心力量，受到社会的格外尊重。佛山能够进入万亿GDP俱乐部，成为中国制造业名城，得益于一代又一代佛山工匠群体的创新精神。今天，能在行业排得上龙头地位的企业，都是长年累月对技术和产品孜孜不倦追求的回报。面对纷繁多变的今日世界，佛山工匠更应比以往任何时候都强调开放包容和积极协作，更要争当为某个领域提供复合价值的"集成匠人"。

政府和企业在新时代的责任，就是通过全社会的广泛参与，让工匠文化成为佛山城市性格的有机组成部分，让佛山成为一代又一代工匠人才的聚集高地和生态乐园。一路走来，我们看到，佛山制造以傲立天下的品牌和产品成果，长期礼赞着佛山工匠的守正创新，而佛山工匠也以非凡的群体智慧，不断为"佛山制造"加冕增辉。

佛山制造企业"工匠文化"访谈精华录

2022年2月至6月，由广州市东方实录研究院与中共佛山市委宣传部联合组成的访谈组，围绕着"佛山制造与工匠文化"的议题，走访了一批佛山制造业企业，他们当中既有产值千亿的上市公司，也有小而美的专精特新"小巨人"；有新能源、新材料、先进装备等新兴行业，也有酿造、铸铁等历史悠久的佛山传统行业；有国有控股的大型集团，也有家族管理的民营企业。虽然所处行业不同，体量有异，但是一位又一位的"佛山·大城工匠"正是在这些企业中诞生。他们扎根制造业，潜心掌握极致的制造技术，一生痴迷造物之情，奉献造物之美，演绎了工匠精神在一线企业的丰富实践。

我们从几十个小时的谈话记录中，摘取出一些具体而生动的谈话，从中可以分享他们针对工匠精神、佛山制造转型升级等议题异彩纷呈的见解，感受他们在制造业领域潜心耕耘、实业报国的热切情怀，更可以从富于现场感的语境中，领略到佛山这一方水土酿造出来的独特地域文化气息，感受到在千年制造业历史的文化积淀之上，新老佛山人携手创造出来的新时代佛山工匠文化的活跃思想冲击。

关于"工匠"

　　工匠是器物制造的主体，也是技术传承的载体。明清时期的佛山社会，工匠人口占城市人口的多数，工匠受到社会普遍尊重，人们"极其尊奉"拥有一技之长的工匠。在当时人们的认知里，技术由工匠个人积累沉淀，因此工匠是技术的独立载体。怀一门手艺、穷其一生坚守者，是个好工匠。假如一个工匠又习得另一手艺，就需要另辟新行，独立发展，兼有两门手艺者不得在本行内发展。不同技术者之间各自封闭，不相交流，独立发展成为当时制造行业的常态。在现代社会，技术迭代的速度远胜于生命周期，技术复杂的程度也碾压任何个人的智商。工匠个人全面掌握企业技术、独立完成企业技术传承的时代，已然过去。随着时代的飞速进步，今天人们对工匠概念的认知，已经远超古代工匠的内涵，日渐宽泛。工匠的主体以何种形式呈现？工匠的技术是否需要复合？在此次访谈中，佛山企业对"工匠"的概念，表述了许多与时代同步、与佛山接轨的新颖看法。

　　访谈组 工匠（技术人员）在企业不同发展阶段（初创期、发展期、成熟期）处于什么样的角色和地位？

　　熊智康（广东格兰仕集团有限公司电器配件制造部副总监）：

　　格兰仕的早期创业与转型，都是创始人工匠亲自推动。工匠型企业家在创业

2022年1月7日，调研组到格兰仕访谈

阶段直接起到从零开始的创立、开拓的作用。在格兰仕最初创立困难阶段，企业家都是自己和一些技工一起手把手做机器，从无到有创造产品、创造企业。到了转型期，企业的竞争力取决于技术眼光与技术实力，工匠团队就显得尤其重要。格兰仕在1992年转型做家电时，就从上海聘请6位专家带领技术工人做转型，才能生产出引以为傲的微波炉，并进一步推动技术领先、成本降低，体现出企业的竞争力。到2000年，我们开始做空调，后面再到冰箱、洗衣机等一系列家电。到现在企业已经强大了，可谓成熟期，更需要全方位大批量的工匠，工匠精神将再推动企业不断创新和突破。

我觉得从创业期、转型期到发展期这几个发展阶段，工匠作用或者是需求还是不同的，创业早期以本土人才为主，外派本土人才到国企或者深圳及其他省市，甚至出国学习。后来就要引进人才了，除了"星期六工程师"，还有大量来自高等院校的人才，此时企业最需要考虑的是引进人才的对策，吸引他们落户。

💬 **刘根先**（广东东鹏控股股份有限公司人力资源总监）：

从人力资源的角度，我们要把整个人才结构从过去的金字塔形打造成菱形。这个金字塔如果分三层的话，上面是核心的管理团队，中间是技术工人，下面是普工和操作工。把这个金字塔做成菱形，就是要把中间层的技术工人队伍做大做强。这也体现了工匠在企业中的重要性和价值。

💬 **张旗康**（蒙娜丽莎集团股份有限公司董事、董事会秘书）：

佛山以制造业立市，离不开我们的产业工人。这么多年来，不论以前赋予它什么名称，按照现在大家常提的"工匠"来对标的话，佛山有今天的产业基础，跟这些产业工人，跟这些"工匠"是分不开的。站在我们这个行业，首先要有一定的手艺，如果不具备这个手艺，可能还不一定能成为工匠，这是我们过去的一种理解。

可放在企业发展的每一个阶段来看，又是另一个视角。初创的时候，一个萝卜一个坑，招进来能够胜任这个岗位工作，已经很好了。然后员工沉淀下来，同时公司也在不断发展。员工对工序岗位从陌生到熟悉，掌握了技能技巧以及熟练操作。而且开始通过潜移默化，从仅为了薪酬而工作，上升到喜欢、热爱这个工作。在这个阶段，他就已经开始为成为工匠奠定了一定的基础。（不排除有些是跳槽来的，已有基础。）

现在蒙娜丽莎已经有30年以上的历史了，建筑陶瓷行业处于产能过剩阶段，血拼价格，各种成本要素压力特别大，在这个阶段，需要的是这一类型的工匠：他们不仅要能够胜任工作，而且要热爱自己这份工作，全身心投入岗位，还要一丝不苟，精益求精。我们认为成熟阶段的企业，就是需要这一类的工匠。而且任何一个车间，有一个这样的人，慢慢地，他就会产生以点带面的示范引领作用，通过这些正气、正能量、积极阳光的人才，树立标杆。蒙娜丽莎虽然不称这类人才为工匠，但是每年都会评定不同界别的先进劳动者或者先进干部、明星员工、服务之星、工匠之星。由员工代表做评委，不仅仅是管理人员。

未来的数字化智能化时代，我们更需要这种工匠精神。因为任何一个员工动动鼠标，按那些按钮就能轻松操作，如果出差错，都有可能带来生产上巨大的损失。因此，更需要专业专注，更需要一丝不苟，更需要这种敬业精神，来操控这些现代化的仪器设备。我们的人员会大幅度减少，也是基于劳动力红利不再，我们要把所有普通员工都培养成技术员工。在每一位技术员工背后支撑他，让他在专业领域干下去。能够使得他真正地专业专注，全身心投入，就是工匠精神。

我们建筑陶瓷产业的人才，一定是以技术员、工匠为主。他们的比例会从过去的百分之十几，提高到百分之七八十。每一个岗位，都代表他各自的专业，然后链接相关岗位，最后把我们的产品做出来。与过去劳动密集型产品相比，做出的产品，质量会更稳定，优等比例会更高，包装缺陷会更少。最后卖给任何一个家庭或者工程都会减少投诉，源源不断地获得持续的订单，带来良好的口碑。

所以现在我们对工匠精神的理解，已经不是停留在原来师父带徒弟的那个层面，而是已经上升到一个很高的维度。蒙娜丽莎作为一个行业一线品牌，上市以后又成为社会公众品牌，要去理解蒙娜丽莎品牌定位的价值坐标，把它放在这样一个模型里面去理解：从产品价值开始，上升到企业价值、行业价值、消费者价值，再高一个维度是群体价值，最高的维度也就是社会价值。所以要把员工的工作环境打造好，我们打造了行业首个示范车间，去影响和改变整个行业。我相信对消费者来说，产品价值会凸现，尽管产品是在什么样的环境下生产出来的，是不是资源消耗高、能源消耗高、环境污染高，可能很多消费者没有过多关注，但是在采购蒙娜丽莎产品的过程中，可能会潜移默化地感觉到蒙娜丽莎的一种责任。

访谈组 我们今天谈工匠文化、工匠精神，首先遇到的问题是工匠这个角色在当代制造业中的重新再定义的问题，您是怎么理解现在制造业中的工匠的？

💬 **宋科明**（中国联塑集团控股有限公司副总裁、总工程师）：

工匠的概念，有一个逐渐演化的过程。之前没有机器，工匠是直接操作产品制造的，是原始的工匠。未来人力成本高了，自动化程度提高了，这个工匠就是开自动化机器的人，所以我觉得工匠永远存在。但如果按中国的传统意义来理解的话，又和研发不太一样。因为工匠，其实就是能做和做精的问题，研发是能做和不能做的问题。

我自己在管研发，也管工艺。按我的理解，工艺就等于是制造里面的技术，专注于经验，专注于效率、成本，专注于人员的操作能力。这是工艺，这是偏工匠类的。研发则是另外一个概念，研发就是能不能做出过去没有人做到的事，有没有一个好的想法，一条新的技术路线的引进。这其实是两码事，在制造端，工匠是能够把产品做精细的核心，在开发端，研发则是核心，有没有引进一些新技术，以及新技术理论实现落地。如果彼此之间能够相辅相成，整个产品开发、技术提升，就会做得更好。

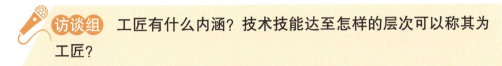

访谈组 工匠有什么内涵？技术技能达至怎样的层次可以称其为工匠？

💬 **杨志学**（中国联塑集团控股有限公司人力资源总监）：

如果仅仅在能力技术上达到要求，某个层面有所缺失，我觉得他可能就是个技工、技术工人，或者手艺人等，还不能称之为工匠。如果真称之为工匠的话，他应该是会在这个行业或他的岗位，持之以恒地去坚守，体现精神和传承的价值。我觉得这才是对工匠的正确认识。

机器显然不具备这些属性，所以不能完全代替工匠。但是当代工匠的工作对象、工作内容、工作方式，可能要随着机器代人的过程而变化。以前是直接在生产，后面可能要通过操作机器和维护机器来完成生产。

2022年2月28日，调研组到联塑集团访谈

💬 **陈炳尧**（蒙娜丽莎集团股份有限公司节能减排办主任、工会主席）：

工匠，就是很有造诣的一个人，这是过去的一个认知。而今天，我们更强调它背后的精神。我们蒙娜丽莎薄板的研制，就很好地体现了这种专注的精神。没有专注，就没有我们十年来薄板的产生和发展。所以新时代的工匠精神，可以体现为企业行为的模式。不单是说，去做一个东西、一个物件，而是用工匠精神去对待和处理一切事情，包括整个研发或者整个公司的发展。

💬 **蔡莉莉**（蒙娜丽莎集团股份有限公司人力资源总监助理、工会副主席）：

新一代的年轻人，他们不太希望去从事这种技术或者生产类的工作，是目前面临的困境。我们也会想去招收一些职业院校的大专学生过来，往工匠方向去培养，但是他们不愿意。他们认为生产车间这些操作层面的岗位，不够体面，或者是说不被社会所尊重。

工匠有两种定义：一种认为哪怕是一个搬运工，只要他有这种精神，在这个岗位专注、钻研，就是工匠了；另一种看法是应该手里面有绝活才算。但是一个员工要在普通的岗位上，成长为有绝活的人，需要一个过程。如果认为他不是工匠，只是一个操作工，其努力不被认可，也会导致他们不能坚持下去。

大家都认为，对工匠来说，坚守是很重要的。今天的部分年轻人，可能会少了一些坚持。所以，拓宽工匠的定义，应更多从精神去着眼，为普通岗位年轻人的成长提供更多动力。

💬 **周秋生**（广东溢达纺织有限公司副总经理）：

我们的理解是，工匠就是在这个行业、在产品制造的过程中，有特别的技术或能力，是行业里面做得最好。像我们公司的定位，是做出在中国乃至世界上全棉色织领域最好的面料，因此我们要做代表行业制造水平的工匠。

佛山以制造业立市，有几个支柱产业。相关企业的产品，拉出来一看一对比，确实是最好的设计制造，那么他们的设计师、制造的技术负责人，就应该是一个工匠。正因为有这样一些技术工匠的存在，我们的产品才能上一个档次，所以说工匠在公司里面，都应该得到重视和尊重。

溢达简单的定位，就是做这个世界上全棉色织衬衫和T恤做得最好的企业。衣服的面料很多，我们公司只做全棉。全棉又有两种，一种是染纱，一种是染布。染纱技术含量会更高，色牢度更好，面料不容易褪色，染布的稍微低一个档次。我们只做染纱的。然后是做全棉色织，100%的棉。溢达一开始就做这个，定位就很清楚，是用最先进的设备，用一流的人才，做一流的产品，卖给一流的客户，赚取比较高的回报。

我们很多设备是从国外进口，因为我们是这个行当里的一个大户，所以一旦用这个品牌的设备，供应商在其他地方推广同类设备，就很容易。他的客户就不需要考虑技术含量、好不好用的问题，而是说："你给溢达什么价格？你告诉我。"比如说，我们在广州的一个竞争对手，只要我们买了他就买，我们买4台他可能买2台。溢达一定是把技术、把产品质量放在第一位的，在行业里享有很高的声誉。很多海外客户对我们非常放心，我们的实验室是有客户授权的，就是我自己的产品自己检测，客户是认的。客户了解我们从来不作假。我们管产品质量的老总，是直接向老板汇报的，他说不能出货，生产厂家再着急也不行。所以说老板对质量很重视。质量不就是工匠做出来的吗？从广义的角度来理解，溢达这个公司就是全棉色织衬衫和T恤领域的一个"大工匠"。

💬 **霍志标**（箭牌家居集团股份有限公司总经办主任、"全国建材行业劳动模范"）：

作为工匠，做好一个产品固然是一个方面，但做好一个规划，尤其是大的规划，这个才是企业的核心。每一个环节、每一个细节有机地串联起来之后，再超前超越，这个才是工匠精神的重点。只要做到这样超前超越，不管在哪个岗位上，工匠精神都可以体现出来。超前超越之后，还要引领客户的思维，得到客户认可才有话语权。

我们鼓励自动化，因为能把自动化做到极致，保持质量稳定，也是好的工匠。不是手工操作才叫工匠，把一件事做到极致，同样属于工匠精神。我们就是要把难度大的工序，变成难度小的工序。某个人做某一个工序，不是没有他不行。不能够依赖于单个工匠，否则整个企业很难发展。特别现在要做精做好，怎么做？要把它简单化，但是质量不能降低，还要提升。但操作就要简单，减轻劳动强度，这样人才能沉得下去，质量才能稳定。

访谈组 美的是如何让新员工在专业技术上不断进步，并融入未来技术创新团队的？

💬 **黄铠**（美的生活电器制造技术学院负责人）：

从整体来说，这些毕业生到美的来，专业方向还是大体对口。他们从本科到硕士再到博士，方向是逐渐缩小、逐渐专一的。从美的整个事业部品类和产品来说，横向专业是相通的。不管是在大家电还是小家电部门工作，很多技术都是相通的。其实从技术的角度，不会有产品的差距感。到美的来，与他们就业的大方向是一致的。

我们有一对一的师徒制，有辅导老师带领新的毕业生。毕业生从校园招聘过来以后在岗位实习，辅导老师每周都要定期与他们访谈沟通、座谈交流，给新人制定一个实习的计划，教他们怎么去做技术。因为技术的领域很广，最终根据学生的具体兴趣，专注到某一技术里面，这是"一专"。随着时间推移，一些技

2022年3月28日，调研组到美的集团访谈

术在美的集团里是通用的，比如做空调的注塑和做电饭锅、洗碗机的注塑，是相通的。那么他们可以继续在事业部内部专注这个领域，也可以在集团内部经常去交流。我们有一个专家协同组，定期去交流、去帮扶，这样他们在自己的岗位上有专门技术，然后又学了其他事业部相关的一些技术，对他们来说就是"一专多能"，美的整体联合应对某一个具体问题的能力，就会越来越强了。

🎤 **访谈组** 在当代的制造业里面，除了产线操作工人，还有一批专门的研发人员，溢达也一样。他们是这个时代独有的工匠群体，请谈谈他们的作用和贡献。

💬 **周秋生**（广东溢达纺织有限公司副总经理）：

我们的研究院都是分领域的，比如研究设备的、研究材料的、研究原材料棉花的，包括它的基因改造等，都是独立的团队。这队人马掌握了这个领域里面最详细、最系统的东西，这个才是能培养出工匠的基因。就像他们三十年如一日做一件衬衫，最后怎么都能够把它做得很好。在一个细分领域，这些人不停做这一件事情，把它掰开了揉碎了，比别人每天好一点，最后才可能做得比别人都好。这么多人，在一个纯粹、很细分的领域里面，沉浸这么多年，我觉得肯定是可以达到它的高峰。

我们目前授权的专利是1600多项，其中发明专利600多项。在全棉色织这一块，全世界发明专利最多的企业，一定是溢达。大概是三四年前，中国人民大学做了一个全国企业创新竞争力调查，对象涵盖全国所有行业，包括华为在内，结果溢达排在了60多位。我们公司在佛山市专利富豪榜连登了7年，有两年是第一。从这几个数字，加上创新考评体系的指标，就知道这个企业的研发能力很强。

🎤 **访谈组** 从整个产业竞争格局来看，溢达在行业的细分领域做一个"大工匠"的策略，在企业成长的过程中是怎么体现出来的？

💬 **周秋生**（广东溢达纺织有限公司副总经理）：

这可能跟最开始的理念有关。在国内企业基本上没有做垂直生产链的时候，我们成为第一家做垂直产业链的企业，从棉花种子基因的开发，到棉花的种植。

1999年开始，我们就去新疆种棉花。很难有一个布局那么广的企业，从源头到最后成品，等于可以完整控制产品质量，准时交付。对于客人来讲，他也只要跟一个人打交道。这种垂直生产链的产业布局，让我们在这个市场上可以很快地进行扩张。全产业的布局，对成本跟质量来说都可以把控。我们也应该是很早做信息化管理的，在80年代末90年代初，就开发自己的生产系统。就是因为在这个细分垂直领域做深做透，才让我们有了今天的行业地位，可以自豪地说自己是全棉色织衬衫和T恤领域的一个"大工匠"。

访谈组 在你们看来，当代制造业企业中的工匠，与传统工匠最大的区别在哪里？

朱奕光（佛山电器照明股份有限公司技术研发部部长）：

工匠，顾名思义，应该是有工艺特长就是匠。传统意义上的工匠，其实是叫匠人。我们企业也是经历了几个不同阶段，在手工业阶段还靠着匠人精神，如果工人的技术不够高，做出来的产品肯定是不行的。到了现在，照明行业是一种充分竞争性的行业，要大规模生产，不再是那种手工业制造规模了，而是需要把匠人摸索出来的经验标准化、参数化，然后通过设备去实现，把参数固化到设备上。所以我们现在要发扬的，其实是一种工匠精神。

像我们做LED插拔灯管。在2012年开始做的时候，市场卖价基本上是接近200块，到现在，我们出厂价就四五块钱一根。我们要做的事情，是整个公司同时发力，通过技术钻研、工艺改进，推动整个行业资源整合，降低产品成本。我们发扬的是这种专注精神、创新精神，在这个过程中要整合各种知识和人才。仅设计端，就有电子的、光学的成本，一点一点地从之前月产一二十万根，到现在一两千万根，一步一步将成本降下来，而且通过工艺、技术上的追求，把产品做得更加精致，有更高的性价比。

我们今天要发扬的工匠精神，不再是传统匠人时代那种依赖于个人，把产品做得漂亮、精准，而是要解决怎么样把设备效能更好地发挥出来，做出性价比更高、成本更低的产品。

💬 **欧彦楠**（广东邦普循环科技有限公司总裁办公室主任）：

传统的工匠精神，更偏重于一线员工对具体的事情的钻研。现在时代发展了，我们不仅仅局限于一线，还包括生产、研发（涵盖设计、设备以及软件工艺知识）、申报、采购、销售等各环节，都需要工匠精神，所以外延也会更广阔一点。

我们更看重怎么把一线工作经验转化为一种能够传承下去的知识和方法。个人做得好，不可以"能人主义"，要集体主义。我们规模这么大，做得好不能靠一个人，要模块化地复制。要把个人懂的东西，变成一个标准程序，我们称之为SOP（标准操作程序），大家能够按这个方法，做得同样好，那才是最重要的工匠精神。将工匠精神变成一种可以作为载体的东西，把它传下来。

另外，在程序标准化以后，怎么去建立整个体系，也需要一种工匠精神。把自己懂的东西写出来很难，写出来以后把它推广，融入每个人工作中去，更难。各个方面都需要有管理，要把工匠精神融进其中。

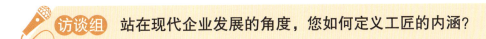

🎤 **访谈组** 站在现代企业发展的角度，您如何定义工匠的内涵？

💬 **黎干**（佛山维尚家具制造有限公司总经理）：

我们定义自己是"成就你我家具梦想！""创新科技、服务家居"，这个集团的愿景和价值观其实很符合工匠精神。体现在：第一，负责任做好每一件产品（其实就是品质）。我们高峰时每天做五六十万部件，组成一万多件产品，品质非常重要。第二，真诚服务好每一位客户。因为我们提供的不单是产品，更是从量尺、设计、生产到安装交付的全套服务，所以我们除了拥有生产线之外，更拥有自营体系和安装体系两大体系。第三，高效执行每一项任务。其中就包括专业的能力和态度。第四，团结协作、尊重每位员工。因为技术的应用，整个生产流程是一个环环相扣的整体，对成员的协作性要求很高。这也是当代工匠所需要的特质。

我们原来是做软件的，对包括诸如自由、尊重这样的文化基因很重视。一个公司的文化，不是从上到下实施就可以的，而是从下往上"长"出来的，需要时间的积累。比如做"精益生产"，有个体会，就是不能一下子做得太深，只能循序渐进。因为人员变动，员工离职率太高，新员工太多了。我们每个月一线员工离职率5%—8%，三个月以内的离职率居然高达50%，往往各种品质问题、安全问题都出在一年以内的新员工身上。这些一年之内流动的员工，大多数还不具备产业工人的素质。因此"精益生产"，只能分线做，分段做。

所以说，倡导工匠文化也不能针对所有企业，而是要针对已经有一定生存和发展能力的企业。我们认为，这些新招的员工，要经过一年以上的稳定沉淀，才能慢慢具备产业工人的素质（其中除了工作技能，还有纪律性和心理素质等），而只有具备一年以上企业工作经验的这种产业工人，才能慢慢向工匠提升转化。

某种意义上，当代工匠技艺的提升，依赖的是技术、流程，而非个人。所以，看待工匠，需要一种更宽泛的思维，更应该倡导一种以企业为主体的企业型工匠。作为企业型的工匠，体现出责任、服务、创新、协作等时代精神，成就的是集体工匠价值。

访谈组 在机器人企业里面，人机之间的关系在不断改变和调整，可能工匠的内涵也会有不同。它是一个常态，还是一个动态的变化？

赵伟峰（佛山隆深机器人有限公司董事长、总经理）：

操作层面的工匠，我觉得现在要求是越来越高。不像以前传统意义上的工匠，可能就几个钳工、铣工对工位特别熟悉。现在对工匠的要求是要具备多工位复合型的技能，还要具备操作高端设备的能力。我们的产线在不断迭代进步，传统的工艺已经被更先进、更快捷的一些生产加工手段所替代，所以必须有新思维、新知识来支撑，必须有能够驾驭目前企业改造升级的装备。

当然产品本身的特性、加工的工艺质量要有一定的基础，同时结合企业自动化、数字化转型升级进一步提升，才能把工作做好。这是一个动态的过程，并不是说一件事，他做了10年、20年，就一定比新来的员工做得好。因为采用新工艺、新方式、新设备，可能比以往做得还要快、还要好，成本还要低。

任鹏辉（佛山隆深机器人有限公司技术经理）：

就我们企业来说，工匠的核心是一种精神。如果指的是一种技能，确实是比较难。比方说，我所做的非标集成，自2017年进入隆深，从一开始的单个工位的设备自动化，到后来做到产线级的，然后又把工业互联网加进去，通过数据采集及数字化生产，一步一步随着客户需求提高，我们自身能力也在每天更新变化。靠某一个技能点，像之前的车工，一刀车下去就是多少忽米（0.01毫米），光会这一点，现在就很难存活。就是说，我们的目标已经不是传统工匠那样，把一个东西做到炉火纯青那种方向。因为技术的迭代实在太快了。尤其像做非标的，可能今天面对格兰仕、明天面对美的，客户需求的产品不同，生产软硬件要求就不同。必须得跟随客户的变化、社会市场环境的变化去变化。

所以现在对于岗位的知识技术很难定义得那么精准，比如成像技术，我们原来视觉正在做2D，可是一有新技术3D出来，马上产生不同的应用，就必须不停学习，才能跟上时代脚步。

所以我认为它就是一种精神，一种创新的精神，必须不断考虑这个东西是不是可以做得更好，不断地去钻研、琢磨，在这个过程中感觉它还可以更好，再不断地去试。它不像一个具体的知识点，可以直接去教，而是只能潜移默化地去培养。包括企业文化的建立，在企业里树立榜样也是一样。比方说一个项目做得好，会开个会，进行项目奖的分配，以鼓励的方式去培养和提升企业员工的这种精神。

💬 **吴超**（佛山隆深机器人有限公司人力资源部经理）：

现在对工匠的定义要拓展开来，不是说用一个工具用一辈子，用得很纯熟，才是工匠，而是要随时随地更新自己的知识库（这个对企业来说，特别明显）。随时随地做到最好的那种精神，反而更重要。

2013年到现在，10年的时间，尤其是最近这几年，技术的更迭日新月异，从单体的工作站，到自动化生产线，到机器换人，再到现在的数字化，更迭速度非常快。主体其实还是那一拨人，怎么能够跟上这种极速变化？如果个人包括公司不能不停地学习，创造条件去进行知识的补充，就很容易被淘汰。在这种行业的赛道上，我们企业的要求就是这样。

工匠精神

工匠精神是工匠文化的核心。随着时代的发展，工匠精神的内涵也不断在迭代更新。在当代中国制造业第一线的佛山企业，在企业舵手、管理者和优秀工匠的眼中，当代制造业工匠与传统工匠相比有何不同？他们所传承的工匠精神有什么新的发展？工匠精神与他们所服务企业的企业文化、企业精神有什么联系？他们是怎么看待工匠精神在当代制造业实践中所起的作用的？这些问题，在第一现场的访谈对话中，有着生动的呈现。

访谈组 在佛山制造业中，家电企业是技术人才的高地，请谈谈您眼中的工匠精神？

杨虎（美的集团股份有限公司品质管理总监助理）：

现在整个美的集团，已经到了智能制造全面应用的阶段，以数字化来驱动全价值链的卓越运营。美的智能制造坚持MBS，就是美的精益营运系统，通过自动化和数字化，来打造美的集团的智能制造工厂。通过"T+3"推动我们全价值链的业务变革，提升和建设世界级水平的智能制造的能力和系统，这就是我们整个的智能制造模式。

与工匠精神的关联，我们理解有三个方面：第一个是专业的精神，就是要追求卓越的创造精神。美的从传统制造工厂到现在的世界"灯塔工厂"（我们已经有4家"灯塔工厂"），在转型的过程中，始终坚持以不断超越、精益求精的创新精神去突破，和世界级工厂看齐。第二个是职业的态度。就是我们对整个全价值链的作业运营，包括"五全五智五数"的品质追求，这种极致的精神。第三个方面，是人文的素养，就是始终坚持用户至上的服务精神。集团从20年前的三大主轴（产品领先、效率驱动、全球运营），升级为四大战略（科技领先、用户直达、数字驱动和全球突破），很清晰地指引着美的从传统制造工厂到数字工厂再到智能制造工厂的转变。

工匠精神的内涵，具体表现在几个方面：第一个就是敬业。像我们曾经获得"佛山·大城工匠"的李金波，也是全国人大代表，在家用空调事业部研发这个领域里面，二十几年如一日，热爱岗位，认真地对待每一次的产品设计，从不懈怠，这就是敬业精神。第二个就是精益求精。始终坚持做自己的领域，严格要求，力求做得更好。像我们"一晚一度电"这样的产品，就是不断地在节能降耗方面去追求。第三个就是执着。以坚持不松懈的态度，不断地积累经验和优势。第四个就是创新。要在原有的经验积累之上，不断去创新，比如说绿色环保等，有能力去创新突破。

我们的企业文化，是站在智能发展战略的角度去考虑的，虽然没有把工匠精神放到战略层面的高度去提，但是里面也暗含了这样的价值观。比如我们提倡"以人为本"，里面就包括员工的利益最大化，其中工匠、工程师、管理层，全部在里面。只是我们没有"工匠第一"这样的提法，没有单独去讲这块，但已经包含了工匠。另外，"工匠文化"，虽然没有单独一个战略层面的表述，但它作为做事的一贯风格，已经融入我们的骨子里面去了。无论是做工艺的，做品质的，还是做其他的，都要求既要专业，还要有业绩，就是要一门深入，要执着。

我们去年年底刚刚发布的企业文化价值观，其中"务实奋进、变革创业、包容协作"，这些都是当代工匠所需要的特质。比如我们常提倡的"追求极致、自我驱动"，虽然没有点出这就是工匠精神，但它已经变成我们的一个工作习惯、一种基本素养，已经与企业文化融在一起。

🎤 **访谈组** 结合今天企业的具体实践，你们是如何定义工匠精神的？

💬 **杨志学**（中国联塑集团控股有限公司人力资源总监）：

"精于技艺，追求卓越，精益求精，持之以恒"，这是我们对于企业工匠精神的具体描述。

除了爱岗敬业、勤奋务实、技术精湛、工作业绩好的基本要求，优秀的业务骨干、技术骨干，还要为公司培养人才助力。在评奖的时候，要求最近三年要培带两名以上的技术人才。因为企业培训，未来的趋势肯定是导师制，所以我们很早就实行了这个制度，由这些技术骨干带新人，培养新的技术人才。

另外还需要证明本身的技术水平，他还需要获得与技能相关的具有影响力的一些荣誉和证书，比如说技术等级、技术成果奖励的证书或各级政府颁发的荣誉证书。有了这些条件才能够被评为"联塑工匠"，成为我们认可的真正技术能手。

工匠应该有三个层面：第一，精神层面。工匠是一种精神的载体，承载着精益求精、持之以恒的精神。第二，能力层面。工匠代表一种能力和水平，他所能够贡献的价值、带来的成果，不是随便哪个人都能够提供的，那是一种比较精致、比较尖端的一些成果。第三，工匠是一种传承。他的技艺、精神等，都是可以传承下去的。所以有了工匠，企业当中就有文化的融入。

💬 **徐文华**（广东格兰仕集团有限公司生活电器制造部技术管理科科长）：

"执着专注，精益求精，不断创新，追求卓越"，这16个字就是我们工匠精神的一种追求。20多年的持续改善，这是一个马拉松式的长跑，不是靠爆发性的技术。这也是我们整个企业的文化，从老板到员工一体的工匠精神。我们都是在格兰仕这种企业文化的熏陶之下，才形成了一些有效的工作方式。所以其实主要还是企业文化本身，它的血脉里面就带有这种精益求精的精神。

要成为工匠，对目标必须认可、执着、持空杯心态。每天都告诉自己，我是新来的，持空杯心态，像创业一样去做项目，扎扎实实地去学习。要专业专注、精益求精、实事求是。

💬 **卢楚隆**（广东万和新电气股份有限公司联合创始人）：

世界上怕就怕"认真"二字。什么是工匠精神？就是把自己手上的事做到极致。有人认为工匠精神是搞工艺的、搞技术的，其实不是。比如，你管公章，管好不出问题，也是一种工匠精神。不是做好本分，而是尽全力，搞好，再搞好，无止境地搞好，就这么简单。

💬 **卢宇聪**（广东万和新电气股份有限公司董事长兼总裁）：

20世纪90年代高速发展，那时候是供方市场，只要做出来就能卖。随着社会发展，人们对生活要求提高，走到今天，基本上是跟国际同步的，一定要把产品做好，这就要提倡工匠精神。我们理解的工匠精神，就是不断地把产品端的问题解决好，不断地把产品优化，从了解、购买、使用整个链路去满足消费者的要求。

我们提工匠精神的概念，很多时候是从传统的手工业发展过来的。这个概念，在当代企业我感觉要求其实没什么不一样。只是现在所用的工具不一样而已，他们做事情的态度不会变，精神不会变，工匠精神就是精益求精。

🎤 **访谈组** 在传统陶瓷行业向智能化、信息化迈进的现代化生产中，企业如何厚植工匠精神？

💬 **何新明**（广东东鹏控股股份有限公司董事长）：

站在公司顶层设计的角度，我觉得工匠精神不是停留在口头上的，也不是一朝一夕的事情，它是一种文化。东鹏的工匠精神体现在企业文化，"以此为生，精于此道"。

工匠精神还体现在企业战略上，把瓷砖作为品牌的特色，让消费者认为东鹏是质量好，而不是价格好。质量是核心，是企业经营战略导向，放在第一位。人才建设和技术专业的保障是关键，要有方法，没有二三十年的技术员，何来工匠精神。新时代的工匠精神有不同的解析，工匠是技术能力，是质量的"炉火纯青"，也是企业的文化。企业要与世界进行对标，把客户的需求当作指标，对质量的态度，就是工匠精神，满足客户的需求，这是最高的标准。

2022年5月7日，调研组到佛山市陶瓷行业协会访谈

💬 **钟保民**（广东东鹏控股股份有限公司执行董事）：

从工匠的角度来讲，如何去为企业创造价值，是任何企业老板最看重的一个方向。我个人认为的工匠精神，是"爱一行干一行"。要与客户结合，以客户为中心，以用户为中心，然后以此为生，精于此道，这就是专注。以前是"干一行爱一行"，现在要求是"爱一行干一行又精一行"。

工匠精神还要跟企业的文化结合，比如我们东鹏的企业文化就是"以此为生，精于此道"，这是我们老板一直强调的。我们姜总是全国劳模，我们俩在东鹏都20多年了，那老板比我们更长，接近40年。在这个过程中，我们做研发、做生产、做品质，在不同领域都会碰到很多问题。特别是对于我们传统的陶瓷行业，转型、升级、数字化、智能制造等过程，会碰到以前从未碰到的问题。遇到问题努力去钻研，这就是我们在实体经济企业里面的重要的一种精神。

像我们开发金花米黄瓷砖，当时带着研发团队去研究，陶瓷辊棒烧烂了许多个，我们还是坚持做实验。近几年我们研发的健康瓷砖，性能稳定，包括石墨烯瓷砖，现在已经推出第五代了，靠的都是钻研、专注的精神。前五代的设计研发，我们何总都会一起去看，看完以后评估，评估之后验证测试，就是这么一直坚持专注做下来。我们也有很多操作工人，在东鹏很长时间了，一直在一线打拼、坚持。

💬 **姜安宁**（广东东鹏控股股份有限公司高级工程师、全国劳动模范）：

根据我自身的体会来谈一谈。这是我的第一份职业也是终身职业，我是退休返聘回来继续工作的。我毕业之后就做技术工作，一直在创新，做新产品的开发。为什么我30多年都能一直坚持呢？首先公司有一个非常良好的平台，一个舞者有一个好的舞台，那是一个发挥的好机会。其次就是对这份工作有兴趣，非常热爱。我做了30多年，都不厌倦这份工作，有兴趣不断地去钻研。而且在这份工作中，会带来一些成果，能够将其变成产品，对公司的发展有贡献，对公司的效益产生贡献，个人也会有一些成就感和荣誉感。这些综合因素，让我觉得这份工作有意义，在公司工作感觉有价值。

大概10年前，我做了一个叫作"360职业评价"的一个测试。当时有一条很典型的结论是没有上进心。这个问题曾经一度在我的脑子里困扰着我，后来我想通了。因为"360"是个管理软件，它可能是稍微侧重于管理那一块，管理这块，我可能不是特别擅长。我作为一个创新的技术人员，专注点不是往上，是往下，往深度挖掘。我的上进心是在另一个方向上的上进，不是常规地往上走。不断地钻研，那个才是我往前走的方向。我在公司这么多年能够坚持下来，就是对这份工作的坚持和热爱，还有兴趣。在我们公司里，像这样对公司、对事业有着一份热爱、忠诚和坚持的员工非常多。我觉得与我们陶瓷同业相比，工作年份长的员工在东鹏占比非常高，这是这个企业独特的氛围所创造的。

💬 **刘根先**（广东东鹏控股股份有限公司人力资源总监）：

工匠精神对于东鹏或者对于整个制造行业来说，都特别重要。最近几年国家对于环保要求越来越高，它促成了这个行业集中度的增加，以及一些落后产能的淘汰。这个时候，真正能够体现我们竞争力的，就是我们的工匠。因为设备大家都可以去买，虽然我们资金实力相对好一些，但只有通过工匠，才能够把这些先进的工艺、技术真正地落实到生产当中。

访谈组 在当代陶瓷企业中，工匠文化或工匠精神在企业经营管理层面上如何体现？

💬 **张旗康**（蒙娜丽莎集团股份有限公司董事、董事会秘书）：

陶瓷行业因为中国的改革开放而蓬勃发展，自动化程度已经有所提高，但还是有很多岗位仍然是靠工业1.0的手工作业，比如窑头窑尾的瓷砖打包、搬运。作为搬运工，按之前说手上要有点绝活是工匠的标准，他肯定成为不了匠人。我要表达的是，一个普通岗位的员工，虽然我们没有办法去评价他有什么绝活、有什么技艺，但是他对这个工作能够去专注投入，一丝不苟，把这项工作做好，就已经是一件了不起的事情了。经过他的手，损耗率是最低的，工作效率也很高，还非常注重自我的安全防护，做到全年零事故，这种人是不是要赋予他一个荣誉？

所以实际上工匠只是一个名号而已，就看你怎么去定义它。我认为关键是工匠背后的另外一个词，叫精神。如果说工匠没有精神的话，那么这个工匠是不值得我们社会去弘扬的。工匠背后的精神是什么？就是刚才我谈到的，喜欢上这个工作，热爱上这个工作，然后全身心投入，一丝不苟、精益求精地去完成这项工作，而且把它完成得很漂亮。反之，一个所谓的专业技术人员，尽管做的是一个技术活，但是马马虎虎，做出来的东西总是有一些缺陷，他就是工匠吗？我不认同。

💬 **谢志军**（蒙娜丽莎集团股份有限公司生产技术中心总监）：

工匠精神以我理解有两个维度：把一件事情做到极致，符合目前高品质生活和高质量发展的要求，是第一方面。第二方面是一定要有创新意识，要敢于去革新，敢于去突破。现在这个时代，在岗位上去革新，做出更完美的产品，创新突破，提高效率，减少损耗，可能更重要。

在手工业年代，看一个工人的水平，主要就是做得精不精致，但是现在是使用设备，评价标准就不一样了，关键是怎么去操控设备，减少损耗，怎么把这个产品做得更好，去满足人民对美好生活的更高需求，解决他们的痛点。

我从1999年到蒙娜丽莎，基本上一直从事生产技术品管领域的工作，包括研发。刚开始的时候，我们整个生产现场的创新氛围应该还是比较差的，包括对创新的认识，也还是比较弱。但是以2007年作为一个时间节点，在我们推出"超薄板"之后，蒙娜丽莎从陶瓷制造到整个创新品质，包括我们的工匠精神、劳模精神都有了一个飞跃，体现在一点，就是对产品创新的认识。以前因为是卖方市场，产品做出来比较好卖，可能大家对环境、节能健康认识也不是太深刻，所以没有那么强调创新。但是后来蒙娜丽莎开始从产品创新这一块发力，开始去考虑，提供给终端消费者的产品，除了能用，还应该怎么让它铺起来减少接缝、整体感更强、清洁更简单、运输更方便等。从各方面去考虑后，敢于创新突破的意识不断增强。

也是从那个时候开始，整个车间的现场管理由张旗康主导，做了第一条示范生产线。对现场管理的要求，包括管线布置等（以前都随便拉，只要能通水），都上了一个新台阶。我们要求，第一步就要看合不合理、安不安全，还有美不美观，就跟匠人做得精不精致一样。这也是从蒙娜丽莎企业生产经营管理的层面上体现出来的匠人精神。

🎤 **访谈组** **如何理解和吸收日本、德国的工匠文化和工匠精神？**

💬 **张旗康**（蒙娜丽莎集团股份有限公司董事、董事会秘书）：

现在大家都在学德国、日本，为什么他们的"隐形冠军"全世界最多？从它们的历史沿革来看，这两个国家对工匠的认知是高过我们的。

我们很少有真正意义上的百年企业，我们研究这个的时候，不要把它硬套上去，要尊重历史，尊重事实。所以日本也好，德国也好，他们是有这样的一个政治文化的氛围和土壤，才会有那么多的"隐形冠军"，有那么多的工匠。现在中国改革开放40多年，也意识到了问题的存在。我们不能够再粗放式管理，发展到现阶段，需要节能减排、清洁生产、绿色制造，需要高质量发展，需要双碳双减，在这样的一个政策背景下，我们要变革，要脱胎换骨，首先是意识观念要转变。我们蒙娜丽莎就在这个行业里面率先改革，可以说是处于风口浪尖。必须有这种超前意识，点点滴滴去改变。

访谈组 对于工匠精神的内涵，您觉得其中最值得弘扬和传播的核心是哪个？

💬 **蔡莉莉**（蒙娜丽莎集团股份有限公司人力资源总监助理、工会副主席）：

如果是让我来定义工匠精神，我认为喜欢、热爱是排前面的。因为不喜欢、不热爱这份工作，如何能成为专业人士呢？其次才是专业，然后是专注、坚守。

比如，刚才举蒙娜丽莎薄板的例子，如果我们几个董事、高管不能坚守这块薄板，怎么可能会引领整个行业的薄板、大板、岩板的发展，给整个行业带来增量300亿的蓝海市场呢？没有坚守，培养不了工匠精神。然后要全身心投入，一丝不苟，才能精益求精。

比如我们这里有个叫罗思东的磨棒工，我关注他，好像连续获评了多年的先进工作者，应该超过10年，可能有20年。他没有任何职务，就在一个普通岗位上干20年。坦白讲，灰尘滚滚，噪音大得不得了，不带耳塞，没有顶级的N95口罩，棒是磨不了的。要戴帽子全副武装，是又脏又累的一个活。他如果没有工匠精神，能坚持这么久吗？他难道真的没有退路吗？就找不到其他工作吗？在年轻的时候干上一两年，应该说在我们内部要求调换工作也可以的。但这个普通的磨棒工，一磨就磨20年啊！这就是鲜活的案例。这个磨棒工也成家立业了，也能够通过自己付出的劳动汗水，得到应得的收入，照顾到他的家人，幸福指数也不低。只是说，他没有开豪车，没有住大房子而已，至少还是有自己产权的房子。

我们有一个去年才升为生产技术副总的工人，叫杨一管。我记得公司带他去东陶集团学窑炉，向东陶集团的师傅学习回来后做炉工。慢慢从普通的窑炉工，一路干到窑炉主管。30年他干的就是一件事情，把砖烧好。他不太爱讲话，但是在技术的钻研方面，有很多硅酸盐专业、热工专业科班毕业的，都比较认同他。比如出现了烧成曲线的变化，带来砖的变形，出现"大小头"的问题，有的可能是成型的问题，有的是窑炉烧制的问题，请他守在那里一两个小时，说不定就调好了。

其实我们有很多这样的案例，希望利用相关的资源鼓与呼，更多地报道一下各个行业的这些工匠，让工匠精神在佛山能够落地，形成一个良好的工匠文化的氛围。尽管可能不会立竿见影，佛山的GDP（地区生产总值）不会马上因此增加多少，或者企业利润因此能够提升多少，但是我认为这样一种正面的、积极的、阳光的文化的弘扬，是有利于佛山制造的提升的，是值得去做的。

访谈组 作为一个拥有非遗称号的传统企业，工匠精神、工匠文化和非遗传承有着怎么样的联系？

💬 **周文燕**（广东石湾酒厂集团有限公司党委书记兼副总裁）：

作为一个传统企业，我们比较看重工匠传承。大家知道，吃的东西肯定还是天然最好，不要加太多的工业原料。酒品质的控制，我们从第一道工序，就是到原始的大山里面去采摘酒种开始，就严格把控，这是我们整个酿酒工艺里面最关键的地方，一定不能把它工业化。

我觉得一些有中国传统文化的东西，比方说食品，靠现代化的工艺去取代它，那是不可取的。有人说酒不需要通过时间天然去发酵，而是用机械，像甩干机那种摇一摇，旋转多少次就OK了。当时很多人找我们，建议这么做。就是说通过物理作用，把酒提前酿造出来。但是这样可以吗？发酵是老祖宗留下来的东西，一定要靠天然的时间和储存环境，才能让酒的品质最好，我觉得这个工业化是不行的。当然，有些工序用机器去提升没问题。比如煮饭，以前我们是凭感觉，火大一点可能就糊了，火小一点又可能夹生。但是我们现在用煮饭机，可以把参数固定下来，一定要达到多少温度，多长时间，这些可以工业化。

但是像采酒曲，我们一定是人工的。现在我们还是保持这种最原始的人工采集的方式，到广西大山里面去采野生的菌种，而不像很多酒厂那样外购菌种。为此，中央电视台专门给我们拍了一个采集原始菌种的纪录片。从第一步开始，用野生酒曲培育自己的酒曲，再掺到我们的大米里面，一步步按照我们的工艺来，到最后做成成品，整个供应链是我们所控制的。在这个过程中，某些环节必须保持纯手工酿造，必须保持传统的工艺，这也是我们非物质文化遗产，以及工匠精神的一个核心所在。

访谈组 像酿酒这样的传统行业，倡导工匠精神和工匠文化，是否有特别的意义？

周文燕（广东石湾酒厂集团有限公司党委书记兼副总裁）：

大力提倡工匠精神，就是真的要老老实实地，不能偷半点懒，不能偷步，不去把工艺省掉而靠机械化运作。为什么一些高科技企业上得快，走得也快？因为很容易被替代。比如，电视机今天出了一个平板，明天出一个液晶，后天又可能出个什么，它完全靠人的智慧，是没有靠时间积累的东西、凌空的东西，很容易被推倒重来。

而如果属于一种工匠精神的话，就是含有历史文化的，是推不倒的，而且随着时间推移，它会越发珍贵。因为这个东西是通过时间洗礼的，会越来越好，它的内涵是叠加的。这也是我所理解的，对工匠和传承的认知。要珍惜保有它，我们这个企业，才能够保持纯正，保持独有的气质，从而更有文化自信。

访谈组 作为传统酿酒企业，工匠在企业怎样发挥作用？工匠技艺又是如何传承的？

丁凌英（广东省九江酒厂有限公司人才发展部经理）：

九江双蒸酿造技艺，已经被认定为省非物质文化遗产代表项目，这种传统的特殊的技艺，作为核心的技术，对我们公司的发展是起到主要作用的。我们也正在通过这些品酒大师，把酿造的核心技能传承创新，一代代传承下去。

从第一代一直传到现在，核心的东西还是会保留，就像我们现在做酒曲的工艺都是很传统的，是人工挂饼，这些都没有变。保留九江双蒸的特有风味风格的核心工艺，是没有变的。

我们会持续对这些传统工艺的原理以及核心进行研究。比如说师傅为什么要这么操作？以前科技不发达的时候，师傅就知道这样做，东西就会做得好，没有为什么，也不知道为什么。但是现在我们有很多科技手段去研究，原来他这样做，是保留里面的某种核心的菌种，而这种菌种对九江双蒸酒的风味是决定性的。九江双蒸里面一定要这二十几种配方，也是保留的，这关系到核心的菌种是

┃ 2022年2月17日，调研组到九江酒厂访谈

怎么研究出来的。

所以有时候，当这个酒饼做不出来以前的风味，我们知道，检测它里面的某种微生物是减少的，可以通过加一些核心品种的微生物，去强化保持它的风格，尽可能地贴近原有风味。

我们一直都强调传承创新。精湛精进，这是对导师的要求，也是对技术人员的要求。追求卓越，永无止境，精湛精进，精益求精，是我们对于工匠精神的理解。我们九江双蒸技术团队还提出"米研达深透，纯满做极致"的工作标准，它具体落实到"五精"工艺上，即精选大米、精磨大米、精馏工艺、精心贮存、精心勾调。这些都是我们企业追求工匠精神的具体体现，最后，向消费者奉献极纯净的米香白酒，让喝酒不再有负担。

💬 **刘新益**（广东省九江酒厂有限公司高级勾调师、九江双蒸第十七代传承人、首届"佛山·大城工匠"）：

当代工匠除了保留原有的工艺以外，还要不断地创新，不断地改良，就是不断提高技术。这也符合工匠精神，要在某个岗位做到极致，这是工匠的应有之义。

首先是要保留传统，比如说豉香型的工艺，我们做了两百年，它还是豉香型的工艺，而不是浓香酱香，整个传统还是保留的，只不过是有一些风味方面的改良而已。做酒这个与感官有关的东西，很难有一个指标来衡量它。一本书有300页，就300页，很容易量化，但是做酒和感官有关，没法量化。这个酒比那个酒好一点，好在什么地方，可能描述起来很困难，但是喝的时候可以慢慢感受，所以就要靠师傅一代代地传承下来。

🎤 **访谈组** 作为一个从计划经济年代过来，并经过市场经济洗礼的"老国企"，请谈谈工匠精神要素在你们的企业文化中的地位，以及它在企业发展中的作用？

💬 **杨宇勋**（佛山市国星光电股份有限公司人力资源部总经理）：

工匠精神，其实是植根在我们企业文化里面的精神内核。我们从制造业出身，从计划经济到改革开放，再到整体上市，投入省属企业的控股上市公司，一直以来都是靠着这种工匠精神，一步一步稳步走向现在全球第八的龙头位置。

我们是佛山最早成立博士后科研工作站的，包括研发中心，也是在佛山地区科研创新比较典型的。这些都离不开这么多代的国星人对技术、工匠、人才的尊重。

我们企业有一个口号就是"时代国星，光芒有你"，意思是新时代的国星是通过每一个国星人一起共同助力、共同建造的。每一份荣誉都是属于大家的，依靠大家团结，把这个集体去做大做强。我们更突出一个大集体的一种方向，也是跟时代有关。因为随着一个社会的不断进步，对于现代人特别是新一代的年轻人来说，更多的不是要满足物质，而是精神，希望得到精神上的尊重和价值的体现。其实不管是学历高还是低，都需要有精神上的尊重，这样才留得住。

🎤 **访谈组** 我们知道在国星光电发展的历程中，有与日本三洋合作的经验，这让你们有一个近距离接触日本企业的管理制度和文化的机会，可不可以谈谈在这过程中你们的体验及其给企业文化带来的影响？

💬 **杨宇勋**（佛山市国星光电股份有限公司人力资源部总经理）：

关于日本企业的工匠精神，改革开放开展"三来一补"业务时，佛山整个地区特别是制造业，受其影响其实还是挺深的。我们改革创新的过程中，整个中国制造业各方面都有一个跟西方学习的过程。刚开始，不管是德国还是日本，都只是把我们定位为代工厂，为他们提供廉价劳动力，我们也就是借这个机会来学习和发展。慢慢地，到了2000年特别是2008年以后，我们的企业已经从学别人走路，到可以齐头并进，甚至在某些领域往前走了一点。这两年，我们拿到国家科学技术进步奖一等奖，在micro LED（微发光二极管显示器）一些领域，已经走在别人前面了。比如说中国人民大学采用的显示屏，奥运会以及西方一些大的展会，都采取我们这些背光相关的技术。从管理上，我们也学习他们的精神，融合成我们企业的基因，进一步精益求精，追求创新，最终成为真正的工匠。

访谈组 在新的历史时期，工匠文化或工匠精神的实践会遇到什么不一样的挑战？

杨宇勋（佛山市国星光电股份有限公司人力资源部总经理）：

现在整个市场、社会氛围特别重资本，制造业这种安分守己、追求务实的精神越来越少。很多都在追逐网络、金融这种暴利行业。但是仅靠虚拟经济，不做实体，"卡脖子"的地方还是被人家卡着，所以需要制造业有所作为。我们佛山的明天，就要依靠制造业。

互联网的兴起，对年轻人影响会越来越大，让人越来越浮躁，很少有人沉下心来去耕耘一份事业，或有从零做起这种精神。那就需要有几个像华为这种大的制造业企业，做出榜样。我们也在向这方面学习，去专一个领域，给一份比较优厚的待遇，提供一个好的平台，培养传承这些技术和人才。

访谈组 作为一个有着几十年历史的"老国企"，亲身经历了我们国家从工业化的筚路蓝缕到现在向数字化、智能化转型的历程，在这个生产经营的实践中，对传统工匠和当代工匠以及他们所指向的工匠精神和文化的演变，有什么心得体会？

朱奕光（佛山电器照明股份有限公司技术研发部部长）：

佛山照明成立于1958年，历史比较久，60多年了。传统的和当代的两种工匠都存在。成立之后，整体来说有三个阶段，从传统手工业，到工业制造，再到智造阶段，向着自动化、智能化、数字化方面转型。这种生产模式之下，我们生产线一方面是在大幅的减员，另一方面是对工匠素质要求提高了。未来可能只有那些技术能力很强，有创新能力，或者说对新的数字化、智能化学习能力非常强的人，才能在制造现场存留下来。这是制造过程中的一种工匠精神。

对产品研发，也是这样。早期很传统的制造业，公司的产品研发都是在车间现场进行产品改进，可能就是靠着工匠精神，怎么样做得好一点，做得漂亮一点，没有系统，也没有研发部。真正组成研发部是在20世纪90年代末到21世纪初，划拨一班人去做研发，形成研发线。这是当代企业的工匠精神的一个打磨过程。

早期处于供不应求的那种状态时，只要做出个产品就能卖出去，现在哪怕就做一颗原子弹，不会卖，也卖不出去，而且现在信息很通畅，竞争很激烈，不像以前可能很封闭，有一个特殊技术可以"吃"很久，而且很容易突出。现在不行了，现在技术一下子扩散，对综合能力要求很强。不但研发要很强，销售要很强，制造也要很强，才能实现很强的竞争力。应该这样讲，不能靠一个工匠，要很多个工匠一起才能做好这件事情。

▌ 2022年3月11日，调研组到佛山照明访谈

访谈组 你们怎么看目前被广泛宣传的日本和德国的工匠精神？

💬 **朱奕光**（佛山电器照明股份有限公司技术研发部部长）：

对目前媒体渲染的某些不计成本的所谓德日匠人精神，我们有自己要找的平衡点，这就是如何用最快的速度、最低的成本，来实现客户的目标。不是像德国一样，要做出一个最了不起的功能，什么质量都做上去；也不是像日本那样，非要做得更精致；而是说要做到满足客户要求的一个层面。

但是我们也一定要引领客户，不是说跟着客户跑。我们不能做到质量过剩，因为成本竞争压力也很大，所以要找中心点。不同的企业，在它不同发展阶段，可能追求的目标也是不一样的。我们都是有追求的，但在没上到高端的时候，可能追求效率会更多一点。

访谈组 您如何看待当代中国和企业弘扬工匠文化和工匠精神？如何发挥工匠的更大价值？

💬 **魏梅**（广东一方制药有限公司董事长）：

工匠精神一定要不断努力挖掘专业，把专业做到极致。当你把一项工作做到极致的时候，你一定能看到别人看不到的东西。到这一步之后，要把所看到的东西表达出来，我觉得这是中国知识分子有所欠缺的，也是别人觉得我很另类的一个地方。个人认为从工匠角度来说，这个是中国知识分子要突破自己的地方，因为只有把自己看到的东西，或者说一些感悟发表出来，让更多的人接纳采纳，才能对社会作出更大的贡献。

访谈组 在工匠精神里面，除了强调精益求精、一丝不苟等，有什么是更具时代特征、更需要强调的？

💬 **魏梅**（广东一方制药有限公司董事长）：

工匠精神，要强调终身学习。我觉得有些人在学习方面，做得很不够，比如过早地退休了。不是说那种到了60岁年龄退休，而是实际工作很早就退休了。像我们公司也有很多四五十岁的人基本上都不会在一线工作了，我觉得不扭转这种局面，真的太可惜了，这是一个经验和人力资源的浪费。如果四五十岁的人依然能在一线去做工作，就可以把他的一生的经验，言传身教给下一代，所以能够使这个技术代代相传。而且技术没有弯道超车，技术永远是代代相传的。年轻人刚入社会，会的东西很少。企业战略无疑是一个很宏观的东西，但是却是靠点点滴滴做起来的。企业的发展，除了前瞻性，就是零零星星的每一件小事。一件小事做不成，所有的一切就不能兑现出来。

我觉得要弘扬工匠精神，不仅仅是少数几个人在这里做工匠，而是能够几代人一起去努力。就是到六七十岁了，还在做这些基层的工匠工作，不管到多大年纪，一生都在做这项工作。要把这种精神，当成一种真正的文化去传播。其实，一个人如果不工作之后，是会迅速衰老的。有一篇文章说，人的智商，发挥最好的一段时间是60—70岁。一个人过早把自己定义成不用干活的人，这对自己人生和社会都是一种浪费。

访谈组 我们今天谈工匠精神，很多时候都不是局限在一个技术技艺的层面，而更多地泛化到一种态度和文化的层面，在这方面您怎么看？

💬 **魏梅**（广东一方制药有限公司董事长）：

工匠文化这个提得很好，弘扬这种文化也很好，但是不要把它当成是象牙塔顶层去看待。其实每一个人都是一个工匠，如何用这种精神把一件很普通的工作做到极致是很重要的。我现在对工作，跟几年前比有不一样的感触。在几年前，我面对一项工作会赶紧去完成。而现在我更享受把一件事情做到极致之后，所带给我的那种愉悦感，那真的是完全不同。如果一个人没有幸福感，很多时候是因为他没有追求卓越带来的愉悦感，这造成了他对工作的乏味。所以我觉得如何培养大家享受这种做到卓越的心情，非常重要。每一个平凡的岗位上，都可以做到极致。不是说一定要做多"高大上"的东西，这个跟顶尖技术、国家最前沿的科学，其实没有关系。只要把现在从事的工作做到极致，我觉得这就行了。因为90%的人都是从事最基层、最普通的工作，如果每一个普普通通的人都能做到极致，都能享受到这一点带来的愉悦感，以中国人的聪明才智，中国的未来真是不用担心。

💬 **赵伟峰**（佛山隆深机器人有限公司董事长、总经理）：

工匠就是持续地投入精力、各种资源把这些事情做好。我们就要做机器人行业的工匠。在机器人领域，我们是后来者，一些国际品牌已经做了几十年了，在这方面他们可以说是工匠，我们现在是学徒，就要向这些工匠、做得比较优秀的企业去学习。

另外，工匠意味着经验沉淀和技术传承。任何一个公司，尤其是技术型的公司，像我们制造业，必须要有传承、有沉淀。如果人员周转率、离职率特别高，到最后公司沉淀下来的好东西，就得不到继承。曾经的教训和经验带走了，就会重蹈覆辙，尤其是我们做一些非标设备的设计，好的工程师能够抓住要点，把这个设备很好地设计出来，而一些新毕业生，包括新工程师，还有一些点把握不住，设计中就可能会出现这样那样的问题。

所以我们就需要老工程师带新工程师，要带领着做，对新工程师的输出成果进行评审，这样的话最终输出的产品才OK，才不至于让企业蒙受损失。尤其是在机械设计这一块，这种积累沉淀传承，包括对这个行业的了解，非常重要。我们希望工匠自己不但要知道怎么做，还要知道为什么这么做。当我们没有参数化的时候，工匠最多只能靠互相交流，或者经验积累，可能也不知道下一步要怎么去提升。但经过和我们研发一起去做参数化、数据化的分析，大家沟通之后，他就会知道怎么样做才是对的，怎么样去提升。他对自身发展有了一个明确清晰的方向，这样工匠就有动力去不断改善、优化。

💬 **陈洪波**（广东嘉腾机器人自动化有限公司副总裁）：

制造的路，要靠技术沉淀、产品沉淀、技能沉淀，这个过程真的很枯燥。如果我们能够沉淀下来，工匠精神在这里就得以体现了。在佛山，其实大家还是很认同，制造业要慢慢来，要一步一个脚印，长期地做。这个行业，没有人才或者没有工匠在那里沉淀下来，是很难做好这些机器人产品的。做工匠，肯定要热爱，才能够静下心来，然后把自己的想法、自己的故事放到自己的技术或者产品里面。

我们好不容易才进入这个细分市场，没有国际上的巨头，也没有别的国家做移动机源。我们一做做了20年，做到400种产品，三四百项发明专利，60家世界五百强公司在用我们的产品。然后做到红点奖，做到汉诺威工业博览会……这些都需要人才在这里沉淀，才能够做好。

那些获得共和国勋章的科学家，比如袁隆平、钟南山、屠呦呦，他们的精神跟我们制造机器人的精神是一脉相承的。他们没有东搞西搞的，一辈子做一件事，搞水稻种子就是水稻种子，不会说花生种子搞一下，玉米种子搞一下，这就是工匠精神。

之前我是一个老师，学中文的怎么跑来做机器人？做记者或者做语文老师，应该更合适。但是我进了这个行业，干了20年以后，我发现自己对这个行业，对这个机器人，也很有感觉了，我也能带领一些团队，在这个行业做一些成绩出来。这也可以证明，工匠精神，就是要坚守才可以做好。我24岁来这里，一直做到现在44岁，整整20年。我希望再做20年，让我孩子再接着做，这就是工匠精神。

小公司也能做大事！在一些细小的领域，用工匠精神的这种文化情怀，像日本、德国企业踏踏实实地把一个细分行业或者把一个产品、一个技术做好。我觉得这才是我们能够二十年如一日做这个产品的根本的原动力。就是要说服自己，热爱这个行业，承认自己的价值，然后看好自己的未来！这样的话，才能沉得下来。

访谈组 你们潜心自动化行业30多年很不容易，是什么支持你们一直坚持下来？

陈洪波（广东嘉腾机器人自动化有限公司副总裁）：

任何一个行业不可能没有竞争。但一开始，像2005年的时候，那真是没竞争。因为那是个亏本的时候，我们都做得颗粒无收。要不是靠着工匠精神，就是那口气，不服输，给它支撑在那里，很可能坚持不下来。我是湖南人，湖南人的一种性格就是说我觉得这东西好，我就想办法把它搞出来。我为什么要在这里投降？真的是打到一兵一卒，我们都不愿意投降！就是这种精神支持我们坚持下来。

冲着钱来的那一部分人，不是冲着工匠精神、不是冲着报国情怀来做这件事情的人是很难坚持的。因为这个行业，今天做这个产品赚钱，明天做那个产品赚钱，后天又会是另外的东西赚钱，三天两头匆匆忙忙不停地在变。冲着钱来的，

2022年5月19日，调研组到佛山市工业自动化行业协会访谈

他忙碌了一辈子，等他退休的时候，突然会发现剩下的只有钱。那还算是运气不错的，运气差的呢，说不定钱赚了，又全部亏掉了。但是如果说我们像袁隆平老先生，或者像现在提倡的用工匠精神做下去，到后面剩下的一定不是只有钱。我们是为国家奠定了人才基础，奠定了技术基础，奠定了品牌基础，用人才、技术、品牌，帮全人类在解决一个问题。

人类的进步本身，就是不停地用技术跟工具来改变生活，释放生产力。所以我说我们的目标是全世界任何的工厂，只要有人的地方，不分行业，都要用到我们佛山这个产品。这能够激励着我们一代又一代的人，不管是老员工还是新员工，扎扎实实地扎根在佛山，扎根在机械行业。这是很有说服力，也很有吸引力的。

访谈组 像天安新材这种属于当今新兴行业的企业，对现在弘扬工匠文化里的"工匠"这个词有什么不一样的理解？

💬 **宋岱瀛**（广东天安新材料股份有限公司副总经理、工程技术中心主任）：

什么叫工匠？以前讲的工匠和普通人有什么区别？追本溯源，普通人做一件事情或者做一个器物，他每次做的可能是不一样的，而工匠他每次做的必然是一样好的。他怎么能够做到的？最关键是他理解方法、材料、原理。首先他有明确的认识，然后他遵从这个认识，每次有规律地去重复这件事情，这才叫作工匠。比如工匠做一个笔套，必然是每次要用同样的材料、同样的工艺、同样的手法，把它给做出来，每次都是一样的。这就是古代的工匠或是原始的工匠的概念。

工匠精神第一个是溯源，工匠必须要溯源，寻求规律、知道规律；第二个是必须要重复，就是尊重规律。重复的背后，就是意味着尊重规律。按照规律去操作，这就是我们工匠精神的所在。

所以工匠精神，首先要把规律找出来，把后面的本质找出来。所以，对工匠的要求是很高的。老一代的传统工匠，他是凭着感觉，一个朴素唯物主义的经验总结。他的知识，是一个"灰箱过程"。所谓"灰箱过程"，就是从这头进去，那头出来，中间过程是什么，知道一点，不知道一点，隐隐约约看到一些。如果这里进去是A，出来就永远是B，中间是什么过程，漆黑一团，一点都不知道，那叫"黑箱过程"。我们的目标，是把它变成"白箱过程"。就是进去是A，A变成C，C变成D，D最后变成B出来，整个过程是很清晰的。当"白箱过程"被清晰地描述出来之后，机器就可以把人替代掉了。而"白箱过程"的达成，这才是现代工匠要完成的任务。

至于这事情搞完之后，怎么去模拟呢？这是另外一个任务，就是库卡去干的事了。我只有把从A到C，从C到D，从D到B出来的整个过程，告诉库卡，库卡才可以把机器人给做出来。反之，如果我只知道进去是A出来是B，不知道中间过程是怎么样，叫库卡怎么做？没得做。

你们刚才参观我们实验室，没有看到背后的东西。其实背后会比你们想象中更加枯燥。工人每次使用一台设备，比如称个东西，还得记录是几点几分去称的，这台秤的编号是多少，称的时候，原来的读数是多少，放上去读数是多少，再放一个上去读数又是多少……每一步都得记录下来，这是CNAS（中国合格评定国家认可委员会）的标准要求，不是我们想出来的，是前人已经总结出的一个实验室规范。为什么这么做？为了溯源，实验室的过程是百分百可溯源的。万一客户提出疑议，我们有绝对的可靠性去告诉客户，过程是没有失误的。或者是万一出现失误，我们可追溯到哪一个批次、某一个时间段是有问题的。经常听说汽车召回，哪年哪月哪日哪个批次出厂的，这批东西有问题。不会提前一天，也不会推后一天。为什么？因为它可溯源的依据，就是一个可追溯的过程，是一个可重复的过程。所谓的工匠应该要具备这种素养，必须保证整个过程是可描述的、重复的。如果连重复都做不了，每次做东西都不一样，谈何工匠精神？所以这才是核心。

其实日本企业也好，德国企业也好，很多人信它们的品质，为什么信？因为它们的产品是怎么样就是怎么样，比如产品的颜色就是稳定。如果说完全没有色差，也不是，但是能找准那个关键位置，就很"匠人"。

> 🎙️ **访谈组** 在目前的文化环境下，企业有什么制度性的设定，去促进和保障这种工匠精神落实到日常的规模化生产中呢？

💬 **宋岱瀛**（广东天安高分子科技有限公司执行董事、总经理、第一届"佛山·大城工匠"）：

一般我们的改善都是来源于失败。只有失败，才能提供改善的机会。我们是尽一切可能，不放过失败带来的每一个机会，一旦发生失败，我们必须要有一个复盘。其实全世界的道理都一样，讲来讲去都是简单的那几个常识。我们是一个制造型企业，不是做原创性的，跟绝大部分企业生产一样，是遵循同样的规律的。一旦发生了失败，有失败的案例的时候，我们就尽量不要放过，要做戴明循环（PDCA循环），不停地去持续改善。

目前为止，ISO 9000是我们质量体系的纲领性文件，它的确是整合了西方先进国家几十年工业生产的经验，能够认认真真把它做好，已经不错了，但大部分标准我们远远达不到。严格来讲，以我们现有水平，严格按照ISO 9000去查核，把ISO 9000做好，足矣。不要去搞那么多新花样出来。不忘初心，抓住最基本的东西，工匠精神就已经能够体现出来了。一个公司能够把ISO 9000真正做到位，就是一个很伟大的公司。

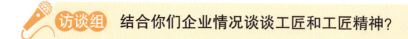 **访谈组** 结合你们企业情况谈谈工匠和工匠精神？

💬 **左兵**（广东必得福医卫科技股份有限公司人力行政总监）：

说起工匠，不同时期定义是不一样的，早期可能对工匠的理解，就是一个技艺精通的手艺人，很多时候具有不可替代性。佛山市以制造业立市，经过30多年的快速发展，从过去技术不太先进、很多时候靠手工操作，到现在自动化程度在逐步提高，在企业里面，对工匠的定义也悄悄发生变化。

我们处在一个充分市场竞争的行业，特别是经过2020年的疫情，作为防疫物资的生产企业，我们对此定义也会有些不一样。整个行业从2020年的供不应求，到这一两年的充分扩张、过度投入，未来供求关系会发生一些变化。

基于这个认知，我们企业对于两种能力就会特别看重：第一是研发创新能力，第二是产品的性价比。对低价格、高质量的需求，相对于以前会越来越高（就是成本控制，还有质量的稳定性）。根据这两个核心能力，对工匠的认识这一块，我们未来更集中于研发人员、技术人员，包括一线生产的核心技工这些岗位，将其定义成工匠。

工匠精神应该有两个层面：第一个是持之以恒，第二个是精益求精。可能很多场合都会这么去讲，但是具体到我们企业，这跟我们提出的"稳中求进"的企业文化的核心有很大关联。

什么是稳？稳，如果用工匠精神来讲，就是持之以恒。从术语上来讲，那就是我们说的成本的一致性、质量的一致性，这是稳。对于处于充分竞争的行业企业来讲，我们对客户要有一贯的品质，一贯的低价格，我们说的保持一致性的这种稳定性，就是客户所需要的。

稳中求进的进是什么？就是精益求精。光稳不行，外界在发展，客户的需求在不断提高，如果企业只是保持稳，就只能保持现在的份额，但未来肯定只能比原来做得更好，才能有竞争力，所以必须不断进行修订。所以我们提出，既要持之以恒，也要精益求精。持之以恒服务于现在，精益求精服务于未来。这就是我们企业文化的核心。

我们现在提倡工匠精神，也是这样。如果一个工人要成为真正的工匠，他必须要有这种一贯的品质意识、成本意识。但是这只是我们对他现在提的要求，他的思维要不断发生转变，或者整个技能要不断提升，否则他只能是现在的工匠，而不是未来的工匠。

💬 **欧彦楠**（广东邦普循环科技有限公司总裁办公室主任）：

我们看工匠、人才，首先是品质，品质大于能力。品质上第一提倡的是廉洁。个人再优秀，也不能把个人的利益置于集体之上，我们有整套阳光体系，推进廉洁文化建设。第二是对价值观的认同。比如我们的"1255139"战略，我们成为全球电池定向循环领导者的愿景，科技创造绿色生活的使命，以及诚信、共赢、务实、创新的价值观。要认可我们的文化。第三，就是我们有这么多项目，要打大仗、打硬仗、打胜仗，就要有奋斗精神。这是对品质、思想的要求，要跟我们的企业文化相契合。

第二个大块是能力问题。我们面对很广泛的业务需求，有一个培训部门专门做培训，也有一级一级的师父带徒弟制度，把员工整个业务水平提升上来。

有了品质，有了能力，最终还是结果导向的，看最终输出的贡献。譬如对生产的贡献、荣誉的贡献。比如专利标准、奖项这些能否沉淀下来，对公司对自己是否有成果输出。我们选拔工匠、劳模的时候，会把这几方面融入进去看。

💬 **谢英豪**（广东邦普循环科技有限公司产业政策与战略规划经理）：

工匠是他更愿意去付出。在具体工作细节上，他更愿意投入自己的精力，把事情做得更好。别人做一件事情，大概认为80分就满足了，对于具有工匠精神的人，却愿意追求85分、90分甚至是更高的分数，就是这样不断追求，精益求精。他愿意主动去付出，而不是因为企业要求他这样做。对于企业来说，追求的可能是效益或者效率，但对于工匠来说，更希望是把事情做得更好，而不仅仅是追求效益。

💬 **薛小莉**（广东邦普循环科技有限公司人力资源主管）：

工匠，我个人理解就是聚焦、创新。聚焦就是在某一个领域、某一个方面，有很突出的技能或者贡献。创新，是不仅仅满足于现有的成就水平，要不断发现问题、解决问题。

工匠精神，在我们企业里面，更需要身体力行的传承。公司鼓励员工去培养新同事。以师带徒的形式，希望能够把一些知识萃取提炼出来，不断传承，才能进一步去创新，才能够满足整个企业的发展需要。

💬 **梁宏丽**（广东贝豪生物科技有限公司总经理）：

工匠精神体现在不求回报、愿意付出，愿意扎根一个领域做精做深，不断聚焦，舍得投入。所以财务总是说研发投入太多了，但我说不要考虑钱的问题，一定要考虑产品的品质问题，表现出来一定要美，所有的大牌一定是要美才出品，我们就这样为了美而不计成本地投入。

访谈组 福煌五金作为拥有佛山市传统制造业非遗项目传承基地的企业，是传统手工工业与当代制造业基因的奇妙结合，其中工匠及其精神的价值，是怎么在创办人身上体现出来的？

💬 **庞俭兴**（佛山市高明福煌五金制品实业有限公司董事）：

我弟弟（庞耀勇）是追求完美的人，每个产品都是亲手设计，亲手去做。他12岁读完初二，就跟父亲入行。在铸造厂从翻砂工做起，然后做铸炉工，一直在车间打滚。他真的喜欢这一行，没事就喜欢看书钻研，或待在车间做试验。2017年，他带领团队，恢复传统红模薄镶工艺。当时红模工艺已经搁置多年，主流都是走砂铸路线，要恢复非常不容易，因为整个产业配套都没了。他就是凭着大英图书馆的画册的几幅图，重新起步。走访了很多著名铸造专家，用米糠、禾秆草，熔炼了一炉又一炉铁水，一路花了很多钱，最后复原出一模一样的红模铸造工艺。中央广播电视总台中文国际频道（CCTV-4）20多人的摄制团队全程拍摄，制作《记录乡愁》，亲眼见证了他的成功。

恢复的过程中，没有想到盈利，就是冲着一种企业文化和情怀。红模铸造工艺有60多个工序，围绕红模工艺的工人，加起来有10多个，都是传统手艺人。基本上都不计件，用固定工资养着。如果纯粹从财务上着眼，就会心痛。但是为了保留这个传承，我们一路坚持了下来。

访谈组 对于传统工艺的复原，除了文化上的价值，还在哪些方面体现价值？未来会怎么样？

💬 **庞俭兴**（佛山市高明福煌五金制品实业有限公司董事）：

我们员工最年轻的都是40岁了，不是做到这个岁数，也没有这个经验。浇铸的时候，这个收水要多少，角度怎么样，都要很有经验。用新的产品线，去养这些旧工艺，来保护这个传承。长远来看，手艺的新一代继承者就很难说了，因为时代变化太快，只能跟上时代步伐。

2017年，传统工艺成功复原；到了2020年，我们就在这个基础上开发出新的铸铁镬。旧工艺的复原摸索，对新工艺的开发一定有帮助，因为一理通百理明。现在这个产品实现了批量生产优化。效率提升了，成本下降了。以往手工制作时间长，一只镬的成本一千块都下不来，而现在的新产品，只要两百多就可以了。传统的工匠文化，在新的时代、在新的技术平台上有了新的表达。

▎2022年3月14日，调研组到福煌五金访谈

"机器换人"

智能化、数字化在当代智造的全面升级转型，其背后是一波又一波的机器对生产过程日益深广的介入。随之而来的，是人机关系的不断刷新和工匠岗位、技能角色的不断变换。

在自动化、智能化"新智造"浪潮奔涌而来的新时代，佛山制造业的管理者、企业的掌舵人怎么看待这个转型升级的机遇和挑战？企业的匠人们又如何看待他们在新的智造时代、新的人机关系中，新的角色转换和价值定位？在这个过程中，工匠作为个体，要采取怎样的态度应对挑战？

面对这一系列问题，来自产业一线人员的从容应答，让我们真切感受到当代佛山制造与工匠文化，在迭代演进中有力跳动的脉搏。

访谈组 你们作为工业机器人的研发生产商，展望未来，机器是否真的可以替代工匠，在这个转变过程中，工匠如何保有其价值？

💬 **崔俊健**（广东嘉腾机器人自动化有限公司研发中心研发经理、"佛山·大城工匠"）：

机器会不会代替人？我觉得大部分的工匠都不会被替代。因为真正的工匠都在追求超越，他不会停留在某一个水平，会一直把技术越做越好。导入的机器，只会维持在一个水平，但工匠就一直在提升。

💬 黄婉琪（广东嘉腾机器人自动化有限公司人力资源行政总监）：

我认为工匠的精神是永传的，但是如果把眼光放到历史长河来看，每个社会的工种一直在变化。像我们的非物质文化遗产，因为新的生产方式的进入，使得有的遗产开始失传，尽管它们确实做得非常好。这是每个时代都会面临的现实。有一部分文化应该是要得到传承和保留，但是整个社会的生产方式，是在一个不可阻挡的潮流推动下往前进的。各个工种从古到今，在不断变化。像以前的石匠，做得多好，可现在我们都是机器制造生产了。这个情况不可避免地会出现，不可能在一个社会里，所有这些工种同时都得到保护，这是一个现实情况。只是说，我们确实应该思考，如何让这种好的文化，尤其是具有审美高度的一些文化，能够被看重，得以保存，但是可能不会成为一种生产方式了。

💬 陈洪波（广东嘉腾机器人自动化有限公司副总裁）：

这个题目其实是老调重弹。很多人担心，甚至有些人直接跟我说："陈洪波，你别把大家都搞得下岗了。"因为之前叫什么"机器换人""机器代人"，都把他们给吓住了。所以后来我就跟他们讲："你就改一个字，改成'机器帮人'就行了。机器它再怎么样，是个工具，是来帮你的，你怕什么？"

计算机来了，难道还非得要打算盘？汽车来了，还非得要去骑马？所以，只要改一个字，就会明白，只是工具变了。我们人类几千年都这样走过来，都是不停地在用先进的技术、先进的工具替代落后的。这个潮流我记得有一个人总结得非常好，就是我们佛山的尚品宅配的董事长——李连柱。他说，其实这个过程就是，最早是人指挥机器干活，像人开车、开机床，没有机床师傅，就完蛋了，买了机床也全跑不起来。慢慢地，就是机器指挥人干活。像现在照相，还要调焦干什么？想拍风景还是拍人像，或者拍夜景，选完了，一点OK，全给你搞定了。现在他们做家具也是一样的，因为机器会告诉操作者，横的放进来，竖的放进来，工人就只要干这两个事，就这么点事。至于裁成什么模样，大小多少，全是机器干完了。到最后阶段，就是我们干的活，都变成机器指挥机器干活，没人啥事了。

工人会不会失业呢？不会的，我们这个行业会让大量的工人进来做这件事情。他们只是改行了。工人是想去搬东西，还是想来调试机器？招人的时候，我对工人说："我找你来搬东西，一天八百趟。"他会来吗？但是我招他来是玩机器人，机器人调好，然后看一下，再调一调，情况就不一样了，工人马上就来了。

我这里没有蓝领工人。来我这里看工厂，能看到什么，都是要看缘分的。我接了谁的单，在生产什么产品，就只能看到什么产品。过几天来看，看到的可能是不一样的东西了。所以做事应该是做更有创意、更有未来的事情，而不是天天在那里杞人忧天，说没事干之类的话。

访谈组 传统企业面对自动化、数字化会有怎么样的态度，你们会对他们有什么样的建言？

💬 **陈洪波**（广东嘉腾机器人自动化有限公司副总裁）：

面对很多传统企业，我就是要给他们"洗脑"，真的是"洗脑"。之前大规模生产的传统企业最怕什么？最怕我要求一个产品印一个图案，并且每个还不一样。传统工厂就傻眼了。它马上就讲加钱，然后就说交货期要加多久。但是如果交给工业4.0的工厂，一不加钱二不加时间，这就是工业4.0的优势。工业4.0就是能够做到定制化的产品，跟大批量生产的时间和价格差不多。这就是工业4.0里面工匠要做的事情。人家工厂的能力摆在这里，传统工厂是望尘莫及。怎么办？只能出局了。

现在可能还有很多人认为改也是死，不改也是死，犹豫到底要不要改。我说当然要改，死也要死在冲锋的路上，因为没有退路。哪一个企业家有退路？如果你不走，你的同行走；中国不走，美国走。你有退路吗？死在冲锋的路上我也没有遗憾。为什么？毕竟我为佛山来过，毕竟我培养了很多团队，毕竟我可以让我的后来人站在我的肩膀往前跑。犹豫那么多，我觉得这种人根本就不像个企业家，还谈什么工匠精神。企业家也是有精神的，怕东怕西，杞人忧天怎么做企业家？假如龙头企业拿一千万出来，小企业至少要有勇气拿十万出来。考虑到一个阶段性的成本效益的问题，适合自己的做，要在自己的能力范围内去拥抱这个变化，不要逃避，不要怕，也不要装睡。哪个老板会再回到东莞去开展那种劳动密集型生产业务？在中国回得去吗？如果一定要搞这个，OK，到非洲去搞。装睡的人，我们是叫不醒他的。

2022年2月18日，调研组到广东嘉腾机器人自动化有限公司访谈

之前周其仁教授带着我们到长三角考察，晚上大家交流，都是我们佛山的企业。有些有悟性的，像蒙娜丽莎，回来以后马上就上自动化了。有些根本都不认同，他们认为这个时机还没来，用这个方法上了就会死，或者没有这么多钱支撑，等等。更不用说有些人都没接触到，想否定都没机会。

面对这些情况，我们的政府也在做事。推数字化、给补贴、组宣讲团，苦口婆心告诉企业，用机器人、用最先进的工具不会吃亏的。现在看起来，可能时间长一点，成本高一点，但是如果不尝试，就会被行业淘汰。别看那些现在上了自动化设备的企业，好像花了几百万，很亏似的。但是哪天叉车价格下降50%，企业就可以快速地上。而那些说便宜了才上的，等真要上的时候，还需要磨合一两年。到时候要人没人，要技术没技术，要工艺没工艺，要空间没空间。同行领先他两年，他还玩什么？

访谈组 美的作为佛山本土从体量上和行业技术上领先的企业，在引领制造业智造转型升级之路上，自我期许扮演什么角色？

💬 **凌寿强**（美的集团智能制造高级工程师）：

简单地讲，大众心目中对美的的认知，就是一个做家电的企业，但是我们不是这样想。

对整个集团来讲，原来我们更多专注产品，有美的中央研究院，现在更多是面向未来智能制造、无人化，包括"黑灯工厂"的建设，所以美的集团在前年成立了智能制造研究院。以注塑为例，注塑是个无人车间，像我们做冰箱的荆州工业园，其中有一个注塑车间已经是"黑灯工厂"，就是几乎不需要操作的人，作业人员是没有的，只保留了几个设备维护保养的人员。灯都关了，车间都关了，机器人自动上料、自动下料，自动的AGV（搬运机器人）小车，自动把物料装到车上，自动配送，全部实现智能化物流。

智能制造研究院，是研究一种场景。围绕这种场景，招了非常多的博士，比如说有焊接技术、模具数字化技术，参数自动推优，以往很多参数要人工去调试，通过数字化自动推送最优的参数后，就不用调了，一键切换，最好参数就设计出来了。

这些系统每一块，都会有一些数字化仿真技术。比如这条生产线，设备放在哪个工位，节拍是怎么样，都可以通过数字化仿真系统算出来。所以我们对编程人员对系统识别的要求，是非常高的。

我们有装配仿真、人机仿真，还有物流仿真。整个产线不用建设出来，仅设计好了，就可以在程序里面进行整个设计的3D建模，把存在问题的人员和岗位的匹配情况给识别出来。在产线投资建设之前，就已经开始修改完善。一旦建起来，基本就符合我们整个要求。避免了传统的生产线建成后，再去反复调试、反复整改，从而导致周期长、成本增高的问题。

在产品端也是一样，我们做了很多的仿真。比如在产品设计上，有很多零部件装配装料，存在间隙断差。以往工程师要求就靠经验，但是现在我们很多是在程序里设计，做装配仿真，提升了整个产品的一致性和可靠性。这都是数字化的其中一部分的应用。

我们的整个节能系统，全部上了数字化系统来监控，还装配了智慧的安防系统，比如说整个园区里面夏天温度比较高，红外线感应到温度高，会自动去调节，会提前报警，有预警机制。

每个事业部都有一个自动化的部门，来牵引到这个工厂：一是进行人才的培养；二是具体的一些项目的技术支持和赋能联合开发，做内部的一些攻关的项目。

同时我们逐步转化，自己具备了一定的开发设计和研究设备的能力，买一些市场的标机回来写程序，然后自己去设计，这样就具有核心竞争力。市场上要抄都抄不回去。丰田有很多类似这样的操作，这就是美的未来要提升的。

我们做得比较好的是简易自动化。一些小的PLC（可编程逻辑控制器）、气缸、精益管等，全部都是自己去研究，低成本自动化，不用买机器人，就可以去做简易的自动化。这都是工匠，这些技术人员去摸索出来的。

智能制造研究院的设立，就是为了更好地去做这件事情，这也是未来面向整个美的集团智能制造所设的新的研究院，是一个横向的平台。

我们整个集团现在有34个全球基地，实现了44.9%的自动化覆盖率，有2110台机器人应用。2022年，我们要达到万人机器人保有量500，就是每1万人就有500台机器人。

> **访谈组** 你们觉得佛山乃至中国的制造业未来的产业图景怎么样？或者我们离机器普遍替代人的时代会有多远？而在这个过程中，工匠如何适应新的人机关系格局的变化，工匠会是一个什么角色？

💬 **杨虎**（美的集团品质管理总监助理）：

工匠跟机器人之间的融合连接，还有将来机器人是否能替代工匠，或者机器人全部替代人员需要多长时间，会前我们几个人也讨论了一下。我们可以畅想一下，将来随着人类的生存环境的变化，会不会我旁边坐着的同事，他已经是机器人了？如果做不到这个替代，我们和机器是一种什么关系？

我认为，生产中的机器人替代和人工智能的替代，和工匠的文化精神是完全不一样的。

首先是人的精神文化是替代不了的，机器替代不了工匠的精神。其次是更高精密加工的设备，必须要有匠心的人去创造。人的创造性思维，机器是替代不了的。甚至像五维空间的这些东西，都可以在思维里面创造出来。换一句话讲，高精密的加工机器，是靠工匠去生产出来的，靠工匠给它们赋能。

所谓的机器人，从制造现场来讲，简单的理解就是要替代人的动作，即替代现场作业人员的动作，以实现快速或是精度更高的、保证操作人性化的、安全系数更高的、作业环境更友好的作业。这样的机器人，这样的自动化，这样的信息的执行，利于生产的一致性、可靠性。我们没有说去替代技术人员的开创、创新能力，它替代不了。

从物理上看，它是一个机器的动作，背后是一个运算的过程。这个运算的过程，需要我们技术工匠去开发和运用。如果没有这个灵魂，只是一个冷冰冰的躯壳，发挥不出功能。其中工艺环节的制定和参数的提取，都是工匠技能的沉淀和转移。比方说在库卡机器人的工厂里，发现其实里面还是有很多人。机器人替代人，不是说替代人的创造力，最终那种创造性的工作，还是要由人来完成。

但是人才结构会发生变化。原来的生产线是以人为主的，生产线的维修、保养这些工作量相对比较少。到后面，当做成自动化，简单的操作人员基本上就没有了，就需要有越来越多的人来做维修、保养。往后再升级，智能化、自动化程度越高，相应地维修工艺、设备工程师这些配置要求就会越来越高。

设备维护以前叫单点式的、单工位的需求，现在叫成建制的批量性需求。因为自动化、自动化车间以及自动化能力建设，就像打仗一样，要去打赢一场战役的话，得成建制，组建更强大的团队去解决。

南沙工厂一条线投了3600万去做，以往产线的问题，会由技术第三方的人跟我们一起去做维护、做保养，现在全部都是我们自己去做，反而对工匠人员需求更多、更大了。做PLC编程维护的、维护保养的、数字化的、AI应用的等，因为智能制造的一个大的场景，里面有很多门类不同的设备连接技术、编程技术、CCD视觉识别技术、各种备件的定期维护保养技术，可能传统的工人就要转变成这类技师。这些技师要在里面持续深耕，变成更多门类的工匠，同时也将孵化出新一代的工匠精神。

🎤 **访谈组** 格兰仕从早期的规模成本领先策略到今天的技术引领策略，一路走来，在不同的发展阶段，自动化的引入起到怎么样的作用？

💬 **熊智康**（广东格兰仕集团有限公司电器配件制造部副总监）：

格兰仕的"干毛巾再拧出水来"，不是一句空话，全靠技术。举例说，我们元器件这20年的发展，就是不断从质量效率成本上面去挖掘，特别是自动化。为什么要走自动化这样一条道路？也是为了在质量上更稳定，一致性更好，在效率上持续每年15%以上的提升，同时成本不断下降。

这20年来，经历了几个阶段。最开始老板就提倡用做汽车装备的理念去做家电，所以我们20年前就引进了日本先进的自动化设备来做元器件生产，起点非常高。那个阶段，我们技工工匠的主要职责，是会用这些设备。但使用过程中，如果元器件坏了，请日本专家来修，成本极高，于是就尝试局部维修。到了第二阶段，通过做一些小技改，储备一定的技术能力，就开始自己尝试复制。到最后，开始自主研发，而且二代、三代不断迭代创新，就这么一路走来。

 访谈组 格兰仕在智能化、信息化智造方面，作出了哪些努力？

💬 **熊智康**（广东格兰仕集团有限公司电器配件制造部副总监）：

2020年开始，格兰仕以全产业链智能制造，致力于建设世界领先的芯片产业生态圈和Galanz+智慧家居生态体系，推进数字化转型的愿景实现。

总部一进门看到的六块电子屏就是运用数据做管理的生动体现，上面显示跳动的数据，就是生产每一条线的实时数据，包含质量监控、生产进度、设备故障等，可以用技术、大数据更好实现生产管理，实现跟我们的Max系统、ERP系统的互联互通。

短期内机器人取代工人还是比较难的。机器很多也需要人做后台工作和维护，只是对人员的技能要求会更高。至少五年之内，大部分机器取代人还是做不到。追求极致的无人化，从效益的角度不现实。譬如引进一台先进机器，但要投资十年后才能回报，对企业来说是不现实的。而且还有很多是定制化的技术，还是需要人员操作。其实机器多了以后，做机器的人、维护的人一样也要增加。越来越多的应该是人机的结合，对人的要求更多是人机结合的技能更新。

🎤 **访谈组 作为一个在纯棉丝织领域全球领先的企业，你们在产业的自动化、数字化方面做了哪些努力？为什么会这么早就介入这个领域进行投资和布局？**

💬 **王丽娜**（广东溢达纺织有限公司企业传讯部高级经理）：

可能大家觉得纺织行业是属于传统行业，会聚焦更多在劳动密集型的业态上。但是我们企业有着比较先进的理念，从一开始，就不会把自己定位定义为一个劳动密集型企业，而更加注重成为一个技术型的，智能化、信息化的企业。

在我们企业发展的过程中，对技术一直都很重视，投入力度也越来越大。2000年成立了研发中心，专门有一个团队开发未来五到十年的技术。后来又成立了设备研发中心，专门研发自动化设备。我们对工匠精神，包括对技术重视程度，在战略上非常清晰。因为我们老板很早就预见到劳动密集型的产业，以后找人不好找，自动化是必须要去做的。所以在别人还在满大街找人的时候，我们就已经埋头干了五到十年的自动化设备研发了。在这个研发的过程中，我们跟很多大学包括北大、清华、香港理工和国内的"八大纺院"，都有非常紧密的合作。

现在我们超过70%的衬衣、70%的T恤梭织、50%的针织都可以实现自动化，这在行业里面是绝对领先的。我们这些设备研究出来，在生产现场使用以后，效率有很大的提升。所以现在这个成果拿出来成立了一个子公司，用一个新的品牌——匡博，向行业去推广，卖设备，带动整个行业进步，引领整个制衣行业的前进。

🎙️ **访谈组** 目前一些企业认为自动化产线的投入，只是展示了企业的实力，或者仅仅是起到技术储备的作用，并不能即期产生效益。作为一个对此持续投入并获得效益的企业，你们有何心得体会？

💬 **王丽娜**（广东溢达纺织有限公司企业传讯部高级经理）：

我们是一个务实的企业，不会去为了抢眼球而引进设备。任何先进的设备之所以先进，肯定体现在投产以后效率高，有成本效益的优势。我们不会脱离生产实际情况，去买一台特别纯自动化的设备。所以日本、德国的很多先进设备引进来的时候，我们都一起参与这些设备的改造改良。在这个过程中，我们跟他们研究讨论，在这个过程中慢慢地去磨合、去提升，然后再确定使用。

现在我们有些生产线上也仍旧很多人手，但是我们会尽量借助更多的模具之类，去保证产品的稳定性，把人从这个繁杂的工作强度里面解放出来。包括一个人可以操作多台机器的效率提升，另外一个人就不用特别专注于手部、脚部的动作，脑子就可以去想一想在工艺流程、产品质量方面有没有更好的提升，所以是相辅相成的。

访谈组 溢达作为行业新技术新设备的孵化基地，是如何调动员工积极性参与到自动化的提升中来？

💬 **王丽娜**（广东溢达纺织有限公司企业传讯部高级经理）：

自动化如果没有员工的参与，就会变成是做给别人看的。有一线员工的参与，实用性才会达到百分之百。怎么去改？先和一线员工互相沟通，他也要提一些建议，被采纳了之后，会有奖励。

我们有改造大型设备的能力，对于一套设备，我们可能只是买当中的一部分，然后结合自己的一些想法，包括怎样提升品质、操作便利性等，让一线员工参与进来升级。结果可能是50%原来的、50%融合了新想法的升级版，所以使用效果才那么好，才那么有信心去买更多机器。甚至我们跟设备供应商有这方面的合作，他们新研发出来的设备，会先拿到溢达来试用，让我们提供试用报告，提出改进意见。

因为面临市场从国际转向国内的新形势，企业也在做一个转型。除了传统制造这一块，也利用很多专业的能力、经验、技术等，在转型升级中去变现，这就要更好地利用到这些工匠。

我们现在转型有三个事业群，除了原有的纺织服装，还有创投，就是把40多年累积的经验、知识，放到产品上、设备上，再去做推广。不仅是纺织行业，可能还有其他的行业也可以用。因为除了纺织设备，我们其实还研发一些关于能源、环境方面的产品和技术，比如说无水染色技术，这方面自己还有一个品牌。

访谈组 站在企业掌舵人角色的立场上，您怎么看自动化、智能化投资的决策？

💬 **魏梅**（广东一方制药有限公司董事长）：

自动化、智能化这一块，我觉得企业要尽早投入，而且有可能是越早投入越有利。这个我觉得跟工匠精神不矛盾，因为我个人觉得智能制造这一块都是按照人的思维去做的一些工作。智能制造其实也不是现成的，每一个智能制造都是企业独特的，没有现成的。要根据自己企业这个特点，把已经有的技术拼接在一起，这个拼接的过程，也是一个发挥人的智慧的过程。

其实不存在一种孤立的智能制造，它一定是跟管理者的专业、公司的发展相匹配的，没有一个固定的模式。我们现在做的一些智能化的应用，几乎在这个行业来说都是新的。我跟设备厂商打交道，他们说从来都没做过，全中国都没有做过我要的这种东西。但是因为有需求，所以我们也会一起坐下来商量怎么样既能智能化，又能节省材料，这个过程实际上是一个很痛苦的过程。在这过程中，我们提出各种各样的思路、方法，大家的思想在一起碰撞。我跟设备厂商说："你们要坚定信心，我这个难题攻克的话，所有配方颗粒行业企业都会用你们这个技术设备。"

想引领这个行业的话，每一个东西都是新的，需要智慧，需要不断地去学习新的知识。这个自动化，并不只是IT人员去做的工作，对我们这种已经掌握了一定技术的人，更是要学习的一个新的领域。我一直强调终身学习，也很喜欢接触新的东西。我对自己一个要求就是：我做什么，就一定要看清这个行业未来的趋势是什么。

我今天引进的东西，哪怕是一片质疑，我也宁愿承担这种风险，但是不愿意刚建一个厂，两三年又被淘汰了，很快就不是先进的了，这个对我来说，是不能接受的。

我一直都说做企业，就是在做趋势。看到这个趋势之后，不能说等其他企业先做吧，等其他企业做完了，再跟着做，千万不能有这种想法。当然，如果想做一个追随者，那就按追随者战略去做，可以在那里坐着等着。做领先者，虽然不一定每一个都成功，但是在这个向前闯的过程中，一定会收获其他的一些惊喜，所以要勇于去探索。有时候，我就坦率地说，哪怕为这个行业作出了牺牲还是不成功，那也是一个宝贵的经验。在创新的路上，没有百分之百是成功的，但一定要有这种胸怀，不要说选择保守战略。在我的性格里，我是不接受这种的。一方做领导者，就要在每一条战线上，都做领导者。

 **访谈组** 做企业总是要考虑效益的，在当期效益与确立长期竞争优势两者之间，你们是如何把握的？

💬 **魏梅**（广东一方制药有限公司董事长）：

这又引出一个相关的问题，假如机器人现在上生产线的话，它一定成本很大，影响利润，怎么样消化这个影响？我倒觉得，它是当年会有些影响，但是从长期来看，几年内就能平衡过来。而且未来人力成本越来越高，所以这项工作不管是从创新角度，还是其他角度，都要不断地去做。

在自动化、创新这一块，我是一直主张一定要走在最前头。所以现在一方所做的一些大型设备、仓库建设以及自动生产线建设，都是整个行业从来都没有人做过的。虽然有人反对，但是正因为没人做，我才要做。

不管是做企业还是做其他工作，其实都是在争夺时间，我觉得时间不等人，实际上世界留给我们的时间，甚至竞争对手留给我们的时间都不多。很多战争都是，只要比敌人早到一个地方五分钟，就取得了决定性胜利。我认为企业也一样，在激烈的市场战争中，争夺的就是一个时间点，比竞争对手早一天进入这个行业，就比他早一天掌握更多的信息，然后就有更大的把握。而不是我在那里等着，等别人做成之后再去做。如果有这种思维，企业不可能保持一个领先者的位置。因为一个企业对外展现出来的实力，实际上是四五年前就应该已经布局好的。从有这个想法，到开始做，到最后做成，实际上就是四五年的事情。现在我们讨论这些的时候，大家都说别人没有做，其实我们并不知道别人有没有在做，因为他还没有显示出来。哪怕我们已经决定做了，其实我们也没有显示给世界看。大家现在看得见的我们在做的这些工作，实际上两三年前我们就已经在那吭哧吭哧地干了。所以，当你看到一个企业已经成功地做什么的时候，这个时间点你其实已经错失了。你再想做这东西，已经没有机会了。

所谓领导者要有前瞻性，就是看清趋势，大胆去做，这个企业就能立于不败之地。看不清趋势，那是智商问题。如果这个趋势很明显，就要顺应这个趋势的发展，提前做好战略布局，这是企业一定要做的。

🎙️ 访谈组　你们是如何看待工业4.0趋势的？

💬 **宋科明**（中国联塑集团控股有限公司副总裁、总工程师）：

工业4.0是德国人提出来的，其实简单理解就是智能化、信息化，这些我们都在做。我们佛山人是比较务实的，比较会做不太会说，反正我们把智能化、数字化、信息化做好，再看结果。至于是3.0、4.0还是5.0，其实对我们来说不重要，我们也不太关心这些事情。我们更关心的是效率、成本，然后是管理、效益。

💬 **杨志学**（中国联塑集团控股有限公司人力资源总监）：

在推广时，都有一个逐渐演化的过程，现在咱们这边也是这样。企业一定是要算账的，比如比亚迪，早年做手机电池发家，不也是靠人工成本低吗？但现在肯定不这样想了。这个时代，方向肯定是不一样的。

我们投资也是依据人工、效率去测算的。比如我们最早先投一个智能车间，投了3000万，要通过一个逐渐适应的过程，它的整个效率才能上来。同时人员工资也在涨，再到后来，连人都招不到了，已经不是效率的问题了。人都招不到的时候，会逼着企业往前走，所以这是一个市场化运营不断演化的过程。

💬 **宋科明**（中国联塑集团控股有限公司副总裁、总工程师）：

企业会根据自己的实际需求、经营情况，不断去完善这件事情，但是这件事情，未来肯定是不可避免的。比如说我在美国投工厂，只能投智能工厂，不可能还投一些落后的工具。因为没有人给我做24个小时，效率很低，工资又很高。中国已经有部分企业可以投资智能工厂，大规模智能工厂有些还可以再等几年，有些工序可以再晚几年。但最终大家目的是一样，方向是一样的。所以，这是一个经济考量的结果。在这个过程中，首先得把技术路线实现了，所以早期做示范公共车间，我们是不惜成本的，更多是为了验证技术路线的可行性。

我们有些车间，就只做3个产品，这个自动化就比较容易实现。但有些车间做30个产品，两者之间，时间进度就差距很大了。这个过程，要根据实际情况进行调整，最终还是用报表上的数字来说话。

这条路是肯定要走的，但是它的过程，肯定不是一下子颠覆性地就走到头。按照现在我们在国内的市场占有率，应该还没到边际，可能还有提升机会。但是整个中国市场的饱和度，我们认为基本快到巅峰了。我们是做建筑建材产品的，和市政及房地产息息相关，现在房地产的情况，大家都清楚了。所以其实改革是时代的红利，这个时代对每个人都有红利，但有人抓得住，有人抓不住而已，对一个企业来说也一样。

我们工厂会进一步智能化、数字化、信息化，不断地去做这些方面的工作。另外就是通过整个制造系统、产品开发系统、研发系统、营销系统，希望能够进一步提升市场占有率。在一个市场相对饱和甚至萎缩的情况下，就还有机会发展。毕竟是龙头，要把这种效益发挥到极致，这是一方面。

另外一方面，我们已经不再仅仅把自己定义为一个管道公司了，我们是一个建筑材料公司，一个建材家居产业集团。从2010年上市之后，我们不断地去投资一些与管道周边相关的建筑材料项目，去支撑整个集团业务可持续发展。这条路也是必须要走的，因为市场容量有限，能够承担的企业的梦想也是有限的。

访谈组 从你们的产业实践经历上看，怎么看机器换人这个趋势？

💬 **卢宇聪**（广东万和新电气股份有限公司董事长兼总裁）：

在未来的5年或者10年，我们的设计、工艺、检测，还有制造水平，非常有可能跟日本、德国同步。因为不仅是国家推动，我们企业自己也会主动去追求智能制造。其实不是为了去省人工，而是为了产品出厂的一致性，把品质做好。

传统的拥有一门手艺的师傅，跟机械生产中的某个工种的技术工人，都是社会发展的产物，必然是要与时俱进的。以前电梯刚刚出来的时候，还有一个人去操作电梯（电梯操作员），而现在连无人驾驶都已经提出来了。再过10年，可能连司机都没有了。像快递，现在已经在研究无人机送快递了。

💬 **卢楚隆**（广东万和新电气股份有限公司联合创始人）：

我们有句话叫"车到山前必有路"，这个问题我看得比较清楚。记得1995年的时候到意大利考察，看到别人的产业这么完整，可是他们的工资算下来五六千人民币，有些七八千，而我们那时才几百块。到了今天，我们由于工业4.0和数字自动化生产，可以把整个产业留下来，不会出现再转移到越南、印度的情况。这个事情，不用怕。

💬 **杨宇勋**（佛山市国星光电股份有限公司人力资源部总经理）：

机器代人是一个趋势，的确也是我们下一步要发展的方向。目前有一些工序环节，我们也半自动化了。如果现在马上要全面自动化，大量投入也能实现，但成本是一个问题。而且现在工艺更新也很快，今年花这些钱引进这个设备，但是5年之后，可能花差不多的钱，可以达到它效能的10倍。对企业来说，特别是制造业企业，成本上都差不多，就不得不考虑这个问题。

还有，我们目前的设备，也是在不同年代先后购买的。有的是2010年采购的，效能可能是80%，而2016年采购的，效能比前者提高了两倍。那是否全部替换？企业不得不考虑成本。所以自动化也是逐步的。

我们事业部比较多，不同产线上，工艺不一样，技术水平也不一样。有些自动化可能很快就会提高起来，原来一条产线要十几个工人，现在只要一两个人管，双手一点就行了。而另一些产线，因为客户需要专业化定制，还是需要比较多的人手。甚至某些需要靠技能传承手工的，这种工匠，可能暂时机器还换不了。所以要根据不同的产品的工艺，包括成本，多方面进行考量。

工艺改良的趋势就是信息化，对员工自身素质提高有一定的要求。自动化需要年轻人能力比较强，才能适应。我们也需要这种专业性比较强、能熟悉操作电脑的技术工人，但需要一个培养过程。如果刚入职，或自身能力还达不到要求，就想着怎么舒服怎么来，那双方期望值还是存在错位的。双方的需求和能力要匹配在一起，才可以得到一个双方都满意的工作。

现在少子化情况凸显，年轻人不愿意进厂，用工招工难，在这种市场环境下，我们下一步要转型也是一个趋势，只是有些企业动作快，有些动作慢；有些产业更适合马上就替代，而有些工艺需要逐步来。

访谈组 我们知道，务实是佛山企业一个很大的特色，在自动化、智能化的升级转型中，根据企业的实际情况实施，是普遍的提法，当然也有企业舵手经营决策作风的因素。你们作为机器人公司，是直接给制造业企业智造能力赋能的公司，如何看待这个问题，在企业实施智能化之路上，有什么建议？

赵伟峰（佛山隆深机器人有限公司董事长、总经理）：

关于自动化投入循序渐进的问题，首先我们认同企业的选择，上自动化设备、上机器人，任何企业也不可能一批就把它做完。因为它是分工序的，有些工位我们建议客户没必要上机器人，为什么？因为是很简单的一个机构就能解决的问题，没必要大炮打蚊子，浪费资源。

我们一般给客户介绍的是分几步：第一步是不需要投入，通过现场整改，能够提升效率的先做；第二步做用最小的投资能够获取很大收益的；第三步就到我们这里，一定要投入相对比较专业的机器人，包括自动化装备才能解决的工位，我们再去探讨；最后一步，是要解决重复性的、人员装备质量不稳定的情况下，要增加什么样的设备的问题。

但是有一点，我们希望存在比较恶劣工况（对人体有伤害的，会造成职业伤害的）的所有企业，优先考虑进行投入，建议这些企业尽快上自动化设备。

访谈组 维尚从软件行业跨界进入家具生产行业，为整个行业的工艺流程带来了颠覆性的再造。从整体生产理念的层面看，是最接近于规模化生产定制品的智造实践的制造企业。一路走来，这个转型升级有什么经验之谈？

黎干（佛山维尚家具制造有限公司总经理）：

我们从2006年开始切换到现在的行业，凭借自己对行业、产品、消费者的理解，把握住了趋势，做全屋定制，对技术进行突破，对生产流程进行重构。2006年到2017年11年时间，从零起步，做到了三四十亿，做到上市（目前规模70亿），确实是把握了趋势，吃到了市场成长的红利，但关键是解决了真正的问题：以集约化生产，让定制产品规模化生产，出材率增高，出错率降低，生产效率提高。现在我们是全屋定制行业的领头羊。

其实从几十人的小工厂发展到今天七八千人的大厂，这个过程很不容易。刚开始的时候，整整用了两年时间，把生产全流程进行重构。到2008年，流程重构完成后，效率是十倍速地提升，开始起跑。我们从2006年开始，每个部件都带条形码（一维码），已经是很先进的模式了。

在这过程中，最大的体会是，管理者一开始必须深入一线。我们各岗位都待过，手把手地教，一个个带。当时的设备控制都是工程机（还不是电脑），要实现每一台机器的源代码互通，一步一步地调试，把整个流程打通。而且不断地迭代，频繁的时候3—5天就一轮，的确非常磨人。在这过程中，需要转变一线员工的观念和技能相当不容易，以前是老师傅说了算，改造设备某种意义上是抢了他们的饭碗，会有抵触。其实这里面关键是人的问题，从人的权力转化为数据流，牵涉利益关系，存在一些挑战和博弈。做家具这一行，车间主任、厂长原本非常重要，上系统后就会弱化他们的权限，所以会遭到抵制。有些人一开始都罢工不来了，以为缺他们就会运转不起来，这时候，我们的管理干部都直接亲自上，硬扛过去。过几天，他们看离开他们也照样转，就回来了。

技术变革的过程，其实是一个思想和思维转换的过程。要做这种改变，企业的营运者需要很大的魄力。我们也很重视研发，还有一个国家专利，就是加工机器人，有敏捷编程的人机交互。但目前还没有专业机器的加工效率高，还不能实现经济效益。目前公司有专门的研发团队，研发投入每年一个多亿，这也是工匠型老板的追求吧。

访谈组 您怎么看在传统陶瓷行业的智造升级？这种智能化、信息化的当代生产中，工匠是否会被完全替代，工匠的角色如何转换？

钟保民（广东东鹏控股股份有限公司执行董事）：

智能化之后是不是就可以代替工匠？我个人的观点是代替不了。就像以前我们说瓷砖可以代替石材，经过了这么长时间，也没代替。所有智能化、数字化都是依据人的意志来操作的，就是我想要机器怎么做就怎么做，所以还至少要有人从事策划设计。然后机器做出来，要达到什么程度，还要人去验证它是不是这样，是不是满足了客户的需求。最终还是要满足客户的需求，而客户本身是人。

设计一个机器人，去面对客户。如果没有满足客户要求会怎么样？你跟机器讲："出了问题我投诉你。"你能直接跟机器讲吗？不可以。它一测，全达到你的指标，"怎么你投诉我呀？"机器人这样回复。客户那里不会满意的，因为我们面对的是人。所以人还是一个主导的因素，制造业实体离不开工匠，这是一个大的方向。

只要能够用机器人取代的环节，我们都愿意用机器人。这方面是越来越快，其实已经有很多机器人在投入使用了。比如说，这个春节我们清远基地投资2个亿进行改造，可以节约150人的人工，就是大幅降低劳动力成本。只要能做到的，都不需要政府推，我们就都愿意去做，主动实现智能化、自动化。

访谈组 对于企业决策者来说，比较纠结的是成本和效益。如何看待这个转型升级过程中的问题？

何新明（广东东鹏控股股份有限公司董事长）：

首先要考虑的可能就是成本，就是当机器人的成本比人工成本还高的时候，可能就会思考是否要转型，这是企业共同面对的一个问题。

短期来说，还是要解决机器人的成熟度和制造成本问题。当它的操作变得很常规化、很熟练、很简单的时候，那普及性就会更高。现在来说，还是在相对劳动强度高的和动作简单的环节用机器先取代。未来它的智能化水平越来越高，人工成本也越来越高的时候，它就能够取得更多的工作。提升智能化的能力和产业化的能力，还有个过程。

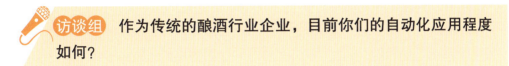

访谈组 作为传统的酿酒行业企业，目前你们的自动化应用程度如何？

💬 **周文燕**（广东石湾酒厂集团有限公司党委书记兼副总裁）：

关于自动化提高劳动效率，我们主要是应用在包装车间。因为这个时候，酒已经发酵好了，不影响产品质量，只是影响效率的时候，就可以用机械手，采用流水线生产。过去可能一个小时包装一瓶酒，现在可以包装100瓶，显著地提高了劳动效率。

而在关键部位，比方说菌种采集、煮饭、发酵等地方，都必须工匠在这里把控。所以我们企业，不是任何地方都可以完全用机械来进行替代，有些环节可能只是作为一个辅助的工具。

访谈组 你们是如何把握酿酒的现代制造与传统工艺的兼容问题，其中工匠资源如何发挥作用？

💬 **周文燕**（广东石湾酒厂集团有限公司党委书记兼副总裁）：

我们酒厂作为百年老企，从来都没有停止过装备的升级改造，特别是近几年，我们做了很大胆的尝试，包括我们的酿造环节。但是我们整个装备升级的过程，是非常注重最大限度去模拟传统手工工艺，如果这一关把得好，效果就不错。

打个比方，这两年在常德生产基地开展了一个自动化程度比较高的酿造工程。实际上就是把匠人的经验和智慧，转换成设备工艺参数，然后利用设备的可调功能，保持酿出来的酒的风味，又可以对产品品质做进一步的优化。从试运行的结果来看，取得了非常好的效果。所以设备自动化以后，匠人的作用会怎么样转换？会不会失业？可以说肯定不会。因为整个生产过程，包括工况的变化、环境的变化，都需要融入匠人的智慧，就是到现场去调整。对一些参数的细微调整，都是来源于我们匠人的智慧。

当然时代不同了，匠人的一些思维模式、知识结构，肯定也要与时俱进。以前他可能就老老实实跟着师傅做，加上一点灵气，就可以了。但是现在要不断去学习新工具，可能下一年要换个机器，要迭代，出来的操作界面不一样，介入的方式不一样，都要不断学习。

我们做了一个用于提升整个筛检质量的工艺项目，花了大概两年时间。主要还是用原来的经验数据，通过实验室的探索，把目前用的酒饼最适宜的温度探索出来。在适合的温度下进行糖化发酵出来的斋酒，经过品评和分析，口感比较好的作为单品，先总结出来，然后再大量生产。按照这个进行中试，中试以后再做一些微调，适合的话，就把它固定下来，整个生产就按照这个参数来做。

比如说温度，原来是靠师傅摸一摸。如果是暖的，微生物肯定是生长起来了，它才会产热。如果还是凉的，那微生物就还没长，肯定不出酒了，原来是这样判断的。但是我们会更深入，定量探索到底在这个温度下能出多少酒？比如说我的目标是150%或者120%的出酒率①，在这个温度上它能够达到，就把它先固定下来，在生产上应用。然后我们再定一个目标出125%，把这个温度再控得细一点。在比较适合的温度下，发酵糖化的过程比较符合微生物的生物学特性，自然会有一个比较好的结果。我们一步一步这样探索下来，最后这个项目也取得了一个比较大的成果，出酒率提升了20%—30%。

🎤 **访谈组** **目前来说，对于比较核心的技术和工艺，智能化和数字化如何介入？**

💬 **蔡壮筠**（广东石湾酒厂集团有限公司战略文化高级总监、佛山陈太吉文化发展有限公司总经理）：

现在政府也在鼓励数字化转型升级，我所理解的数字化就是自动提升自动化水平、信息化水平。机器替代人是一个趋势，所以我们也要走这条路。目前主

---

① 酒精含量在1%—2%的米酒，一般出酒率为粮食的200%，即10斤大米可酿出20斤米酒。

要体现在包装物流机器人上，提高效率会多一点。包装环节的自动加瓶、自动封箱，还有码垛等，物流仓库都要走这种立体仓库模式。

核心技术方面，应该说机器人没有办法代替。但是我们工序前段的智能设备，也会更倾向于自动化。前段的比如酿造设备，也会朝着节能方向去应用那些智能化设备。后段包括制曲，也有一部分是机器来完成的。其他的现在大部分还是保留传统的员工去做，用人手挂饼等。但是随着老师傅老去，就很难再招能够熟悉这个工艺的人。所以长远来看，还是要用机器替代。

人做酒饼的好处，是可以保留风味；机器做出来的酒饼还是有点欠缺，它里面的微生物没那么丰富。机器的材质是不锈钢，应该说机器设备没有那种生态环境。现在我们是用人，然后是用绳子把饼挂在竹竿上，那种挂饼房子的环境，适宜各种微生物生长。就是像手擀面跟机器压出来的面，口感就不一样。自然发酵的环境，可能存在很多我们看不见的东西，在互相产生作用。机器的话，效率比较高，处理量也大，但没有那么精细。

现有一些传统的流程，要进行自动化、智能化的改造，也是要不断改良，之后全部用机械化控制，实现智能化、自动化、数字化。相对来说，以前都是粗放型，现在都是讲究控制所谓的参数，很标准、很精准地控制，这是进化的一个趋势。但区别于做螺丝钉，长、宽、高是固定的工业制品，做酒还是有不同，因为它是感官的东西。随便拿两瓶酒，用色谱仪测出来的指标一模一样，但口感就不同，前期肯定还要先做很多的机理研究。

> **访谈组** 必得福作为无纺布领域的一个龙头企业，也是国内拥有先进制造技术的企业，在引进自动化设备过程中，员工是如何参与、培训与提升？

💬 **李启新**（广东必得福医卫科技股份有限公司设备部总监）：

我们无纺布的设备，在购置或引进时，是需要很长时间的。以无纺布界的一个最先进的设备来讲，引进的周期会在两年半到三年之间。因为它本身是很大型的设备，从生产制造到引进，需要有一个时间间隔，会涉及厂房生产线的提前布局等。比如我们目前这个幅宽7米的生产线，设备比较大，运回来用了200个货柜。在这个过程中，包括前期到德国现场测量，跟进拆装，回来之后按图纸安装调试，前后花了一两年的时间。

国外的生产技术比国内先进，它的操作系统领先我们三到四代之间。一些设备进口回来应用在生产线上，软件上的接口联动对我们有一定限制。还有就是超大型设备的配套能力跟不上，比如我们最大幅宽7米的设备，某些备件国内的材料和加工工艺跟不上，导致一定要去到国外做。

我们设备部的大部分同事，都有到国外学习和测试设备的机会，因为我们一手、二手设备都有，设备比较大，要到国外去测量尺寸，回来搭建硬件空间，以及回来后配套安装设备。加上每年我们都有设备更新，所以设备部、生产部都在同步更新他们的知识库。

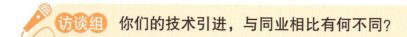

访谈组 你们的技术引进，与同业相比有何不同？

💬 **李启新**（广东必得福医卫科技股份有限公司设备部总监）：

引进说起来简单，深挖背后还是有很深的累积的。我们从1994年开始做贸易就进入无纺布相关行业，必德福是2003年成立的。其实之前已经在做，只是用不同的名字而已。做到现在是不断积累的过程。我们一两年增加一条生产线，实现一个产品的突破，积累到现在，在不同基地，有超过20条生产线，这是一个很深的积累过程。

访谈组 与境外企业打交道，获得最多的教训是什么？

💬 **李启新**（广东必得福医卫科技股份有限公司设备部总监）：

与境外企业打交道，给我们最多的教训，还是技术上的限制。为什么我们有这么深的积累？就是前期在引进设备和技术上面临很多限制，前期遇到的坑太多了。

很多地方，对方明知道对我们来说是一个坑，就是不跟我们说，这样的事很多。曾经有一个大型设备进口，对方明知道面临很多物流成本和进口通关的问题，但就是不配合，几百个货柜滞留在港口进不来。我们曾经想在美国购买一条生产线，可是没办法进口。还有费用问题，在我们对设备和生产技术认识不充分的时候，都要依赖他们，所以他们从设备出门开始，就要算我们费用。

就是因为之前遇到的这些技术壁垒，让我们对外国设备认同度不高，产生了自强的想法。

访谈组 在访谈中我们也发现，佛山本地企业越是有引进设备经验的企业，民族自强的想法越强烈。在我们与外国学习、实施机器换人过程中，民族自强的心被同步激发起来，让富于家国情怀成为我们这一方企业家的一个普遍特点。

李启新（广东必得福医卫科技股份有限公司设备部总监）：

是的。国内大型设备找不到对应的供应商，因为我们本地原来没有这样的需要，自然就没有这方面的产业配套。所以我们以开放的心态，去引进美国PGI和日本东丽这些同业进来，就是希望通过我们的带动，去提升产业的发展。以这样的需求，催生相关的产业配套环境的发育，这是老板的初衷。因为被国外卡得太多了，所以自强的心态很强。

访谈组 箭牌多年来在自动化生产、实施机器换人的方面都做了些什么？

霍志标（箭牌家居集团股份有限公司集团总经办主任、"全国建材行业劳动模范"）：

我们是做卫生洁具的，卫生洁具是纯手工的，劳动强度大，生产环境恶劣。公司从2002年开始用生产线自动化的思路，一步一步尝试改变，是个逐步改善的过程。2006年我们采用天然气作为燃料，是行业第一家。当时天然气很贵，用柴油更便宜。但清洁能源的使用，有利于质量稳定性的提高，成品率高了，也可以中和产品的成本。自动化应用，是在2010年尝试引进一整套意大利的喷釉机器人设备，花了460万，但是水土不服，我们还没有达到他们自动化生产的条件，使用起来比较痛苦。当时，它的一个管路维修就要3个月，维修工程师过来要1000美元一天，价格非常高，所以我们就开始了自主研发。

引进第一套机器人过来的时候，海关还不允许清关。当时我们几个过去，我是外行的。当时三维图不给我，什么图都不给我，签了合同对方也不给。后来怎

▎2022年3月10日，调研组到箭牌家居访谈

么解决呢？我就叫他们的工程师一起过来，一起过去跟海关解释，因为一些零部件的图纸，尤其三维图怎么样都不给我。后来我们就根据图则自己来画，再提交给他们，整个过程我都参与。我带着他们过去，反正他们一看我的名片不是做技术的，所以我就对着设备一个个问。当时第一套机器人的引进，就是这么艰辛。所以从那时候开始，我们下了决心，就咬住牙，一定要把它研发成功。

研发机器人的过程，也是很痛苦的。这些机器有时候行，有时候不行，持续了有一年时间。所以我们下沉到一线去了解情况，发现是因为一线工人对自动化有抵触。

💬 **贺利明**（箭牌家居集团股份有限公司装备部总监）：

当时一个分厂一天可能只有2000件产品，这2000件产品每件有计件单价，到工人手上做，可能就平均有7000块钱工资。但是现在用机器人喷了1000件，他们就只剩下1000件了，会导致他们的工资只剩下四五千。他们就会不配合，让机器人用不起来。

最后，我们跟他们做思想工作，打破他们的顾虑。我们就说："你们这里是一个班，我用机器人，三分之一就行了。剩余的人，我还要扩大生产，你们过去就行了，怎么会没活干？"把他们的思想做通之后，接下来的项目一一出来，都稳定了。工人是否愿意做配合，对工艺提升很关键。所以那几年，我们公司出台很多优惠政策，包括对研发人员、开发人员等，全力保证自动化进程的推进。

我们研究用机器人喷釉的时候，也需要他们参与进去。一开始研发的时候，就请一些博士团队，离线编程去实现手工的效果。整整摸索了3年多，才发现这个岗位专业性很强，不能完全脱离岗位工人，得利用他们对产品的熟悉程度，包括对工艺、对喷涂轨迹控制的知识。结果，我们就把机器人的编程理念，从专业的离线编程改变为模仿的示教编程，用机器去模仿人的操作轨迹，最后实现了速度快、效果好。因为这个项目的成功，我们获得了国家重点项目支持。我们开玩笑说，没有博士不行，没有产业工人不行，没有企业也不行，要三者合一有机结合在一起，才能落地。

这个成型环节很关键，技改的阻力也是很大，而且时间更长，改的过程更艰辛。为什么我们一定要改？因为只有自动化才可以扩大生产规模。原来做胚，用石膏模注浆上去，用石膏把水吸干，成型了之后，还要拆模、合胚、修胚，这么多工序，全部用人工。两个人一组，一天只能做11个胚，勤快的做到13个已经很牛，累得要死了。

2010年，我们花2000多万引进了意大利的高压注浆设备。设备刚引进来的时候，出胚非常漂亮，很光滑，但是第二天我们全部傻眼了，产品全部裂开了。我们用温度管控，一个产品盖一个毛毯保湿，这样测试了一年。

因为国外他们使用的原材料是非常标准化的，是调好的，全部是化工料的等级。而国内的原材料是原矿，品位不高，杂质多且不稳定，我们自己用原矿去调配方，一换就裂了。但如果直接买他们的原材料，我们也接受不了，因为卖不出他们的价，在国内生产全部是亏本的。一旦料不一样，工艺就没有可比性，要重新摸索。

但是模具又完全不同，而且一个模具只能做两个盆，耗材用国内的不行，浆料要求也很高。结果就是，这套进口设备等于交学费了，完全用不了。现在就等拆废铁了，或者可以放博物馆，这真是太艰难了。我们不是说不敢采用国外的先进设备，但是要服水土，要跟中国市场、中国企业的脉络匹配。

这台进口设备是合缝降压的，最后我们就改变他们的成型模式，用重压机来预压，把水挤出来，原来是吸，现在是把水挤出来。为了改变这个模式，我们又花了应该有整整10年时间。从2012年到现在，才全面成功。

✏️ **访谈组** 为了一个设备的研发，坚持了12年，每年这样持续地投钱，的确非常不容易。你们当初对这个设备的研发，是否有一个预算？

💬 **霍志标**（箭牌家居集团股份有限公司集团总经办主任、"全国建材行业劳动模范"）：

没有估算要花多少钱，就是将清单列出来，在一定范围要什么就给什么。确实，那时候也是整个行业面临危机的时候，大家很多时候也是盯着我们在看。因为研发成本非常高，砸下去也可能没有动静，这事不一定能成。

为什么我们那么艰难，举个例子，就是为了高压注浆，它的模具要用到多孔树脂，很贵，一套模具就要几万块。为此，我们专门和中科院签订了材料研发项目，用了4年半时间，成功研发了出来。模具树脂是关键材料，德国的材料硬度比较大，收水率比较好，但是贵，不环保、不节能；日本的材料还比较致密，但是一碰就花，一花就报废。我们的要求是要德国的强度、日本的致密、中国的价格。

在研发中，同样也需要这些传统的匠人去帮助。我们做这个就分开"两条腿"：一条是研发团队，包括大专院校，以及博士、技术员；另一条是技术工人这一块，我们把职位调出来，作为一个工学技术员，基于他的经验，把工艺和设备结合起来，达到生产线的高效运行。

和喷漆工序一样，在产线验证的时候，拿一个基地做试验，效率太慢了，推不动，为什么？员工抵触情绪很强。而如果没有完全成功，就不能够验收投产。所以，技术上要有所改进，还要改变相关操作人员的思维模式。做思想工作，很累人。

后来，我们采取顺德和重庆两个基地PK，分两条腿跑的方式。一边原来的地方，继续用旧工艺做，不去干扰。另一边在另外地方找机器人做，分开两个地方来比对。这样整个过程才推得快一点，也只能说是快一点。

一开始做的时候，敲敲打打，做一些简单的盆，比如台下盆什么的，到现在可以不断地连续生产马桶，并且还可以无人操作。现在应该全国也是最领先的。因为确确实实我们咬住牙，能够坚持那么多年才成功。

🎙️ **访谈组** **是什么支撑着你们连续12年对这个项目的持续投入？**

💬 **霍志标**（箭牌家居集团股份有限公司集团总经办主任、"全国建材行业劳动模范"）：

为什么坚持投？因为不投不行，技术如果还是按照劳动力人口红利的趋势，就已经过时了。2010年开始，整个行业都开始面临这个危机。当时2011年的时候，我们算了笔账。这70年代的人有多少？80年代的人有多少？过了这个年龄段，还要做这个活的，估计还有多少？从那时候已经开始招不到人了，如果那时候不改，到现在才改，又还要花几年，那怎么办？

我们是要从源头去解决这个问题。但达到什么标准，我们没底，博士也没底，大家都是新手。我们就沿着这个方向摸索着来走。整个行业的标准，没有先例，就我们一家，在开拓这个市场。我们想法很朴实，就想把它改好，改到什么程度，大家那时候心中没底。

所以我们的高压注浆和机器人喷釉系统，在国家发改委答辩的时候，专家院士问我们："你们研发出来之后，知识产权怎么办？"我们说这个没问题，能够推动整个行业进步才是我们的初衷。因为我们用第一代的时候，人家没有；人家要模仿的时候，我们已经第二代；到别人用第二代的时候，我们已经第三代了。我们这样也有一个前进的动力、研发的动力，这样才是有竞争性，所以我们也可以完全放弃知识产权。跟我们合作的设备公司，已经在外面卖了。复刻了一套卖给潮州卖了1600万，但是还没有用起来。因为从模具到设备，再到材料、结构是一体化工程。

高压注浆连体坐便器基本上行业里面还没有，我们去年才算是真正研发成功。现在我们在往批量转，虽然自动化的比例才10%，但是这个转换的周期非常慢。很多工艺参数要调试，涉及材料、产品、设备方方面面，每一款产品参数都不同。

我们现在做喷釉机器、高压注浆的机器人，绝对比国外要强，效率高、费用低和操作简易，对原材料宽容性高，绝对比他们要优胜。但是中国民族企业有很多系统工程，还是要加强，有很多细节需要提升。

访谈组 在谈到机器研发和应用的时候，企业普遍反映受到固有流程环节员工的抵触，觉得是机器抢了他们的饭碗。你们企业实施机器代人的时候，如何处理这些员工，他们会被挤掉吗？

💬 **张旗康**（蒙娜丽莎集团股份有限公司董事、董事会秘书）：

当我们这个环节用机器取代，本岗位员工年龄还没到退休年龄，就要培养他能够操控先进的机器。这也就是我们提出的把普通工人培养成技术工人。比如，过去他就是一个打包工，突然有那么一天，有这个机会，他也愿意学习，我们动力设备部就会跟他沟通。而且我们按照国家有关规范做出一些识别，让这些员工很容易记得那些颜色的按钮。这个是很简单的，就像拍照，随着技术改善，操作简单的傻瓜相机，也能拍出专业相机同样的清晰度、质感，是一个道理。

我们引进蓝科机器人做试验时，有一次在现场，我遇到有几个打包工、装箱工，他们问："张总，你们把这个机器引进来以后，我们是不是就没这个岗位的工作了？"他们会有担心。但是我说："你们放心，我们现在都招不到人，以后你就操作这些机器的按钮就可以了。"所以，为什么我们在内部老提出，要把普通员工培养成技术员工。其实现在的员工是大可不必担心的。

比如我知道的，箭牌那些老师傅都变成技术员了，他就只需要按钮了，叫作高压注浆成型。对比他原来用手工做的，每一个都标准多了。以重量为例，人工做的重量偏差很大，用机器做的，基本上是恒定的。

这个过程当中，肯定会有不理解，但是要跟员工沟通好。事实上这个过程中，我们没有因为提高自动化，就把员工主动炒掉的。而是我们员工不够用，因为企业在发展。

员工反而要担心的是，待在一个不能够得到很好发展的企业。如果企业在不断发展，例如现在我们在全国布局，坦白讲，不是待遇的问题，是愿不愿意去的问题。现在我们总部调人到全国各地去，职务还可能升好几级，往往不一定能够动员足够多的人，外派出去，因为他的家庭包括小孩都在这里，确实有很多顾虑。但是如果说，公司没有发展的机会，光是改这个改那个，员工就会担心：改完以后怎么办？比如8个打包工，只要1个，不是要炒掉7个吗？但如果说企业在发展，我们抽调了很多岗位到外面去发展，有些岗位就空缺了。给另外7个打包工提供培训，他们也能做电焊工。哪个电焊工是天生的呢？做电工，当然是要考资质的，但去操控那些设备的按钮，没有问题吧。

所以我认为，工匠不工匠，肯定跟一个企业的董事及高管团队的认知和思维意识是有关的。

访谈组 在进行制造转型的过程中，大家提得很多的是机器换人或代人，其实使用机器代人的前提和关键点，还是在对固有工作流程机理的了解、对核心规律的彻底把握。就天安新材企业来说，目前自动化进程达到什么程度？

💬 **宋岱瀛**（广东天安新材料股份有限公司副总经理、工程技术中心主任）：

其实做机器人问题在哪里？做机器人，找库卡也好，找其他企业也好，好像可以轻而易举地做出来。但是如果我现在找到库卡给他钱，他也搞不定我这点事情。什么原因？不能把责任丢给库卡，是我们自己的环节还没有做好，我们对工艺流程这个规律，背后的东西，无法完整描述出来。

我们需要投入大量精力去现场观察，观察之后，得要总结，得具备归纳和描述总结的能力。对于我现在面对的生产流程，要弄清楚它，要涉及极其高强的高等数学功底、极其高强的流体力学功底。中国搞流体力学谁最牛？大家知道以前是钱学森，他是搞空气动力学的，实际上就是流体力学的一个分支。数学和流体力学，接下来才到高分子化学、高分子物理，这些都结合起来，才有可能把我们的问题解决掉。这方面我是欠缺的，虽然我自己读高分子，但我的数学功底绝对不够，我的流体力学只学了一点点皮毛，那更是欠缺。高分子物理、高分子化学我是本科所学的，还达不到一个很高的层次。所以面对这个问题，我是解决不了的。没有这东西去做基础，凭什么去搞什么机器人？如果非要去搞，那可能带来什么问题？一个很粗糙的模型。其实我也提不出这个模型，最后硬着头皮上，搞几个月下来，结果效果还不如人工。

就像在计算机领域，论算力，我们中国是极强的，包括超算，我们的超算算力很强。但是我们的算法呢，还有所欠缺，所以我们缺乏的是算法，而不是算力。

同样，对于公司来讲，我的过程描述是不清楚的，又谈何重复制造呢？只有算

法清楚了，或者说过程描述清楚了，我才能让机器人重复去做。连重复都做不到，甚至每次做的东西都不一样，谈何工匠精神？这才是核心。所以我们的知识是不充分的。既然如此，我们所谓的工匠、工匠精神，就只能是努力往这方面去做。

🎤 **访谈组** 在传统行业，引入自动化生产的过程中，会遇到原有环节原有岗位工匠的抵触。你们是全新的行业，是否就没有这个问题？

💬 **欧彦楠**（广东邦普循环科技有限公司总裁办公室主任）：

企业在工艺改造、流程改造的时候遇到阻力，我觉得这种问题都是共性的，不会说因为某个企业是新兴企业就不会出现。最典型的比如我们做智能制造，目的就是机器换人，那人就少了，这个机器跟人的矛盾就会出现。

我们的生产环节还是依赖人去做判断的。但是这个过程，只要我们做智能化，必须将全部人工节点打通，不管人工多还是少，该全自动就要全自动。比如说我们有一些生产环节是一个化学反应，环境相对是封闭的。取样出来检测完，生产现场可能已经变化了，这时候就需要现场技师根据检测结果结合经验，进行下一步的微调。

整个大的过程，其实我们作为管理层，是很难去现场看到这些问题的。它是怎么暴露出来的呢？经常是因为我们基地多了，就出现一些人员的调配问题（比如，老基地要派一些熟手员工去新基地）。在调配过程，就发现某个工序要特别多的熟手工人，这类问题才慢慢暴露出来。这类问题，我在研发部也有去研究。我们会有一个部门叫做IE部（工业工程部），主要工作是负责计算这些"用工标准"的问题。比如，这个工序需要特别多的人手，一定是工序可能花费的工时和劳动会更高一些。它主要用于研究生产各方面一种合理性分析。

🎤 **访谈组** 从你们企业的发展历程来看，铸铁这一行，在机器换人方面经历着什么样的变迁？

💬 **庞俭兴**（佛山市高明福煌五金制品实业有限公司董事）：

最早时，手工做砂模师傅80多人，模具近百斤，很辛劳，要腰力。20多年前，我们上半自动生产线减轻工人负担，当时出现过罢工，因为原本人工做一个15元，机器做了，人只是搬过去，单件价就降低了。但劳动强度降低，效率会提高，原来做50个，现在变成可以做100个。解决之道是保证员工收入。同时随着人员的流失，工人慢慢也在减少。前两年地模还保持五六个，现在只留1个了，只是留着配合总经理做开发。

现在年轻人也不会去学砂模，太辛苦了。翻一个箱，100多斤，高温又辛苦，要腰力，老了也做不动了。现在职业病的防护很严格，每年体检不合格，马上会往其他工位调。这里体力环节始终要流失，才能跟上时代步伐。

访谈组 引进了新工艺的产线，是否可以摆脱原有对匠人个人经验的依赖？匠人是否还具有原来的核心价值？

💬 **庞俭兴**（佛山市高明福煌五金制品实业有限公司董事）：

20世纪90年代开始做生产线，开始无人化操作。现在高明厂（砂铸搪瓷产品）有300多人，技术工人占了20多个，包括设计、模具数控加工、工艺铸造工序、搪瓷工序、打磨机器人工序等。

每家工厂都必须有技术人员，这是核心。光看技术指导书，是做不出来的。因为在具体的生产环节中，还有很多经验窍门。比如基于天气因素作出的调整，天气热不热，温度有无变化，有没有雾，下不下雨，都要微调。指导书也有一个调整的空间，比如说晴天，釉要加多一点水，浓度是50%还是55%有讲究。这就是匠人不可替代的价值。

企业文化基因

在访谈中，佛山企业不约而同地提到一个共性的话题——工匠精神融合在企业文化之中。而企业文化，不仅仅是一些口号，更是一个企业一路走来，深深渗透在企业日常生产经营中的行业追求、造物态度、行事习惯和管理风格。

其中，企业的体制制度、企业发展历程、创办者的知识结构和职业背景，对企业文化，乃至匠人精神影响至深。佛山制造业的这些龙头企业，其创办者和掌舵者，绝大部分都是技术出身，都是名副其实的匠人。让我们来听听这些匠人们如何讲述他们自己企业的文化基因，从中透射出佛山这一方水土养育出的企业文化。

💬💬💬 **杨前春**（广东格兰仕集团有限公司财务中心副主任、工会主席）：

企业家的工匠精神，是引领企业发展的关键因素。格兰仕由于创业企业家本人是劳模工匠，所以企业的创业与转型都是创始人亲自推动的。在1978年企业草创时候，创始企业家和一些技工一起，亲手做机器，从无到有创造产品、创造企业。到了1992年企业转型做家电时，同样是因为创始企业家的眼光，选择了微波炉这个领域作为突破。当时梁庆德董事长就提出要做到"烧鹅的味道，豆腐的价格""干毛巾还要拧出水"，把微波炉从一个高档消费品、奢侈品变成可以走进千家万户的普及化产品。沿着这个思路，通过技术创新、产业链整合，实现了成本大幅降低，终于做到了微波炉销量全球第一位，对整个世界制造业都是一个很大的贡献。

像格兰仕这样技术型、工匠型的老板，会更加看重产品开发和技术领先。对技术发展、产品的选型和开发，老板一直都起到非常大的作用。比如2012年开发、2014年上市的微波炉、烤炉、整箱三合一的Q6一体机，就是董事长亲自率队让三类型的工程师人才聚集在一起，从产品、结构、材料不同专业出发一起碰撞，最后攻关出来的。过程相当不容易，但最后实现了非常引以为傲的成绩，荣获了德国IFA展（柏林国际消费电子展）节能技术金奖，受到消费者的青睐。

正是因为企业家具备这种工匠精神与文化理念，才能够带领整个企业去不断地精益求精、追求卓越，不断往前推进与发展。

黎干（佛山维尚家具制造有限公司总经理）：

我们之前做家具行业管理软件，接触过各种客户，基本上全国上亿元规模的家具企业都走访过，非常了解客户情况和痛点。其中有一个核心概念就是SKU（最小存货单位），一个SKU对应一款产品，企业要满足市场对款式尽量多的要求，同时又要降低库存。我们做软件的时候，基于满足消费者需求和降低库存的出发点，2002—2003年给很多家具、建筑客户提出很多建议，而那些大客户没有采纳，或者说采纳不起来（因为其中涉及整个生产流程的再造），我们就自己来干了，也算是找到了一个突破方向，抓住了时代机遇。

确实我们投身到这个行业，还是抱着一定的梦想和初心的，就是要改造这个行业，可以说是有情怀的。2006年从软件公司带过来一个小团队，半年时间每天兴高采烈工作16个小时，还搬货2小时。有激情有梦想，就能以身作则带动一批人，对于流程再造也很有推动作用。

何新明（广东东鹏控股股份有限公司董事长）：

我总是记住这句话，一辈子做好一件事情很不容易了，不要想太多，不要偏离主业，坚持长期主义。上至董事长，下至员工，都要有这样的认知。入心、入脑、入行，专业、专心、专注。不专业，何来工匠？真正的企业家要经受住诱惑，成为行业的头部品牌。我和我的团队专注于陶瓷，专注于东鹏品牌，把优势集中在一个点上，没有做其他东西，坚守陶瓷，坚持把瓷砖做好，这是企业家精神。严于律己，践行文化，董事长要带头才能做好。

左兵（广东必得福医卫科技股份有限公司人力行政总监）：

必得福扎根在这边，已经有25—30年，超过四分之一个世纪了。我们进来这个行业以后，同时拉进来了南新无纺布和日本东丽，才形成了整个九江的医卫用产业基地。

老板是本地人，东华大学毕业，在南海国营涤纶厂做过。从他的学历到工作经历来看，都是专业出身的，所以对业务也通，对技术也通，比较平衡。只做无纺布这一行，只做实业，这是我们老板的一个特性。多年来我们无论怎么扩张、怎么投资，都是在无纺布领域。我们未来的发展方向，也是跟无纺布相关的主题，可能是无纺布新材料的研发，或者一个领先设备的引进，但是再怎么做，我们还是围绕这个产业链做。

我们老板直接负责业务和研发这一块，在疫情之前，他基本上90%的时间在全世界各地跑，包括去一些行业展会，了解行业的最新发展，既要了解业务需求，又要反馈回来做研发。因为他本身懂技术，又做了那么多年，供应商和客户跟我们成为很好的朋友。全世界前五大无纺布设备工厂，他都去看过，实战经验之丰富，可能胜过很多大学教授。他在供应商和客户里边积累到的信息，会给内部起到一定的指导作用，所以我们的课题选择，更多的是市场导向的。

我觉得我们是一个典型的佛山企业，又低调又务实。比如现在大家看到的这个办公室已经是我们搬进来后的新办公室，原来厂区还要简单很多，看外表大概也不会想到这是一个龙头企业。就在这样的一个位置，基本没有什么包装，这跟老板的一贯风格有关，这种风格也影响了我们管理层的做事风格。我们也是注重做实事，务实会比较多一点，这也是佛山企业的一个特性。但是我们在用人方面倒没有拘泥于本地地域性，是全国性的。

陈洪波（广东嘉腾机器人自动化有限公司副总裁）：

酒香不怕巷子深，我觉得能实打实为对方提供价值，他就会开绿色通道。就像我们评国家级专精特新"小巨人"，评上很难，可我们也就是把资料整理好交上去，国家就给评了，不但给评了，还给我们评了重点，就是5000家里面的五分之一，即1000家重点企业之一。

如果我们发展起来了，机器人发展起来了，佛山制造就起来了，中国制造就起来了。因为我们的企业家，不是拿"小米加步枪"跟人家打仗，都是拿着"飞机大炮"在跟人家打仗。

但是我们是很累的，因为我们的产品不是给老百姓的，所以累。我把奔驰整个工厂拿下来也就1000台，但是相比较来看，卖手机是以什么为单位？别讲手机，就是汽车都是以百万、十万为单位来定的，销量都是几十万台这样。所以我们心态要好，看着人家开奔驰就笑一笑："你的车是很好，但是你的方向盘是我的AGV拖上去的。"

再讲一个例子，航天器能批量生产吗？要不要搞？谁都知道"烧钱"，但必须得搞。为什么它那开关还要拿根棍子，为什么不用遥控？它一定要可靠。其实我们也是一样，希望能够提供更好的工具，但是如果我暂时给不了的时候，就要用工匠精神来支撑。假如这个人说没有什么工具，他就不干了，那这个人就不具备工匠精神。

所以说"用人之短，无可用之人，用人之长，人人皆可为我所用"，不但人是这样，企业也是这样，作为企业家，一定要知道自己企业的优点及缺点，要扬长避短，如果别人一说这个行业体量做不起来，然后就认为"算了，我不做了，搞房地产去"，那就完蛋了。

哪个行业都是有骨头有肥肉，挑肥拣瘦的能出什么成绩？我们要做的就是，如果上不了规模，就把它做成规模。做得像西门子一样，这才能够成就"中国的西门子"。否则别人吓一下，然后就跟西门子买，那永远都做不出来。

💬 **卢宇聪**（广东万和新电气股份有限公司董事长、总裁）：

当年就是我父亲带动研发，他也是其中一个创始人，也是其中一个工程师，工科出身。四个老板，三兄弟（卢有奇、卢楚隆、卢楚鹏），加上父亲的一个徒弟叶远璋，他们都是懂技术的，全是技术派。创办者因为有这种背景，非常重视整个发展过程中的自主研发，这就是基因。

💬 **卢楚隆**（广东万和新电气股份有限公司联合创始人）：

我去过全世界很多地方，除了没有商业价值的南极北极我没去，因为那里没有东西卖。对企业发展有利的事情我才做。全国我都跑遍了，只要是经济稍微发达的地方，我都去。我怎么推动市场发展？就是每件事都很认真地去做，一路都是靠着这个精神去做。金融、工艺创新、生产管理，做企业来来去去就这几样，日积月累反复地做，就是这么回事。怎么做好、做精、做细，就需要用这种精神鼓励自己。

说到韧性，这是肯定的。比如脉冲点火，怎么都打不着，或者一打就击穿，换了别人，不行就算了，从1.5伏到9000伏，反正都试过了。但是我们搞技术，就是"冇理由唔得"，就这种精神。这背后是什么？我是学哲学的，实际上靠的就是思考问题、发现问题、解决问题，这种自动自发的精神。毛主席教导过："我们是为着解决困难去工作、去斗争的。越是困难的地方越是要去，这才是好同志。"①

💬 **李新学**（广东万和新电气股份有限公司研发工程师）：

我们在公司跟老板之间也没有什么太多的上下级的界线，跟老板平时打招呼，也是叫隆哥、奇哥、鹏哥什么的，很亲切。万和所谓的"和文化"就是讲究和谐，所有的人之间有什么问题，普通的员工有什么问题，都可以找董事长，没有太严格的等级。

💬 **胡玲**（广东万和新电气股份有限公司工会主席）：

举一个例子，车间有一个女员工，得了尿毒症，需要换肾，女员工不好意思跟家人说，因为只有兄弟姐妹的肾可以换，隆哥就亲自带她去找医生，还亲自找她家人去做工作，就细到这样的程度。虽然后来她没换，也去世了。但从这里可以看出我们老板用他的关怀，以万和文化去感染我们身边的人。我是1994年21岁时进来的，到现在已经快50岁了，这种事情看得太多了，真的就是被当作家人的感觉。我觉得我们万和，还是有这么一种凝聚力。所以我觉得我自己也是一个万和文化的传递者，面对后面进来的那些小师弟、师妹们，我都希望用这种万和的"和文化"去感染他们。

佛山人真的是比较实在。这里的人，穿衣也好，谈吐也好，都是讲实话，不会太多废话。表面上看不出来，都是比较平易近人、低调和务实。老老实实做人，踏踏实实做事。并不是我一个人这样说的，是整个成长环境就是这样。整个大佛山地区都是这种氛围，包括经商从政，都是这种风格，是一个地区的文化

---

① 《关于重庆谈判（节选）》，载中共中央宣传部宣传教育局、中华人民共和国人事部政策法规司编：《毛泽东 邓小平 江泽民论为人民服务》，学习出版社1998年版，第44页。

习惯。

💬 **王丽娜**（广东溢达纺织有限公司企业传讯部高级经理）：

因为是家族企业，老板的父亲（注：溢达创始人杨元龙先生）、外祖父（注：蔡声白，"庚子赔款"首批留学生）、外祖父的岳父（注：莫觞清，上海民初"丝业大王"），很多代下来，一直都是实业家。以前都是在上海、湖州一带开丝绸厂的。他们有这种家国情怀，一直说要做实业，要做出很好的东西。

最开始建厂的时候，国内生产的都是低价的产品，那会儿日本产品是最好的。他就说，我们要做比得过日本的产品（注：20世纪80年代，香港的"纺织大王"杨元龙投资4亿多美元在广东佛山高明成立的溢达纺织，成为当时内地设备最新、收入最高的纺织企业）。为了从原材料开始把住一条线，把质量做好，超过日本人，所以决定到新疆种棉花（注：20世纪90年代现任董事长杨敏德全面接手溢达管理，挺进新疆，投资7亿多港元，建设现代化棉纺厂，涉足棉花种植，被称为"棉花公主"）。后来我们产业链慢慢地一直做下去，从棉种一直到最终成衣，包括纽扣、商标、包装袋，一应俱全。还有周边辅助的，印染、污水处理、超洁净排放的电厂、供电、供气等。

我们高管其实都不是纺织专业的，所以我们老板的战略高度很高，绝对不局限在纺织行业。因为她有麻省理工和哈佛的学位，一个是学士，一个是硕士。

20年前，当别的印染厂直接往江里偷排污水的时候，我们就开始做自己的污水处理厂了。我们国家近期提到的目标中，有一个是减少贫富差距，有一个是应对气候变化，早几年，我们就在讲了。我们说，要提升员工的技术，提升他们的收入，减少贫富差距，差不多概念是一样的。我们企业现在的碳达峰、碳中和的时间表，也是公开的，所以大家有一个很好的远景目标。

他们家的家族史，网上应该有报道。在中国大部分人不识字的时候，他们家已经有人开始留学了，然后一代一代这样传承下来，所以思维还是比较超前，格局比较大。那是他们几代人的努力，一开始就不是以资本家的身份去实现利润的，是为了改变行业、改变世界。

💬 **魏梅**（广东一方制药有限公司董事长）：

一方的发展其实是比较特殊的一个，因为它最早是广东省工程技术研究院的一个科研项目，就是国家给了6个科研院所做这个配方颗粒的科研项目，但是到最后，就是这一个研究所把这个产业做起来了。当时是里水镇政府投资，一方拿科技技术入股，占了51%的股份（现在来说，技术股是不能超过一半），当时创了国内技术股的一个先河。里水镇政府又批了近40亩地，给了500万资金，就在那块地上盖工厂。最初是一帮技术人员开始做这项工作，所以一方从基因上来说，就有这种工匠精神。它是从科研出发，然后做成产业的，所以一开始的思路，全部都是在技术上。

从1992年开始做规划，到1995年产品上市，走过了一个漫长的路程。到了2003年，销售额只有3000多万，实在是支撑不下去了。原先的投资公司觉得不挣钱，想套现退出，最后佛山市的柯达机电开始进入一方。从2003年3000万开始起步，去年我们做到了80个亿左右，是个很大的跨越。

柯达机电的老板，他也是一个科研型、技术型的人，因为他是西北大学毕业的高材生，在北京航空航天大学读的硕士。他虽然不是这个行业的，但是也是属于那种很综合性的人才，所以他对技术这一块，投入了大量的精力。他不是搞药业的，但是他能跟我们讨论技术问题，这让我觉得很惊讶。他也很努力，不懂的，也会听别人的意见。我进入一方的时候，他跟我谈的第一句话，让我一直铭记在心。他说："你是一个专业人士，我们是非专业人士，我希望我们能听到你专业人士的意见。"这个定位，让我觉得在这家公司里头，至少在我们一方里头，专业人士是有话语权的。我进入一方，能够从技术岗位开始，一步步走到今天这个位置，这跟一方对技术认可的文化，是密不可分的。

我是搞纯技术的人，我性格实际上不会揣摩领导的意思，不会按照领导的思维逻辑去说话，去表达意见。我只是按照技术的逻辑，一是一，二是二。即使拍桌子吵起来，我依然会坚持我的观点。因为我骨子里就觉得，搞技术的人如果没有这种"我只为技术说话"的劲头，不可能搞好技术。

我们进入中国中药控股之后，很多人也跟我说："在私企里头，老板还会觉得你为他创造价值，有可能会容忍你；但到了国药，一个央企之后，你这种性格是否能在控股里头生存下去？"所以他们看到我们的成长，也觉得一方还是蛮神奇的，就是从控股层面来说，也是一个很神奇的存在。

所以说，一方到底什么文化？从我自身的成长可以看到，我们中国中药控股以及我们一方的战略文化，它的基因就是对技术的尊重。每一个企业成功的背后，一定是有深层次的原因的。一方能够厚积而薄发，做到今天这样一个龙头老大的位置，和这一点密不可分。

💬 **宋科明**（中国联塑集团控股有限公司副总裁、总工程师）：

我们董事长直接管制造。董事长有一个对于制造的情怀，一个厂从规划用地，到基建、买设备、做产品，谈一些很细的技术问题，他都会去参与。他是非常细心的人，都会去跟得很细。

我们公司能够成长到今天，很重要的一个特点，就是董事长亲自抓生产、抓工厂，他个人非常喜欢做这些事情，也比较专注。很多时候不少企业可能就是过于注重商业模式，过于注重营销（当然这很重要，我们承认营销很重要），就容易出现一些"缺腿"的倾向，对长远发展会造成一些失误的。

💬 **杨志学**（中国联塑集团控股有限公司人力资源总监）：

我们的老板，我们的企业，都比较务实。我们总裁也曾经讲过，我们企业的精神、价值观是务实创新。最重要的是务实。所以我们不一定有什么金句经典，出来一定要让人震撼一下。但是我们会实实在在地做我们的产品。我们的联塑管道，没有用各种各样的所谓手段去抢占市场，而是靠我们的品质，而且价格绝对是和品质相适应的，性价比很高。我们老板曾经说过，如果客户不使用我们联塑的管道，说明他的管理肯定有问题。

我觉得这正反映了我们企业的价值观，就是务实。脚踏实地好好地做，这也算是一种工匠精神。

💬 **叶茂盛**（箭牌家居集团股份有限公司技改办主任，"佛山·大城工匠"）：

我们最主要是听我们老板的，他是定海神针，也是做技术出身，所以技术方面还是听他的。他有一个特点，你能说服他就行了，只要理由、依据做出来。关键是他亲自带，自己有感觉在这里，他一起参与进去，跟博士、跟教授一起讨论。他也是很放手，我们为什么选两个基地来PK，就是放手让他们自己来做，最后看结果。你不行，那人家行，你为什么不行？讲道理，讲结果，这样就有个竞争的机制，老板就只做裁判。

他是这个行业第一代工程师，佛陶集团的。退休了，60多岁了还带着研发团队。晚上批单子批到十一二点钟，周末都无休，还要去基地调研实际情况。其实这就是最核心的工匠精神。

我和贺总都是外地人，我们为什么在公司这平台上做了这么长时间，第一个就是遇到很支持我们想法的老板，我们可以学以致用，公司也很容纳我们犯错误。有时候我们开发，几百万砸下去，没有就没有了。在其他公司，如果这样做，就很容易让卷铺盖走人。我以前在一家厦门企业，公司投入做研发，我在那里半年多，从日本到韩国到美国的设备，研究了一遍，结果没出来成果。老板觉得路线不对，觉得我没有产生价值，谈崩了就散了。

在这里的话，如果技术路线不对，我们一起去调整。甚至老板自己带着出去参观学习。包括有些异想天开的想法，直接就是老板提出来的。比如，当时设计喷釉机器人，加压不稳，六轴机器人加个四伏电机，转来转去，很复杂。他说："不如我们从大到小就直来直去，结构又简单，价格又便宜。"这个思路，大家原来是想也不敢想的。

💬 **贺利明**（箭牌家居集团股份有限公司装备部总监，"佛山·大城工匠"）：

在做喷釉机器人这个过程中的重大改变，还真是我们老板的一些突发奇想。当时大家一开始的想法，也是国内主流的思路，包括他们博士团队都是这样认为，就通过离线编程、三维仿真来实现。但是怎么干，都不成功。

因为靠固定编程来处理，要求产品是标准的，原料是标准的，喷涂工艺都能控制住。但是实际上产品的标准性、用料的标准性、产品的干湿度，还有我们的釉料，甚至连个压力，国内的连泵都控制不住，油压也控制不住，存在很多问题。那时候搞了两年多，真的差点放弃了。

老板突发奇想，能不能把人工操作拍下来，然后让机器跟着干。现在很多协作技能都出来了，但那时候，国内还没有这个概念，没有这个技术，国内都没有什么协作机器人。之后，问题就一个个得以解决。比如注浆，以往外国人是用一个比例阀，用一个隔离的洞，技术非常先进。国内没有，买也很贵。我们老板就提出，直接把它放到楼上，利用它的自重压力，就非常稳定。我们再研究怎么做比例控制，搞什么模拟量都搞不定，他自己又亲自下场，去做"运动员"。

这是很重要的事情，代表当代的匠人那种开放的、不断探索改进的心态。这种氛围，成为公司工匠文化基因的一个很重要的部分。

💬 **谭刘宝**（佛山电器照明股份有限公司人力资源部部长、工会主席）：

佛山照明在1958年成立，当时中华人民共和国成立不久，还不到10年，也是我国大力促发展的时候。全国同期起步做灯泡的可能有30多家，基本上每个省都有一个灯泡厂。现在仅存那么两三家，其他的都转行了，我觉得还是浮躁的问题。

佛山照明一直坚守和专注在照明行业，没去费心做其他事。同时我们也有一帮工匠，不断地去提升我们的产品品质，所以一直以来在行业里面品质口碑非常好。

传统制造业时期企业是技术引领的，技术角色在国企的地位肯定是高的。当时我们从全国各地招了不少的人才，包括宝鸡灯泡厂等很多厂，调了很多人过来，但都不是企业行为。从1958年到2006年都是国企，1993年虽然上市了，但佛山市政府是大股东，还是国企。2006年到2015年，那段时间是民营了。到了民营的时候，可能为了要业绩，会有销售导向。民企有它自己的想法，不一定按照国企要求来做。2015年，我们又开始重新进入了国企行列，现在我们这种国企，从上到下，国家的精神走到哪里，上级国资委都会配合落实。上级很重视工匠精神，现在也在逐步推进，这种精神又回来了。

基本上，我们的市场化走得比较早。也是因为我们在广东这个改革开放的前沿，接触到的观念比较新。我们前期投入比较大，通过香港引进台湾设备，2000年左右就引进来了，制造方面走得非常靠前，比较早。经营管理方面步子也比较大，因为当时面对国内企业，我们有很强的制造能力，上市之后，就输出技术去收购整合。我们一直以来都有做国际代工，也因为有比较好的设备，以及设备的技改，工人工艺技术也算业内不错的，所以我们的产品都做得很好。当时国际上照明就三大家——飞利浦、欧司朗、GE，我们做了其中两家的代工。

在这个过程中吸收到的经验，主要是管理方面的，应该是技术也有，因为要联合来做一些技术的实现。欧司朗在控股的过程中，技术层面他们没有参与，只是成品指标有一些很高的要求，比如技术指标、工艺要求，对我们有很规范的要求，在这个过程中我们就可以自我提升（注：欧司朗作为当时佛山照明外资大股东，也是当时全球拥有LED技术的少数厂商之一，并没有把技术授权给佛山照明，佛山照明经营者不得不远赴美国，谋求与普瑞斯公司的合作以获取技术）。

💬 **黄迪**（佛山电器照明股份有限公司研发中心智能项目研发负责人）：

国企的领导都是要轮岗的，基本上在一个行业都不会待太久，有任职年限规定。有些人还是会用管理的思维来领导，存在很多技术跟管理上的沟通障碍，我们技术人员要努力去找到互通的点。

企业技术研发的氛围，在不同资方背景下，是有变化的。如果从重视程度来讲，大家都很重视，因为研发其实是核心，对生存很重要。但是可能从制度层面来讲，国有更规范一些。更规范的是标准化，比较安全稳定，要能提供各种规范的资料文件，效率可能变低，但是风险也低。国有的话，基本面比较稳定，但是掌舵人变的话，风格也会有所差异。

💬 **庞俭兴**（佛山市高明福煌五金制品实业有限公司董事）：

父亲的师父叫梁永泰，之前在张槎铸造厂，该厂是一家乡镇企业，20世纪六七十年代做下水管，80年代做健身器材。1994年乡镇企业改制①，弟弟庞耀勇开五金厂和铸造厂合并，向厨具研发。我们在乐从租了十几亩地扩产，开始研发做珐琅厨具，刚开始两个月都没睡。我1990年入行，和弟弟一起打拼，对流程很熟悉，近年才转做财务。

原来做砂铸搪瓷，主要是外贸市场，90%出口，按客户标准定做。外贸主要是客户自己找来，没有经过代理，没有参加展会，直接挂在阿里巴巴，客户就找过来了。这行看似简单，其实很复杂、很辛苦，赚钱也不多，但不会亏，相当于搬运，所以很少人进入这一行。以前日本和德国都有，现在都已经机械化。

技术人员都比较稳定，很少流动。重要的核心技术，最尖端的部分，都掌握在家族成员手里。一个家族的成员各管一份，铸造是我，弟媳妇是搪瓷，每个环节，各自掌握。大家都是20多岁一起打拼的，一人一份。铸造讲究诀窍，经验和核心，是谁管谁知道，当事人才知道。外人只能知道一些不算核心的东西。

最核心部分就是家族成员，没有变过。家族新一代人加入，就是每个兄弟姐妹各出一个，比如姐姐的儿子、我的女儿。管理的都是家族的人，都是亲戚，有连带关系。20多年来，大家同心，待遇也OK，比较稳定。他们都买了房子，生根了，有祖孙三代都在厂里做的。

---

① 20世纪90年代开始，全国乡镇企业进行承包责任制和股份制改革。

同时，还会招一部分管理人员，很多是旧厂跟过来的。也会吸收新鲜血液，高薪招新人进来，我们带一段。现在，我们大部分都退居二线，都已经带出来了。核心人员管大头，配方、操作搞不定，才找我们。

💬 **李宏爽**（蒙娜丽莎集团股份有限公司一级技师、全国建材岗位技术能手）：

我是1998年进来这个厂的，就在转制那一年。进来之后，感觉上到老板，下到基层的人员，都很包容、很和睦。刚入行做徒弟，师父付出都是比较多的。他们对一个新人的帮带也好，其他各方面也好，都没有排斥。一路走下来，我从一个普通电工，到电器主管，就是利用下班时间去提高，不断增加自己的知识面，也参与了公司的很多方面的改造，还有其他基地的建造督查。

24年来，见证了公司的一路发展。比如说储胚，从最开始的人手半自动的拣砖机，到升降式储胚，到一个机械人多功能的拣砖储胚，已经起码有五代。老板一个点子，我们底下的人都齐心协力，把这个点子落地。感觉公司团结、包容，对新鲜事物有开放性，老板也很有战略眼光。我有幸能在这个公司里面不断成长。

💬 **张旗康**（蒙娜丽莎集团股份有限公司董事、董事会秘书）：

我们讲一方水土养一方人，这句话我是比较认同的。佛山这块沃土，从我们的政府到社会各界都有一种包容的精神，都有一种拼搏的"龙狮精神"，敢为天下先的精神。为什么谈改革开放以来佛山经济发展，会谈到邓小平的"猫论"——"不管黑猫白猫，捉到老鼠就是好猫"？溯源改革开放以来佛山的发展，就是对"猫论"的一个正确认知。也就是说，我们不触碰国家法规法律的底线，在这个前提下，放手去做。当时国家对工厂实行单线包税制，我们5000万以下成立一个厂，把产线做宽做长，订单满满，供不应求，很快发展起来，这得益于政策指引。

佛山工匠文化的基因，就在一代又一代企业创始人和继任者中传承；佛山的工匠精神，也在他们带领的企业前行中发扬光大。

3

参加访谈企业概况、工匠事迹与人才保育措施

美的集团股份有限公司

一、企业概况

美的集团股份有限公司（简称美的集团、美的）从1968年创办，经过54年的发展，成为一家覆盖智能家居、楼宇科技、工业技术、机器人与自动化和数字化创新业务五大业务板块的全球化科技集团。2021年，集团实现营业总收入3434亿元，首次突破3000亿元；实现净利润290亿元。连续7年进入《财富》世界500强（2022年排名第245位）、福布斯全球企业2000强榜单（2022年排名全球第183位）。

过去5年研发资金近500亿元，形成美的、小天鹅、华凌、COLMO、库卡、威灵、合康、高创、万东和菱王等多个品牌组合，迄今，美的集团在全球拥有约16万名员工、200家子公司、35个研发中心和35个主要生产基地，业务覆盖200多个国家和地区，每年为全球超过4亿用户、各领域的重要客户与战略合作伙伴提供满意的产品和服务。

美的集团从1968年何享健先生带领23位顺德北滘居民，筹集5000元开始创业，到1992年进行股份制改革，次年在深交所上市，成为中国第一家由乡镇企业改组而成，并拥有现代管理体制的上市公司。

从1988年销售额突破1亿元，到1998年全球营收超过50亿元，到2010年销售额

▍美的微波炉顺德工厂

▍库卡顺德制造基地

▍洗碗机产品工艺培训

精益制造培训

突破1000亿元，美的集团一直保持持续加速度的发展。2011年，美的集团开启新一轮改革转型，次年美的集团创始人何享健先生退出董事会，方洪波先生接任为新董事长。2013年，美的集团实现整体上市。2016年，分别收购东芝家电与意大利中央空调企业Clivet80%的股权。2017年，收购德国库卡机器人公司94.55%的股份，以及以色列高创公司79.37%的股份，正式进入机器人与自动化行业。

2020年，美的集团业务架构及战略主轴升级，围绕"科技领先、数智驱动、用户直达、全球突破"四大战略主轴，构建研发规模优势，加大对核心、前沿技术的布局和投入；通过全面数字化、全面智能化，内部提升效率，外部紧抓用户；与用户直接联系互动，重塑产品服务及业务模式；在重点区域寻求市场、渠道和商业模式等维度突破，服务全球用户，实现"科技尽善、生活尽美"的企业愿景。

美的全球创新

美的，秉承"要么第一，要么唯一"，持续加强研发投入，布局全球优势研发资源，构建六大研发中心，涵盖33个研究领域，形成从共性基础技术到个性化关键技术的技术图谱。近五年来，研发投入达500亿元，研发人员数量超过1万人，授权专利数量7.7万件。授权发明专利连续四年位居家电行业第一。美的通过跨界融合、人工智能、数字仿真上的技术突破，不断创新升级产品，积极推动行业发展。

美的集团构建起"2+4+N"全球化研发体系和网络，以研发规模优势，布局前沿技术。美的以从先行研究到产品开发的四级研发体系，在11个国家建立35个研发中心的网络（其中海外研发中心18个），建立全球研发布局。通过整合研发资源，加速技术研究，实现本土化开发；加强对外合作，深化战略项目研究，整合全球优势技术资源，形成了美的独具特色的开放式三位一体的创新体系，实现全球融智的开放式创新。

近三年发明专利超过3000项，获得127项国际领先的成果鉴定，参加国家、国际行业等标准600多项。拥有210项国家及省部级的奖励，先后获得国家科学技术进步奖、国家技术发明奖、中国专利奖等殊荣。

美的智能制造

美的集团在多个产品系列已是全球重要的制造商之一，至2022年底，拥有全球生产基地35个，国内机器人应用数量4550台，国内制造自动化率达51.2%。

美的集团通过MBS、自动化和信息化打造智能制造工厂。美的精益业务系统MBS是美的集团独有的，以拉动为主轴，以战略部署、人才育成和日常管理为核心的精益管理体系。作为一种业务模式，为美的智能制造打下坚实的精益基础的同时，专注于提升全价值链的卓越运营效率，致力于为全球客户提供高品质、短交期、低成本的产品和服务。

同时以独创"T+3"业务模型，依托数字化深化，沉淀统一的方法论、固化成熟的业务流程，实现全链路动态可视，构建全价值链的协同推广的商业模式。从客户下单的第一阶段（T0），到备料（T1）、制作产品（T2）、发货（T3），全流程交期12天。

"T+3"业务模式，通过聚焦终端用户的实际需求，快速满足市场差异化、定制化需求，推动全价值链业务变革，提升和建设世界级水平的制造能力和系统。

数字时代的美的

2022年福布斯中国和中国电子商会联合发布了"2022中国数字经济100强"，美的集团凭借在数字经济领域中的综合实力位列第六（前面五位依次为腾讯、阿里巴巴、中国移动、京东和中国电信）。今日的美的，已经不是过往人们心目中的家电企业，而是中国数字经济的深度参与者和引领者。

十年转型，变革加"数"

聚焦中国制造业企业可持续发展问题，美的集团坚定不移发展数字经济，早在2012年便开启了数字化转型，提出"三个一"战略，并基于该战略启动了数字化1.0项目，经过三年探索实践，逐步将集团所有事业部的流程、数据、系统进行统一。

此后，美的集团不间断地引入大数据、移动化、智能制造相关技术，至2016年启动了数字化2.0项目，打造出基于数据驱动的客户定制的能力。2018年启动工业互联网试点项目，打造出了集"制造业知识、软件、硬件"三位一体的美擎工业互联网平台。

2020年，美的集团重新确立了新的数字化转型战略，即"全面数字化、全面智能化"。在内部，通过数字化技术提升企业效率，实现从前端的营销到研发，到供应链，制造、品质、物流以及后端服务的数字化转型，达成全价值链透明化运营；在外部，通过数字化工具紧紧抓住用户，打造高度人性化的用户体验。与此同时，美的集团响应国家"新基建"的号召，将5G技术与美的工业互联网相融合，从而加快美的集团数字化、网络化、智能化的发展，使得美的集团的全价值链效率得到更大的提升。

随着人工智能和数字技术的出现与深入应用，2022年，美的集团在"数智驱动"战略的牵引下，发布"数字美的2025"战略，从业务数字化、数据业务化、数字技术、AIoT（人工智能物联网）化以及数字创新五个方面提出新目标：业务数字化，建设DTC数字平台，业务在线化要达到100%；数据业务化，数字驱动运营达到70%，智能化决策要做到40%，核心指标体系是现在的10倍；数字技术保持行业领先优势，将数字决策技术与业务完全融合，物联网中台达到10亿级连接能力；AIoT化，智能家居做到全球行业首选；发展数字创新业务，孵化1—2家上市公司。

升级存量，创造增量

2022年，美的集团重新定位五大业务板块，从智能家居到工业技术、楼宇科技、机器人与自动化及数字化创新业务，ToC（面向个人）和ToB（面向企业）业务并重发展。在专注ToC业务"数一战略"的存量升级的同时，面向ToB业务转型实现增量创造，坚定点燃"第二引擎"。着力发展机器人与自动化、楼宇科技、能源管理、智能出行等核心B端（企业端）业务，不断推动安得智联、美云智数、万东医疗以及美智光电等数字化创新业务的转型升级。

"5全5数"，管理标杆

2022年，美的集团以"5全5数"智能质量管理模式，获得了制造业类别的中国质量奖，成为广东省唯一一家入选该奖项正奖的企业，实现了佛山市企业在中国质量奖领域零的突破。

"5全"强调战略思想，突出全球视野和全价值链管理，包括全球用户共创、全球平台群开发、全价值链"T+3"运营、全球联合管理和全系统632①。它贯穿企划、研发、制造、销售、服务等各环节，对全价值链赋能，构建高效协同发展新格局，满足全球市场外在需求。

"5数"则是通过数字化、智能化提升运营质量，包括数智企划、数智研发、数智制造、数智营销、数智服务，围绕用户需求（ToC）、企业需求（ToB）、社会需求（ToS），创新管理模式，打造全价值链智能化质量管理，为高质量发展提供创新管理的"标杆"。

通过实施"5全5数"的智能质量管理模式，美的对内以全球联合管理的方式，在34个基地复制推广，未来三年近70%的工厂要达到"灯塔工厂"的水平；对外、对上下游5000多家供应商做管理输出，打造上下游的数字产业链，通过美云智数输出服务，将数字化转型经验应用于40多个细分行业300多家企业，构建产业互利共赢的生态。以先进技术、成功经验赋能产业发展，促进新一代信息技术与实体经济的深度融合，在产业数字化和智能制造领域持续为社会创造价值，为中国数字经济及中国制造增添"新引擎"。

二、工匠介绍

◇ 李金波

李金波，1975年出生于广西北流，教授级高工，中国制冷学会资深工程师；第十三届全国人大代表，全国劳动模范，享受国务院特殊津贴。"庆祝中华人民共和国成立70周年"纪念章获得者；荣获国家科技进步二等奖，并入选国家百千万人才工程；被联合国授予"为保护臭氧层做出宝贵贡献和努力"个人。现任美

第十三届全国人大代表、全国劳动模范、美的集团家用空调事业部创新研究院主任李金波

---

① 所谓"632"，就是6个运营系统——PLM（产品生命周期管理）、ERP、APS（高级计划与排程）、MES（制造执行系统）、SRM（供应商关系管理）、CRM（客户关系管理），3个管理平台——BI（商业智能）、FMS（财务管理系统）、HRMS（人力资源管理系统），2个技术平台——MIP（美的信息门户）、MDP（美的开发平台）。也就是说，所有事业部都必须采用同样的运营系统、管理平台和技术平台，确保一致性。

的集团家用空调事业部创新研究院主任，是美的制冷技术领军人才。

与美的同行20余年，技术研发帮增益

2000年本科毕业后，李金波一直在美的空调技术研发中心从事空调器的制冷系统和材料研发工作，在工作过程中，其充分发挥专业技术特长，积极研究新技术并实现产业化，在节能减排、降低生产成本方面，作出积极贡献，取得显著经济效益，2009—2011年实现增加经济效益3.05亿元。

2003年开始，李金波着手研究小管径换热器，研究小管径内螺纹铜管在家用空调上的应用。该项研究主要是验证其在美的空调上的可行性以及设计出自主知识产权的翅片。李金波发现$\phi 5$管径换热器是一种很有应用前途的换热器，随后，美的大力投入了相应设备生产$\phi 5$管径换热器，提高产品的技术含量、成本优势与竞争力，并且成为国内应用该技术最成熟的企业。

2005年，李金波出任EVI一级能效柜机的性能负责人，经过努力探索，他创新性应用一种新型系统设计方法来提升能效比，该项技术的水平属于国内领先水平，申请并获得了国家实用新型专利。

2007年8月后，李金波进入开发部门，主要负责变频空调以及定速高能效分体机开发。在设计新一代二级能效的空调器中，他成功引入新型平片换热器，在保证性能的情况下，使生产成本显著下降，为2009年国标能效切换打下了坚实的技术基础。

他拿下了中国第一张变频节能证书

经过团队的努力，美的2008年新产品C系列获得了中国第一张变频节能证书，季节能效比（SEER）达到当时国内最高水平。2010年组织开发的D系列变频空调器，SEER再次刷新纪录，26机的最小功率只有40W，最大制热量达到7100W，成为中国最抢眼的明星产品之一。

除了研发，李金波在参与修订GB/T 7725—2022和GB 21455—2019工作中，深入提供了相关的测试数据、方案建议，为标准修订提供了依据。据了解，在参与每一次的标准修订会议中，李金波提出的相关建议与意见，均被收纳到标准中，美的也成为该标准修订的副组长单位。

在开展项目过程中，从无到有，组织多次培训，在公司内部积极"传帮带"培养了多位变频开发的性能工程师，并完成对售后关于变频技术性能方面的

培训。

在2011—2012年度中，李金波主持攻关团队，成功取得变频空调四大核心技术的突破，在使用过程中更进一步体现变频空调器的节能效果，在典型的睡眠时间8小时内耗电量只需要1度电，关键创新技术的研制成功，也大大提升了空调器的技术含量。

基于在技术上的突破和贡献，李金波在2008年被评为美的集团"十大科技明星"，2009年被评为国内空调事业部的突出贡献奖，多次获得中国轻工业联合会、国家知识产权局、中国制冷学会以及广东省、佛山市、顺德区等各部委和各级政府的科技奖励。

工作期间，李金波在空调核心部件、控制和制冷系统取得实质性创新，在超低功耗待机技术，实现待机功耗0.1W，荣获国家科学技术进步奖二等奖（排名第1）。另围绕空调器节能、智能、健康、舒适等关键技术进行研究开发，相关成果有10余项被鉴定为国际领先。累计至今，共申请发明专利407项，获得国家、省市及行业科技进步奖32项，主持和参与制定国家标准2项、地方及团体标准5项，发表SCI、EI论文6篇。

◇ 刘玉龙

【获得荣誉】

2009年获得美的集团"科技标兵"称号

2018年获得美的集团"50周年50人—优秀工匠"称号

2019年获得美的集团"科技明星"称号

2020年获得美的集团"百强讲师称号"

刘玉龙，2006年加入美的，工作16载；现任美的集团厨房和热水事业部工艺研究院院长。

刘玉龙加入美的后，于困难中前行，磨砺

2019年美的集团"科技明星"称号获得者、美的集团厨房和热水事业部工艺研究院院长刘玉龙

中成长，在过去的16个春秋持续坚持在美的制造一线，长期奋战在工艺技术研究领域，是美的工艺技术优秀人才代表。主要开展整机和零部件加工过程中，智能化、数字化、少人化、绿色工艺等方面技术的研究，以及人才队伍建设及培养相

关工作推进。

与美的同行16余年，宝剑锋从磨砺出

2006年加入美的后，加入家用空调顺德工厂工程部，成为主要负责出口产品的产品技术工程师，先后成功转化量产新产品项目60多个，为了满足客户的高品质要求，经常通宵达旦，优化设计，反复推敲和验证，最终赢得了海外大客户的信赖和称赞，任职期间导入的新产品，生产订单多达200多万台。

2017年加入美的厨房和热水事业部，担任产品技术经理岗位。负责洗碗机产品的新品导入、产品改善、工艺降本等工作。任职期间通过周密规划和准确实施，带领团队真扎实干，将新品量产直通率两年提高10%，减人提效150人/年，工艺降本年度达成4000万/年。

2019年，筹建事业部工艺研究院，从零做起，选场地、引入人才、建管理体系、梳理关键技术、立项和实施，实现减人提效800人/年，降本6000万/年，合计实现收益1.2亿；主导实施多项绿色工艺技术推进，如注塑免喷涂、钣金免喷涂、低温丝印、搪瓷技术替代等关键项目，实现了对竞争对手的超越。

除了是个好工匠，更是一位好教练

工作多年仍然记得刚加入美的时师父的教导，感恩的同时，更是把师父的接力棒接了过来，工作16年带过的徒弟多达21人，有多位已经是美的技术骨干和部门负责人；年均讲课超过60小时，授课范围在1500人/年，在公司内部同事们都叫他"卡特教练"，他也确实像电影《卡特教练》里的教练一样，把下属的成长看得比一切都重要。

◇ 郑立宇

2005年，郑立宇从华中科技大学热能与动力工程系毕业，加入美的集团，在旗下广东美芝制冷设备有限公司从事研发工作。从基层的压缩机开发助理到产品开发经理、产品开发部部长、美的集团机电事业部研发中心主任，现任美的集团机电事业群机电研究院副院长。

在压缩机前沿技术领域取得了诸多突破

2020年"佛山·大城工匠"荣誉称号获得者、美的集团机电事业群机电研究院副院长郑立宇

性成果，从压缩机行业技术的跟跑者跃升为领跑者。2020年，获得第三届"佛山·大城工匠"荣誉称号。

多年来，郑立宇主持过多个研发项目，其中主持的直流变频压缩机研发项目是他主导的首个重大研发项目。2010年施行了新的空调能效标准，对变频和定频空调能效标准各自分级，市面上多个品牌纷纷推广变频空调产品。然而，由于当时国内技术水平限制，变频空调的核心部件直流变频压缩机大多依靠进口。尽管当时美的与东芝合作开发直流变频压缩机，但产品噪音大，成本偏高，客户不买账。

郑立宇带领研发团队花了接近1年时间去研究市场上所有竞争对手的产品，研究日本变频压缩机技术，从中寻找解决办法。又耗时3个月，进行15次样品的迭代，超过200次试制，终于率先研发出国内首款变频变容高效压缩机。它实现了变频空调的单双缸双模运转，能力调节范围宽，低频运转效率高，制热能力强劲，使用舒适度好。与普通的定频压缩机产品相比，变频变容高效创新技术可帮助一台空调耗电量减少35%，每年减少二氧化碳排放量400千克。

就任机电事业部研发中心的主任之后，郑立宇参与搭建和管理一支学历层次高、工作经验丰富的1000人的研发队伍。通过重视引进和培养行业先进人才，进行深度的产学研合作，创立了多级别、多功能研发创新平台机构。他让每个人的能力得以充分施展、提升，以项目为导向，充分授权给项目经理，给予新人发展平台，前辈给予充分的帮助和指引，帮助新人建立信心，让大家通过自己的努力，设计出能够大卖的产品，这样才能够在研发工作中找到价值和乐趣，做一行，爱一行。

在他的带领下，团队实现了多项行业关键技术的突破。近年来他主导承担或督导的多个创新产品研究项目，包括喷气增焓压缩机、R290环保新冷媒压缩机、全能耦合压缩机、微型压缩机等。这些项目获得了很大的成功，指标达到了国际领先水平，GMCC压缩机被联合国授予"为保护臭氧层做出宝贵贡献和努力的杰出贡献单位"荣誉。先后申请专利125项，其中授权发明专利34项，授权实用专利52项，获2018年广东专利优秀奖。

作为劳模，郑立宇热爱本职工作，严谨做事，精益求精。他所工作的每一天，都对自己的岗位负责，对公司负责，他以高度认真的态度，把工作做到完美，真正对得起别人对他的信任。正是这种工匠品质，让他在自己的岗位发光发热，并影响到了周围的人。

他说："我理解工匠精神就是用心做好一件事，甚至愿意花一辈子时间钻研。让绿色节能、高效稳定的产品走进千家万户，为人们的美好生活出一分力。"

三、"育才引才标杆企业"之美的经验

2022年佛山首批"育才引才标杆企业"

多元化激励促人才与企业共同发展

人才成就事业，事业成就人才，人才与企业之间是一场双向奔赴。

作为《财富》世界五百强企业，美的集团股份有限公司对人才有着独具特色的引育用留举措。

在引才方面，美的集团成立了高端人才招聘团队，采用博士招聘专项、提前批项目、"美的星"毕业生项目等，广纳群贤。

在育才方面，美的集团每年投入不低于5亿元的经费打造各层级的专业能力和领导力培训体系，通过跨职群轮岗、竞聘、调动等方式，让内部机制"活起来"。

美的集团内部的"美的学苑"，为企业人才发展实践提供多样的平台支持。美的学苑下设领导力赋能中心、数智创新赋能中心、智能制造赋能中心、全球化赋能中心、新人赋能中心、通用力赋能中心，拥有专业的线上学习平台——美课，通过特色的学习课程和实用的学习功能，赋能全体美的员工及其生态圈伙伴。

"入学"的新员工可以参加入职培训与上岗培训；在职员工则可以参加领导力发展项目，后备及关键人才培养项目等。不定期的内外部岗位技能提升培训，为员工提升各项专业和通用能力提供了更好的机会。

在留才方面，美的集团制定了多元化的长短期激励结合机制，实施差异化多元激励模式，让人才与企业共同发展。此外，美的集团以长期激励、短期激励、弹性福利的薪酬管理机制，保障人才收入竞争力，其员工福利体系涵盖了"有保障、享工作、乐生活、爱家人、有关爱以及专题福利"六大板块，为员工及其家人提供全面的福利保障，每年员工福利投入达25亿元。这其中包括举办"中高考带薪陪伴假""假期旅游补贴""家有喜事""扶助基金""集体婚礼"等活动，增强员工对企业的认同感。

广东格兰仕集团有限公司

一、企业概况

广东格兰仕集团有限公司（简称格兰仕集团、格兰仕）是一家国际化综合性健康家电和智能家居解决方案提供商，是中国家电业具有广泛国际影响力的企业之一。自1978年创业以来，格兰仕一直专注在制造业创新发展，以综合领先的全产业链造福全球市场，与时俱进擦亮"中国制造"金字招牌。

2021年5月，随着邀约收购成功完成，格兰仕成员企业成为惠而浦（中国）股份有限公司的控股股东，融合百年创新平台与享誉全球的中国制造，凝聚多品牌资源优势，以更加系统的全屋智能家电和健康生活解决方案，响应新时代高质量发展需求，推动形成"双循环"新发展格局。

1992年，格兰仕从一台微波炉开始书写家电传奇，让微波炉从奢侈品成为现代家庭的日常家电，带给全球千千万万的家庭"不食烟火，只享美味"的健康生活方式。截至2021年，在自2011年起发布的中国品牌力指数SM（C-BPI®）排名中，格兰仕连年保持微波炉行业品牌力第一名。

近十年，格兰仕从微波炉制造企业向综合性白色家电集团转变，同时融合先发的全产业链智能制造和Galanz+智慧家居优势，加快从传统制造业向数字科技型企业转型。

针对智能家居碎片化、安全性、高成本等问题，格兰仕致力于站在行业发展潮头，从硬件、软件、能源多方面着力，集成开源芯片、边缘计算等核心关键技术，致力于为全球用户提供一个真正的物联网解决方案，稳健推进Galanz+智慧家居生态体系建设和AIoT（人工智能物联网）科技产业化。

2019年，格兰仕发布其首款自主物联网家电芯片"BF-细滘"，成为实现反向定制专属芯片的家电企业。高效、安全、可定制、低成本，这四大优势是物联网时代格兰仕保持创新发展的四大支柱。

发展"中国芯"，格兰仕更看重开源芯片生态的建设。格兰仕发起成立"中国芯"开源芯片生态合作联盟。格兰仕积极发挥品牌牵引和产业带动作用，整合全社会、全世界多种优势资源，助力顺德打造出一个真正属于中国的世界级芯片生态链。

立足新发展阶段，贯彻新发展理念，科技创新是格兰仕坚定的战略方向。在5G万物互联时代，格兰仕要在全球技术高地中把握主导地位，聚焦解决制造业"卡脖子"的问题。

格兰仕智造

格兰仕掌握白色家电的核心技术和核心自我配套能力，致力于融合行业一流装备和世界一流人才，自主研发，自我配套，全产业链智能制造，向世界传递出效率领先的"中国智造"新名片，致力于打造高质量发展标杆。

2020年开始，格兰仕以全产业链智能制造，致力于建设世界领先的芯片产业生态圈和Galanz+智慧家居生态体系为特色，推进数字化转型的愿景实现。

2020年4月28日，格兰仕顺德工业4.0基地正式量产。该基地在一间20多年的老厂房中建成，每条生产线17个机器人，单线每6.7秒就能下线一台产品，生产效率是传统制造模式的9倍。全线生产过程通过云端数字化管控，实现柔性定制化生产，满足全球多样化需求，生产精度达到0.1毫米，创造智能制造新名片。

格兰仕成员企业是国家高新技术企业，国家两化融合示范企业。除了在顺德总部设有价值创新中心、信息技术中心、家电技术研发中心，拥有国家或国际认可的实验室，格兰仕还在深圳、南京、杭州等地设立了研发创新中心，在日本设立了研发中心，在众多发达国家市场与当地专业科研机构、知名企业研发中心建立了广泛的伙伴关系。

格兰仕中山厂区全景照

格兰仕工业4.0基地

格兰仕微波炉自动化生产线

格兰仕集团董事长梁昭贤荣获2021年佛山市劳动模范

格兰仕品牌

格兰仕是第一批"走出去"的中国家电品牌企业。截止到2020年，格兰仕在美国、加拿大、智利、英国、俄罗斯、德国、日本等国家和地区成立了子公司。格兰仕品牌在全球150多个国家和地区注册。格兰仕产品和服务从中国广东供应到全球近200个国家和地区。

适应不同国家和地区的文化价值特征，格兰仕面向全球实施多品牌战略，除了Galanz，还有Yamatsu、Almison、Willz、EatChu等多个自主品牌。

今天的格兰仕，围绕"多品牌、全品类、全渠道、全方位"战略，匠心研制微波炉、电蒸炉、蒸烤箱、微蒸烤一体机、烤箱、空气消毒机、空调、冰箱、洗衣机、洗碗机、电饭煲、破壁机、热水器、燃气灶、油烟机等精品电器，提供一站式全屋健康家居解决方案。

通过供应高效、安全、健康、环保的家电科技产品和服务，构建简单有趣、万物互联的Galanz+智慧家居，格兰仕致力于把可持续的健康生活方式带到世界各地。

二、工匠介绍

◇ 黄醒民

【获得荣誉】

2016年获得"佛山·大城工匠"荣誉称号

2015—2016年获评佛山市青年建功立业先进个人

2018年获得广东省五一劳动奖章

2020年获评广东省劳动模范

黄醒民，格兰仕集团生活电器制造部烹调测试工程师，微波炉研发部烹调测试组组长。2007年加入格兰仕，从事厨房电器产品烹饪性能测试工作十多年，积极投身于新产品的研究与开发。他参与设计研发的"格兰仕i双变频微波炉"作为世界首台双

2016"佛山·大城工匠"、2018年、2020年广东省五一劳动奖章获得者，格兰仕集团微波炉研发部烹调测试组组长黄醒民

变频微波炉，获2014德国工业设计顶级大奖"红点奖"。

黄醒民，一个积极向上、热爱工作、热爱生活的"80后"精神小伙。2007年，他从武汉商业服务学院西餐工艺专业毕业，首先回到家乡，在一间五星级酒店当厨工。无意之中，一名大学同学推荐他加入格兰仕，开始了食物烹调测试工作。他是一名"吃货"，懂吃爱做爱分享，再加上出身理科，对电器及其相关原理较为熟悉，在岗位上很快熟练上手。

2008年，加入公司还不到一年的他，就根据微波炉的加热特性，结合自己所掌握的知识，大胆向公司提出微波炉产业和微波方便食品结合开发的想法。2012年，黄醒民向公司提出制作一种新的微波炉器皿，由玻璃、不锈钢作为材料，避免食物出现脱水、蒸干等情况，改变微波炉的单一使用习惯。从说明结构构思，到外观设计、测试评估、量产，整个过程他都参与其中，反复测试论证。

埋头测试制作烹饪食谱指南

为推广微波炉烹饪方式及方便消费者，黄醒民作为专业烹饪工程师参与了微波炉烹调教学书籍《食尚微波美食精烹饪》的编写，夜以继日地在实验室埋头测试、品尝，在充分利用微波炉炖、烤、煮、蒸、煎等烹饪功能基础上，完成108道四季流行且涵盖范围广泛的时令微波美食烹饪食谱及方法。并从2012年起，在每年各大家电博览会、广交会等现场进行产品的烹饪制作演示，备受好评。

独创研发斩获世界大奖

2011年，黄醒民和团队就提出了将"微波与光波"合并输出的想法，这是格兰仕i系列微波炉的雏形。作为双变频微波炉，它的特点就是允许"微波及光波"单独或同时输出。为了探索双模变频的黄金比例，在烧烤测试时，他们两年里共烤制了6000份烤鸡。终于在团队的共同努力下，格兰仕i系列微波炉加热效率站在了世界之巅。国家级实验室测试数据显示，其加热效率提升50%，最多可省时30%。2014年，"格兰仕i双变频微波炉"作为世界首台双变频微波炉，在全球55个国家的4600余件产品中脱颖而出，斩获德国工业设计顶级大奖——红点奖。

从"烤鸡达人"变身"烘培达人"

双变频微波炉的研发，让黄醒民得了一个"烤鸡狂人"的绰号，而随着格兰仕研"微蒸烤"一体化机器的推出，他又变身为"烘培达人"。

如何把这3种功能很好地结合在一起又相互不影响，这一难题就交到了黄醒民团队手中。他们的工作从每天烤鸡转为每天烤饼干，用了3个月时间，攻克了"烤"的热风循环课题。随着研究转到"蒸"的领域，为了做出更鲜美的口感，黄醒民又开始琢磨低温蒸煮。

"面团的发酵温度应该控制在30℃至40℃；90℃时，蒸出的鱼最鲜美……"保证低温还要保证温度恒定，对于这一行业未曾攻破的难题，黄醒民又发起了新的挑战。

从智能烹饪到玩转美食粉丝圈

从"烤"到"蒸"，黄醒民和团队的努力，只为打造最"智能"的机器，让用户一键按下去，色香味俱全的美味菜肴就能香喷喷"出炉"。

目前格兰仕的云菜单上，已经搭载了88个菜谱。烹饪前，用户只需从手机上下载菜谱，传至内置WiFi的微蒸烤一体机上，即可享受不同品种的菜式，这些都是格兰仕打造"G+"智慧家居生态系统的一部分。

为了更好的制造，格兰仕将自己与用户更紧密联系在一起。格兰仕建立起中国家电业第一个粉丝群，把粉丝称呼为"西红柿"，将格兰仕每年两个重要节日设定为粉丝的狂欢节，并通过社区、论坛等网上平台与粉丝互动，进一步了解粉丝的需求。黄醒民在烘焙过程中会贴出自己的食谱和照片，与粉丝分享好的烘焙方式和经验；粉丝也会在使用机器后，上传自己的心得和体验，以供格兰仕进行下一步改良。

黄醒民说："我是测试工程师，同时也是一个消费者。不断给客户提供好的产品和体验，是我的使命和初心。"在他看来，荣誉不仅属于自己，更属于格兰仕，是格兰仕这个平台让他可以学以致用，尽情施展自己所长。

立足岗位、脚踏实地，干一行爱一行、钻一行精一行，黄醒民在平凡的事业中成就了不平凡的自己。

◇ 熊智康

【获得荣誉】

2018年获得全国五一劳动奖章

2018年获得"佛山·大城工匠"称号

熊智康，2000年进入格兰仕集团元器件车间工作，从普通工艺技术员成长为车间工艺质量副主任，现任电器配件制造部副总监兼元器件装配车间主任，格兰仕集团团委书记。他十几年专注于做好一只元器件，带领自动化研发团队，攻克多项技术难题，打造行业领先的自动化生产线。在他的带领下，元器件车间班组多次被广东省、全国轻工业协会评为质量信得过班组。

2018年全国五一劳动奖章、2018年"佛山·大城工匠"获得者、格兰仕集团电器配件制造部副总监熊智康

以严格标准提升产品质量

2000年，熊智康进入格兰仕集团元器件装配车间工作，从那时候开始，熊智康再也没有停止过对生产质量、效率和成本的优化。

一台微波炉涉及的核心元器件多达十几种，任何一个元器件失灵都将影响产品的质量。为打造零缺陷的质量体系，他要求整个车间以更加严苛的标准来提升元器件的可靠度。例如，微波炉在运转的过程中，定时器将长时间处于高温状态中。为降低定时器在高温环境下的失效率，熊智康带领技术人员改进产品结构和生产工艺。历经半年的技术攻关，通过一次次研发和模拟测试，定时器的失效率达到历史最低。通过在生产系统中启用力矩检测，对定时器的生产质量进行自检，剔除不合格产品，最大限度保障每个下线的定时器的合格率。

2003年，熊智康被提为车间副主任，主要推进产品质量的稳定和优化工艺。他主导的研发团队不断突破行业的技术难题，近五年他所在的车间每年的生产效率约提升15%，元器件一次性合格率从98%上升到99.5%以上。

推动自动化改造提质增效

熊智康入职时，格兰仕的微波炉产量已是全球领先。然而，微波炉元器件的生产、组装等工序仍然依靠人工作业。多年来，熊智康不停思考如何通过改进生产装备促进质量、效率的提升。他带领团队成功研发和应用微动开关生产线、罩极电机自动化生产线，打造行业领先的自动化生产项目。多年来熊智康主导参与的工艺攻关项目，节约工作人员超百人，他主管的车间生产效率平均增幅在15%以上。

在技术创新研发过程中，熊智康更是多方式调动员工的积极性。在熊智康的背后，有他的技术团队，更有整个车间的员工作支撑。在他的带动下，整个元器件车间早已形成"比学赶超"的氛围，对生产工艺和质量精益求精。在车间的墙面上，挂着"精益求精、争做工匠"的标语，车间装配室的一块看板上，清晰地列明了今年要推进的十余个自动化项目进度表。

"实干创新，永争先锋，是格兰仕的文化基因。在这样的氛围中，与众多优秀的同事同行，我很自然地会身体力行，踏踏实实地去付出。"熊智康这样说。

◇ 徐文华

【获得荣誉】

2019年获评佛山最美产业工人
2020年获评"佛山·大城工匠"
2021年获得广东省五一劳动奖章
2022年获得全国五一劳动奖章

2020年"佛山·大城工匠"、2021年广东省五一劳动奖章、2022年全国五一劳动奖章获得者，格兰仕集团生活电器制造部技术科科长徐文华

徐文华，2004年大学毕业入职格兰仕，从一名平面设计员，跨界成为格兰仕元老级的产品测评员，现任格兰仕集团有限公司生活电器制造部技术科科长，主要负责生活电器新品测试、包装设计、TC系统管理等工作。从平面设计到包装工程改良，再到如今参与技术管理，徐文华经历三次"跨界"发展，变化的是岗位，不变的是坚守产品品质高位标准的初心。

精益求精，当好质量把控守门员

"质量是企业的生命线，如果有瑕疵的产品流入市场，这对企业品牌的形象是致命性的打击。"产品测试贯穿开发环节的全过程，徐文华团队正是通过不停模拟消费者使用过程，对产品使用体验进行优化。

2016年，徐文华和团队对一款即将上市的电烤箱样品进行食品烹调测试，在测试中，发现这款电烤箱烤制出来的食物，常常会出现夹生。徐文华凭借多年的经验，判断是因为电烤箱两侧发热管距离太近导致温度不均匀，并提出调整建议。但由于临近上市，整改时间不足，且工程师认为不影响产品性能，因而提议未被采纳。

为说服工程师，保证产品达到最佳使用体验，徐文华"跨界"动手，自己改装电烤箱，在实验室加班加点，改装了26个不同发热管距离参数的电烤箱腔体，进行试验比对。最终，徐文华在上市前调试出最佳的发热管距离，用数据结果说服了工程师。该款电烤箱经调整后如期上市，获得消费者的极大欢迎，当年销售量高达30余万台。徐文华严谨的态度和对产品零瑕疵的坚持也让这名工程师刮目相看，两人最终成为好朋友。

新品测试耗时耗力，稍不留神，就很容易忽略掉细微的安全隐患。在一款多功能锅测试中，细心的徐文华注意到，使用多功能锅烹饪食物时，油污沾染到硅胶把手后，消费者用把手端起锅后，很容易因为手滑而使食物出现倾洒情况，造成安全事故。徐文华根据消费者的使用经历，将产品的硅胶把手改成固定式，降低食物倾洒风险，并根据亚洲、欧美消费者手掌大小，设计出不同标准的把手样。

跨界学习，力推佛山智造升级

在一次次的产品测评工作中，徐文华和团队形成了一整套量产前产品质量把控体系，创建标准化文件51份，申请相关实用新型专利2份，用"零缺陷"的标准化严格把关产品质量，助力擦亮"佛山制造"金字招牌。

"细节决定成败，劳模精神就是要认真对待每个细节，把每一件事做到'闭环'。"这种精益求精的态度，贯穿在徐文华的职业生涯。

大学毕业后，徐文华入职格兰仕，从事与专业对口的设计工作，主要负责生活电器包装工程设计。很快，徐文华发现了一个包装流程的缺陷，开启了他"跨界"之路："我们的纸箱大小不一，存在仓储管理难、编码数量多等问题。"他提议集中归类，按平台化、尺寸大小归类到贴纸上，用贴纸区分。

这一方案不仅降低了自动采购成本，也优化了公司的仓储和管理。当时，适逢公司发展需要，徐文华接到了设计技术管理系统的任务。"一开始遇到很多难题，比如那些代码，我完全不懂，也没有人教。"

虽然在技术领域是一张白纸，但作为行动派的徐文华始终坚信，办法总比困难多。在一周内，他"吃透"了1000多页的后台代码说明书，最终顺利完成这项工作，技术管理系统也得到工程师们的好评。

目前，格兰仕形成一套以产品体验测评小组为核心的量产前产品质量把控体系，徐文华是该小组组长。所有格兰仕研发出来的新品，量产前都要到产品体验测评小组开展产品外观、结构、附件等全面分析。此外，产品体验测评小组还拥有"一票否决权"，若产品存在安全隐患，小组可以通过行使该权利，来督促工程师改进产品。

在格兰仕的18年时间里，徐文华前后参与了236款产品的研发与量产。如今，随着生活电器的智能化变革，云食谱应运而生。此时，徐文华又主动担纲，带领团队根据不同品类产品定制出500多款云食谱，结合产品的使用发布在不同的平台上，现身为"烹饪达人"，助力企业以佛山"智造+美食"抢占市场先机。

三、格兰仕研发路

2021年是中国航天大年，我国航天事业已经进入了"空间站时代"。这一年的9月1号，中央电视台《开学第一课》，把课堂搬到了中国神十二的空间站。在这里，航天员们向孩子们展示了一台"独一无二"的航天微波炉。从当初的一个想法到如今"一步登天"，格兰仕历经了十年的研发挑战。

2011年，格兰仕董事长梁昭贤收到了中国航天中心发来的邀约，希望开发未来在空间站中使用的微波炉。在微波炉行业，格兰仕已经占据全球50%的市场份额，国外的品牌已经很难与格兰仕相抗衡。这个邀约对格兰仕来说既是一种荣誉，更是一种挑战。

格兰仕迅速组织抽调了8名研发主力全职从事航天微波炉的开发，另外配备20多人的团队进行辅助。负责人李工自2003年就加入格兰仕，主持开发过众多型号的产品，其中包括颠覆传统方形炉腔、充满现代感的UOVO圆形微波炉，但是这与此项目相比，都只能算是微创新。

额定电压、额定体积，还有额定重量，在完成微波炉固有功能之外，还要承受火箭发射的过程中的剧烈的加速度冲击，一句话，这是一个从材料到结构，每一个零部件都要另起炉灶重新开发的设计。这是在"螺蛳壳里做道场"，研发人员要像巧妇那样，掰着指头算能源、算重量、算体积，算这算那，对此，梁昭贤只有一个要求——不计成本。

闯关

第一个难点是失重状态下，食物会在烹饪箱里飘浮。就这么一个看着简单的细节，里面涉及众多材料和结构因素，而且要保证全食材的烹调快速均匀，花费了一年多时间才找到解决方案。

第二个攻克的难点是微波的干扰。虽然格兰仕的内控标准是每平方厘米不超过0.7毫瓦，远低于民用微波安全的国际标准5毫瓦，但因为微波频段与空间站WiFi恰巧一致，所以空间站要求是接近于零。从0.7毫瓦到几近0毫瓦，这个挑战就像珠峰登顶前的最后百米冲刺。

第三个难点是太空舱环境中的维护装卸，杜绝装拆过程中小零件在失重状态下飘浮。

即便上述难点都解决了，航天微波炉抗击在火箭发射的过程的高频振动，要在高于民用频率的6倍的2000Hz的振动实验台上"活"下来。而这个频率的震动，足以让市场上销售的任何一台微波炉的焊接点散脱。

为了加强强度，全部材料用航空铝合金一体成型，但又要费尽心思瘦身减磅。为减轻发射升空的冲击而定制的一件软包"外套"，也要经过振动测试，避免发生共振。还有很多充分考虑太空运输和使用场景的拉链、尼龙搭扣、拉手等细节。

从2013年第一台工程样机交付起，整个项目经过工程样机、初样设计阶段、初次模样阶段、结构热控件测试模拟阶段、数据传输模拟阶段、电性件阶段、鉴定件阶段，一路攻坚克难。终于在2019年10月，正样件样机交付，并通过航天中心专家的测试与评审。这便是出现在《开学第一课》中，由航天员们亲自"代言"的中国第一台航天微波炉的诞生历程。

如今，格兰仕在研发大楼专门辟出一间展厅，分门别类地存放着航天微波炉全套的零件和样机模型。格兰仕秉持"士不可以不弘毅，任重而道远"的精神，起步于筚路蓝缕，通过扎实的研发和科技积累，向高端制造迈进。

收获

开展空间站工程，从国家全产业链角度，可以极大地引领和带动多种前沿学科以及原材料、元器件、智能制造等多领域先进技术的发展，格兰仕参与到这段激动人心的前沿探索之旅中，也获得了宝贵的学习机会和经验。航天微波炉项目前后共申请了10项专利，包括磁控管、食物盒固定结构，微波搅拌器连接结构，防微波打火和泄漏的材料结构以及门体结构等。

格兰仕是一家敢于砸重金投研发、高度重视知识产权的企业。强调掌握核心技术的重要性，这是格兰仕的底色。

早年格兰仕起步做微波炉时，磁控管技术掌握在日本、韩国厂商的手中，为了解决这个"卡脖子"的技术问题，梁昭贤决定投入重金，立项自主研制磁控管，真诚感召一批国内专家和上游合作伙伴共同攻关。当时还有韩国厂商为此提醒格兰仕，说韩国三星投巨资做磁控管，三年无果，最后还是花重金请来日本的技术人员才解决问题。然而格兰仕磁控管项目立项于1999—2000年，到2004年便达到年产600多只的成绩，让韩日厂商大跌眼镜。

2011年格兰仕接下航天任务时，也将其视作公司成长的良机。他们把研制过程中学习到的方法论，应用在提升优化格兰仕的内部管理中。

对照航天工程中的开发方法，格兰仕对公司内部管理流程进行梳理，做出一个目视化的管理系统，新员工都要求按照优化过的流程进行培训。比如设计思想中的余量设计和"归零"处理，通过每个细节都充分考虑余量设计，大大提升产品的可靠性；设计中存在一些不确定的技术隐患，那就归零从头开始。

除了流程管理，格兰仕在工艺上也是收获良多。比如航天微波炉要在特定的环境下进行"盐雾试验"，要求整机在设计时所有的结构件进行零间隙配合，原材料表面进行烤漆、阳极氧化、表面喷砂导电氧化处理等，这些对格兰仕原有工艺都有很大促进。另外，通过结构设计提高热效率，这些思路也被借鉴到其他产品线中。

硕果

格兰仕在微蒸烤品类里已经做到全球领先，在微波炉单品领域又不断精进，用航天微波炉引领"无用"的创新，实则是在技术领域开疆拓土。

当企业的技术占据产业的制高点，才拥有品牌分层布局的话语权。2021年格兰仕集团在收购了惠而浦（中国）后，正式推出品牌战略升级计划。

在全新的品牌布局中，格兰仕推出全新品牌"易厨"，以格兰仕强大的家电全产业链和智能制造为依托，让不同圈层的消费者都能享受到健康便捷的烹饪体验。格兰仕全新发布有DR空气炸微波炉、RL微蒸烤一体机、高端嵌入式微蒸烤公爵系列、智能扫拖一体扫地机器人等产品；惠而浦（中国）推出"帝度"品牌，定位冰、洗、厨电等搭载核心健康科技的高品质家电产品，以创新科技、精益制造和节能高效的产品满足中国市场升级型的消费需求。

品牌战略升级的背后不但是技术的升级，更是由工业4.0撑起的精工制造。在格兰仕集团4.0基地的柔性化生产线，自动流水线完成焊接、拼接、组装的工序，每条生产线上有17个机器人，每6.7秒就能下线一个微波炉腔体，生产线由电脑数字化控制，可以瞬间切换不同的产品生产模式。

数字化智造生产，不仅体现在产线，更体现在从接单到出货的全流程。格兰仕通过自主研发的供应链系统供应商协同平台、制造执行系统等，形成了一个完善的工业物联网生态。通过数字赋能打通产业链的所有环节，一台微波炉从接到市场的订单到完成生产，过去需要20天以上，现在的流程可以缩短到7天，劳动效率提升了40%，订单交付期缩短了67%。

这个工业互联网平台对接上下游几千个供应商，通过生产、物流、库存等数据的共享，成为一个数字化的产业链体系。而且整个系统能够跟随整个大系统不断迭代、升级，使整个产业链可持续地共同成长。

广东东鹏控股股份有限公司 ▮

一、企业概况

广东东鹏控股股份有限公司（简称东鹏控股、东鹏）始创于1972年，是国内领先的整体家居解决方案提供商，拥有瓷砖、整装卫浴、整装家居、生态新材等业务，致力于向消费者提供舒适的空间解决方案、高品质的产品配置和人性化的真情服务。

除自有产品和服务外，东鹏控股还是意大利Rex、Cerim中国独家运营商，同时代理西班牙Grespania墙地砖，并于2014年收购德国高端卫浴品牌Innoci。

秉承"以此为生，精于此道"的企业精神，东鹏专注建陶行业40多年，曾于2013年香港主板挂牌上市，2016年私有化，2020年10月19日于深交所中小板挂牌上市，市值居建陶行业第一。

自创立以来，东鹏一直坚持创新是驱动发展的第一动力，立足生态链的差异化创新策略，在建立"六有"创新机制的基础上，驱动东鹏产品、技术工艺、经营管理等各领域的发展。累计投入建设了各类创新平台23个，参与起草瓷砖、卫浴等产品的国际、国家、行业、团体标准多达80余项。截至2022年9月4日，获得授权国家专利1421项，其中包括发明专利301项。填补多项行业技术空白，为行业可持续发展提供坚实的技术保障。连续九年荣登佛山市"专利富豪榜"，是获得专

东鹏控股总部大楼

2013年东鹏在香港主板挂牌上市，成为瓷砖行业首家香港上市企业

2020年东鹏成功登陆A股市场（股票代码003012），市值排名行业第一

利数量最多的建陶企业，并被认定为"国家知识产权优势企业"。

早在2015年，东鹏就着手建立建陶工业2025大数据平台，实现整体大家居的智能化、信息化、标准化制造。重视产品质量，严格按照国家标准、行业标准组织实施生产，先后通过ISO 9001质量管理体系认证、ISO 4001环境管理体系认证、国家强制性产品认证、中国环境标志产品认证、采用国际标准产品标准证书，获得"企业信用评价AAA级信用企业""行业标志性品牌"等荣誉。在全国共拥有十二大瓷砖、卫浴基地，是陶瓷行业先进制造示范企业、工业和信息化部第一批绿色工厂示范单位。凭借卓越的质量管理模式，荣获2022年第七届广东省政府质量奖，是建陶行业唯一获奖企业。

东鹏拥有庞大的营销网络和强大的产品品牌优势，在全国有近7000家经销网点，近800万用户，7000多个专卖店和网点，产品广泛应用于全球高端地标项目，如北京大兴机场、港珠澳大桥、泰国曼谷万豪酒店等。

东鹏在玻化砖、釉面砖、仿古砖、幕墙瓷板、洁具等陶瓷产品体系方面具有行业领先优势。在美、英、德、意等近60多个国家和地区注册国际商标，产品远销五大洲100多个国家和地区，代表中国陶瓷参加世界顶级陶瓷展会——意大利博洛尼亚展，以创新产品为中国赢得世界尊敬！

东鹏以"百年企业，世界东鹏"为愿景，以"融合科技与艺术，缔造美好人居，让中国陶瓷受世界尊敬"为使命，以"用户至上，价值导向、诚信、担当、协同、创新"为核心的企业价值观，致力为广大消费者提供高品质的绿色、健康、美好的人居生活体验，为中国打造一个世界级知名陶瓷品牌而不断努力奋斗。

企业领航人何新明

何新明，1955年生，梅州兴宁人，华南理工大学毕业，高级工程师，广东东鹏控股股份有限公司董事长。1981年大学毕业至今，何新明专注陶瓷40余载，秉承"以此为生，精于此道"的工匠精神，在改革开放的大潮中砥砺前行。他脚踏实地，勤勤恳恳，从一名基层技术员做到厂长；他曾身陷绝境，永不放弃，从负债1.4亿元开始艰苦二次创业；他高举品牌和

"中国家居产业十大领袖人物"、"佛山·大城企业家"获得者，广东东鹏控股股份有限公司董事长何新明

创新的大旗，在激烈的市场竞争中突出重围，带领东鹏发展壮大，成为家喻户晓的建陶领军企业，书写了一段民族企业家的传奇故事。

何新明连续五年荣获"中国陶瓷行业风云人物"，先后获得"中国家居产业十大领袖人物"、"中国改革开放30年十大创新人物"、"中国陶瓷最具贡献人物"、"中国建筑卫生陶瓷行业杰出贡献个人"、"广东2014年年度经济风云人物"、2019年"佛山·大城企业家"等殊荣。

二、工匠介绍

◇ 姜安宁

姜安宁，玻化砖及原石开发高级工程师，1988年进入东鹏，是东鹏最早的研发团队成员之一，几乎参与了所有新产品的开发，获得大大小小的奖章和奖牌上百项。她被称为陶瓷界的"巾帼英雄"，是陶瓷行业最早获得全国劳模表彰的女性，东鹏2020年深交所上市唯一的一个员工敲钟代表。

2015年全国劳动模范、东鹏控股国际创新中心高级工程师姜安宁工作照

1988年，姜安宁于湖南大学毕业后进入东平厂（东鹏前身），这是她的第一份工作，也是她的唯一的一份工作。34年来，她坚守在东鹏的新品开发岗位上，抱着选择了就坚持的心态，从基础技术员开始做起，一步一步跟随企业发展，和企业一同成长。

她曾主持公司产品中心、研究院、技术研发部等多个部门的管理工作，几乎参与或主导了东鹏所有的新产品研发，比如渗花技术、金花米黄、洞石、卡拉拉石、天山石、银河石、纳福娜、砂岩、皇家玉、亚马逊、世界洞石、玻化原石等，一直都在刷新行业的创新产品目录，产品获得多个国际国内设计奖项。目前东鹏的技术团队，拥有发明专利200多项、境内外各类专利近1000项，已连续五届挺进"佛山市专利富豪榜"，其中2项专利获得中国专利奖优秀奖。

作为建筑陶瓷行业的技术人员，能耐高温是一项基本能力。"金花米黄"

是姜安宁早年主导开发的一款产品，历经半年、数十次失败，成功研发出一种渗花技术，实现了产品的小试成功。其后的中试阶段，恰逢气温高达35℃左右的夏天，窑炉车间温度更飙到40℃以上。为了节省进出车间喝水时间，他们直接扛着桶装水进入车间，一待就是三四个小时！身上的衣服被汗湿了又被烤干，再汗湿再被烤干，多次反复，直到无汗可出。中试完成后从车间出来，虽然外面温度也有30多度，竟然感觉像瞬间进入空调房！经过多次失败，凭着不懈的坚持和努力，最后终于成功，实现了产品的量产上市，开创了行业领先，也给公司带来了巨大收益。

车间生产线24小时不停运转，作为建筑陶瓷行业技术人员，常常要解决生产上突发状况，不分白天和黑夜。早年还没有手机，用的是BB机。生产一出现问题，公司就会立马给他们发送消息。一听到BB机的"嘀嘀"声，一看是公司的号码，他们就会马上从床上爬起来，穿起鞋就往车间跑，甚至有些同志直接养成了睡觉不脱衣服的习惯。时至今日，姜安宁依然保持晚上睡觉不关机的习惯，就是为了快速响应、快速应对生产上出现的异常问题。团队的技术人员神经都是绷得紧紧的，有时夜间无意的一个声响，都会以为是生产上发送过来的"求救"信号。正是这些日日夜夜的坚守，常年的坚持不懈，坚守创新一线背后的辛勤汗水，引领着企业一步步走向成功。

今天的东鹏陶瓷已成为中国陶瓷、佛山制造的一张名片，产品畅销海内外100多个国家和地区，广泛应用于北京天安门城楼、北京奥运场馆、国家大剧院、美国帝国大厦、俄罗斯莫斯科水族馆等全球高端地标项目。

姜安宁就是这样一位坊间传说中执着的奇女子。34年，12000多天，她在同一个岗位上，始终保持对工作负责的态度和热情，诉说着"以此为生，精于此道"的东鹏精神。她说，与东鹏人一起努力，让公司成为"百年企业，世界东鹏"，"让中国陶瓷受世界尊敬"，这就是她未来最大的目标和心愿！

◇ 钟保民

钟保民，1987年来到佛山，成为一名陶瓷厂技术员。从普通技工一步一脚印成长为技术科科长、厂长，再到广东省工程技术开发中心负责人，现任东鹏国际创新中心技术综合管理部负责人、教授级高级工程师。35年来，他将工匠精神注入现实工作中，生动诠释着"干一行爱一行"的敬业精神。他累计获得147项专利授权，并获中国专利奖、广东省科学技术奖、全国建材与家居行业劳动模范、"佛山·大城工匠"、2022年广东省五一劳动奖章等荣誉和奖项。

2022年广东省五一劳动奖章获得者、东鹏控股国际创新中心技术综合管理部负责人钟保民

"石破"天惊，斩获首个国家优秀专利

2005年，东鹏高层在意大利见识到洞石石材应用于建筑的优势，看到此项产品的前景，决心做一款市场上没有的产品，引领市场消费。于是成立国内首个瓷质洞石研发中心，由钟保民团队投入人工洞石研发。

该研发过程颇为曲折艰辛，研发、生产的时候多次造成砖坯断裂、棍棒批量断裂。经过一年多的时间，上千次的验证，终于成功开发出了具有良好成洞效果的特殊配方组合——"孕熔因子"，率先在抛光砖行业内提出了"孕熔技术"概念，推出行业唯一人工洞石，成为天然洞石的完美替代品。世界建陶业为之震惊，对东鹏的技术创新和艺术创新大加赞赏。在国内、国外都很畅销，东鹏也因此获得了第一个中国专利奖优秀奖。

送暖与抗菌健康瓷砖新时尚

早在2011年，钟保民就敏锐地察觉到"发热瓷砖"需求增长的趋势，带领团队研发出第一代"发热瓷砖"。这个当时行业的稀缺产品推出后，尽管在多个城市体验室，用户反馈好评连连，但由于需求尚未大众化，最终未获量产上市。

2020年，东鹏陶瓷制定了健康瓷砖（板）的企业发展战略，与发热瓷砖（板）的定位非常吻合，钟保民和研究团队迅速重启这一系列产品的提质研究。基于安全、热传导速度、节能效果等考量，选择了石墨烯超导材料涂层与瓷砖（板）一体化的设计。经历五代研发、2000余次试验验证，此项技术在安全、升温、能耗效果等方面均达到标准要求。2022年石墨烯智暖岩板打造的"城市志愿服务站"落地张家口赛区，为助力北京冬奥会立下新功。

同样是在健康瓷砖领域，2020年，钟保民主导研发出抗菌抑菌釉面砖（板），经行业专家鉴定，其优越的抗菌性能已达到国际领先水平，再次引领了行业健康瓷砖的发展。

解决节能难题，推动陶瓷行业绿色发展

得益于钟保民及研发团队对新技术和新工艺的不倦摸索，东鹏陶瓷在绿色节能技术应用上始终走在行业前列。

其中，他主导完成产业化应用的陶瓷干法制粉技术，解决了传统陶瓷生产工艺流程中原料制备环节节能减排的难题，实现了原料"由干到干"的加工过程，产品优等率达到96%以上，成为亚洲第一条实现持续运行的干法制粉生产线。这条生产线平均节能率高达78.85%，加工成本降低约20%，大大提升了经济效益。

发挥智库专家作用，助力科研生态打造

钟保民带领团队发明的专利技术，应用于东鹏瓷质砖五大系列、上千个型号的产品，一再在市场上呈爆发式旺销态势。

他本人作为行内闻名的陶瓷技术专家，在国家核心期刊上发表学术论文近20篇，累计荣获国家（部）、省、市、区科学技术和专利等荣誉奖励60余项，历任多个国家标准化技术委员会委员，入选多个省级市级的行业专家库，参编专业书籍和多项国家行业团体标准，担任多个高校校外导师、企业导师指导博士后项目。通过创新领军人才的作用带动公司研发团队整体实力的提升，带动传统陶瓷行业转型升级，为企业和社会的发展创造新业绩。

"我们这帮人的青春，全部消化在每一片瓷砖里，我们给我们的用户，在分享我们每个人的青春。"这是钟保民入行35年的总结。干一行、爱一行，专一行、精一行。爱岗敬业、精益求精、协作共进、追求卓越，是他们这一代人的不懈追求。

三、东鹏新50年蓝图

东鹏五十载，"向新而生，创见未来"

2022年，是东鹏始创进入第五十年的年头。以"向新而生，创见未来"为主题的东鹏50周年可持续发展发布会，围绕50年新起点，进行集团可持续发展、《低碳发展绿皮书》、数字化发展路线图以及品牌焕新升级发布，描绘东鹏未来发展的新蓝图。

东鹏控股董事长兼总裁何新明的东鹏可持续发展报告，为东鹏未来50年提出

了创新驱动、精益运营、数字赋能以及绿色低碳四大发展路径。

"东鹏234创新路径",凝练了东鹏三大创新驱动力:组织管理与激励创新,技术与产品创新,商业与经营模式创新。通过重视人才、鼓励创新、重视研发、资源倾斜等内部管理措施,为东鹏持续创新保驾护航。

"东鹏133精益运营"纲领,旨在打造"质量为本、精益求精"的精益文化,深耕精益制造、精益供应链、精益营销三大领域,同时通过建文化、搭团队、定机制等手段,保证精益运营目标的落地执行。

《低碳发展绿皮书》的发布,是对东鹏的绿色低碳发展定位"低碳东鹏,绿建先锋"的进一步落实。东鹏作为中国建陶领军品牌,担当起头部企业的绿色发展责任,将"绿色技术研发创新体系"作为起点,升级绿色智能工厂,最终输出整体解决方案;从而实现绿色建材向绿色商业跨域,让技术驱动成为可持续发展的绿色引擎。

早在2021年,东鹏就率先在行业成立首个低碳发展部门"东鹏低碳发展战略委员会",将低碳发展纳入公司最高战略。此战略分三个阶段,从五个方面着手,通过十三项具体的建设,力争在2030年实现低碳战略目标,成为陶瓷行业低碳技术策源地和陶瓷产业低碳发展的引领者。

从绿色制造、绿色产品、绿色解决方案三个维度率先行动,通过引进数字化智能制造、系统化减排、生态石产品、光伏发电、回收利用五大行为,不断升级绿色制造。用更低单位成本碳排放量创造更大效益、实现更高质量的发展。

在国家双碳战略目标之下,东鹏更加积极响应国家节能、降耗、减排号召,着力应对"双碳"发展趋势,把建立健全绿色生产管理体系作为构建企业中长期发展的核心竞争力。通过加强绿色低碳管理、不断进行全过程技术创新、发展绿色低碳业态模式创新、提高能源利用效率等措施,努力争创行业标杆和示范企业。

在集团数字化发展路线中,东鹏将围绕"体验提升、效率提升、模式创新"作为数字生产力对业务价值的目标。计划通过数字化,打通生产、渠道、销售、运营全场景,打造东鹏数字化产品专业团队,实现东鹏数字化2.0转型。

数字化方面主要包含三大内容:第一,打造国家四级标准智能制造工厂,基于业界制造与供应链模型,定义建陶行业智能标准。第二,打通全品类、全渠道数据,搭建全渠道系统,包括对厂开单、渠道进销存、门店开单、工程商机、流向管理等。第三，深化数据管理，扩大用户范围，有效支持一线业务。

最后，"美好空间，焕新生活"这一全新品牌主张的发布，正式宣布东鹏品牌向价值观导向品牌转型，将会以用户思维，打通和改变研发、生产、渠道、营销、服务等整个链条，从材料供应商升级为空间解决方案提供商。

未来，东鹏将围绕低碳、美学、人文等维度，进行先锋性探索，持续实现品牌年轻化，力争通过焕新行动，实现从材料生产制造商到空间解决方案提供商的全面转型，为消费者提供超越期待的全新价值体验。

面对下一个50年，东鹏将继续秉持"以此为生，精于此道"的精神，归零以待，再次出发，用匠心和专注，不断进取，朝着"百年企业，世界东鹏"的企业愿景迈进，为缔造美好人居不断奋斗！

广东万和新电气股份有限公司

一、企业概况

广东万和新电气股份有限公司（简称万和电气、万和）成立于1993年8月，已发展成为国内热水器、厨房电器、热水系统专业制造先进企业，在顺德、中山、高明、合肥等地拥有七大生产制造基地，占地面积超过100万平方米，年产能超过1500万台。

据世界权威独立调研机构英国建筑服务研究与信息协会（BSRIA）发布的调研结果，万和是国内仅有的两个"全球十大热水器品牌"之一。万和也是中国燃气具发展战略的首倡者和推动者、国家火炬计划重点高新技术企业、住建部授予的国家住宅产业化基地、中国航天事业战略合作伙伴。

万和燃气热水器市场综合占有率连续18年在行业创领新高，是工信部公布的第三批制造业单项冠军培育企业，消毒碗柜、燃气灶、吸油烟机、电热水器的市场占有率均处于行业前列，万和燃气热水器和燃气炉具的出口量连续多年在行业同类产品中名列前茅。

自主创新，技术持续升级

"技术创新"是贯穿万和发展的灵魂，至今，万和在厨卫电器领域拥有50多

▌万和电气总部全景

▌万和实验大楼

▌智能化包装车间

▌生产车间

项行业先进技术，90多次主导或参与了燃气热水器、燃气灶具、消毒柜国家和行业标准的起草和修订，拥有2300多项专利，代表中国燃气具技术前沿方向。"国家级企业技术中心""博士后科研工作站"等七大创新平台均落户在万和。

万和在2007年牵手中国航天，并于2016年升格为中国航天事业战略合作伙伴，航天品质与万和"一贯造精品"的理念不谋而合，也推动了万和创新技术的持续升级。万和在生产中引入了具有中国航天特色的科研生产及质量管理办法——"质量问题双归零法"，按照"过程清楚、责任明确、措施落实、严肃处理、完善规章"五条标准对各种质量问题逐项落实，确保了万和"品质零缺陷，标准航天级"的产品品质。2019年12月，万和获颁全国首家"中国航天事业突出贡献单位"，是全国第一家获此殊荣的单位。2021年荣获"广东省质量标杆"企业。

智能互联，深化5G技术应用

公司着力布局"1云·2N"的智能化战略，构建厨房、浴室智能生态体系，以确保行业领先地位和影响力，进一步推动厨卫产业的快速迭代与升级。凭借智能互联技术的应用，公司极大地扩宽了自己的发展空间，增强了万和面向5G万物互联时代的智能制造、产品智能，以及"全屋热水""智能厨房""智能厨卫空间"等场景化方案解决能力。未来，公司将继续围绕安全、智能化、数字化、节能环保方向开展技术研发，加快技术向成果转移，加大创新技术研发力度，持续向市场输送高品质的产品和服务，引领和带动厨卫行业的高质量发展。

2021年3月，万和推出了行业首款5G热水器，打破了传统产品简单作为一个热水器载体的存在，可实现物物互联，这意味着万和具备了以5G热水器为中心，通过全屋家电互通，为用户提供全方位、全时段智能生活服务的能力；2021年12月，万和发布了搭载鸿蒙智联系统的燃气热水器智慧新品WLS3W和YL5系列；2022年4月，公司与中国电信佛山分公司正式签约，携手开展产业数字化转型的深度合作，共同建设万和的5G数字化智能工厂。

万和践行企业低碳发展的社会责任，正致力于传统清洁能源（燃气）与太阳能、空气能等新能源的高效利用，在国内率先推出多能互补的集成热水系统，为消费者提供节能、环保、舒适的家庭热水解决方案，创造高品质的低碳生活，致力成为"全球领先的厨卫电器以及热能热水系统整体解决方案供应商"。

二、工匠介绍

◇ 李新学

中专毕业后，李新学从总装车间实习生开始，经过10多年努力，一步步成长为研发工程师。历年来，他参与的产品项目开发近50项、技术项目开发近10项、申请专利13项。这一切，都是因为李新学的骨子里有一股不服输的劲儿和对事业的热爱与坚持！

2018年开发全新结构恒温系列国内传统渠道6款机型，2019年开发完成国内传统渠道4个系列12款机型落地，并顺利量产。在这过程中，李新学及其团队，克服重重困难，优化产品结构、升级产品程序。

广东万和新电气股份有限公司研发工程师、2020年"佛山·大城工匠"李新学

通过他的不懈努力，产品在使用过程中烟气偏高等问题得到解决。在成本不变的基础上，产品质量提高了，用户的体验感上来了，公司的经济效益也提升了。

对李新学来说，印象较深的是2015年的一次技改经历。当时李新学面对的研究课题是一款新型的热水器噪音问题，他一方面通过查阅资料，力求全面掌握燃烧器研发的理论知识，找出噪音出现的原因，另一方面在实验室进行实验检测。

经过多次试验发现：燃烧器运作时，火焰燃烧不稳定，才导致热水器持续发生噪音。而当时市面上的燃烧器都为平面式火孔结构，改变火孔结构是解决该项问题的关键。

锁定原因后，李新学在实验室潜心研究3个月，将传统的平面火孔结构改成V形的立体火孔结构，噪音分贝从60分贝降至55分贝。正是这个降低5分贝的V形立体火孔结构，拿到了一项国家专利。也正是因为这次经历，李新学朝着更高、更远的目标努力着。

最近，李新学及其团队主攻的方向又转向了"健康"。这一回改造重点是热水器的滤芯。李新学及其团队通过对其材料结构的再设计，使热水器的滤芯能对水质进行磁化和有效过滤，做到除杂、除锈、除氯和除菌抑菌，使热水器的滤芯达到净水器的水平。

每当开展新品研发时，李新学都会仔细研读国家标准。作为中国航天事业的战略伙伴，万和积极保障生产过程中"零缺陷""零事故"。"双零"是一个企业的态度，更是这么多年来引导李新学研发工作的方向。

用锲而不舍的精神积极投身工作，打造航天级的产品，这就是在李新学身上体现出来的万和工匠的本色。

◇ 庞健

【获得荣誉】

2011年获评为万和电气"突出贡献人物"

2013年20周年厂庆，获"感动万和十大人物"

2018年获评为"佛山·大城工匠"

广东万和新电气股份有限公司品质部测试主任工程师庞健

庞健1993年毕业进入万和，到现在已经快30年，从开始的客户售后服务（1993年到2006年），到现在的品质管理工作，见证了万和的成长。开始很艰苦，但随着公司的不断发展，公司的标语"自强不息，勤奋立志，开拓拼搏"，这种精神已经融进庞健的血液里。

当时纯自动热水器刚面世，很多方面的知识用户不是很清楚。热水器要正常使用，除了要正确安装之外，水质、水压、安装位置，还有燃气的气压条件（当时还是瓶装液化气），都会有影响，需要上门检修。庞健除了进行万和热水器产品原理、知识的普及，还要到全国各地维修网点、城市服务商处开展培训。在售后过程中，他可以发现客户的痛点，反馈回来，推动同事们去升级整改和研发。虽然很累，但是因为他喜欢这个工作，于是有热情不断去学习……

2008年调到品质部，有很多不一样的工作，庞健又开始了新一轮的学习提升。今天，已经成为品质部测试主任工程师的庞健，他的工作就是要做好新产品设计和开发过程的测试与验证工作。具体来说，对将要投产的新品，不但要严格按照企业标准对其安全与性能进行全项目形式检验，还要模拟用户使用环境进行可靠性测试。同时，还要结合多年积累的经验，增加检测项目，比如模拟搬运、运输、环境恶劣测试以及用户体验等耐久试验测试等。

2017年，庞健参加一个强鼓冷凝型SV系列热水器可靠性六西格玛项目，希望降低该系列产品的市场维修率。根据售后部门统计的产品主要故障的反馈，庞健带领品质保证团队对产品逐一进行实验，排查导致故障的原因。最后，确定原因在于主控板。于是对主控板进行升级，成本比原来高出2元，维修率却能降低60%。

经过这个项目，万和固化出一系列项目流程，包括售后数据收集分析、测试模板、数据分析模板等。在公司，庞健是那个"敢于吃螃蟹的人"，勇于接受新产品、新项目的挑战，不断完善质量检测的模板和体系，不断夯实万和的产品质量基础。庞健称自己是一个"问题先生"。"我们在工作中不断发现问题，就是为了产品在消费者手中没有问题。""我最开心的就是听到别人说家里的万和产品用了十几年都没有出现什么问题。这样的评价就是对我工作最大的肯定。"万和的"大城工匠"如是说。

中国联塑集团控股有限公司

一、企业概况

中国联塑集团控股有限公司（简称中国联塑、联塑）是国内大型建材家居产业集团，也是中国最大的塑料管道及塑料挤出生产设备制造企业之一。业务涵盖管道、建材家居、环保、供应链服务平台、光伏新能源等板块，产品涉及管道、光伏新能源、水暖卫浴、整体厨房、整体门窗、铝模板材及智能爬架、净水设备、防水与密封胶、消防器材、阀门、电线电缆、照明、卫生材料、环境保护、农业设施、海洋养殖网箱等领域。2021年集团营业收入达320.58亿元人民币。

随着国际化、全球化进程步伐的推进，中国联塑已建立超过30个先进的生产基地，分布于全国18个省份及海外国家。中国联塑不断完善战略布局，拓宽销售网络和市场空间，能够及时、高效地为顾客提供产品和服务。

中国联塑建有集团研究院，拥有各类科研人员1000多名，集团现拥有10家国家高新技术企业，建有1个国家认定企业技术中心、2个博士后科研工作站、5个通过CNAS国家实验室认可的实验室、1个广东省塑料成型加工技术企业重点实验室和1个广东省塑料管道产业技术创新联盟。目前，中国联塑拥有和正在申请的专利有2200余项。科研成果先后入选国家火炬计划项目、国家重点新产品、全国建设行业科技成果推广项目和政府绿色采购清单；先后被国家有关部门授予制造业单项冠军示范企业、中国建设科技自主创新优势企业、国家知识产权优势企业、住房和城乡建设部产业化示范基地、中国专利奖优秀奖、广东省政府质量奖、广东省科技进步奖一等奖、中国轻工业联合会科学技术进步奖一等奖等荣誉称号和奖项。

现阶段，中国联塑拥有1万多种产品，是国内建材家居领域产品体系齐全的生产商。中国联塑的产品被广泛应用于家居装修、民用建筑、市政给水排水、电力通信、燃气、消防、环境保护及农业、海洋养殖、光伏发电等领域。

未来，中国联塑将继续秉持"美好洞见未来"的品牌口号，践行"为健康美好空间永续"的品牌承诺，为每个人提供更好的城市建设和生活空间，营造绿色、宜居、高效的理想城市，集结全社会共同的智慧，让"健康美好空间"在城市中蔓延，在生活中永续。

联塑总部大楼

联塑智造

为了增强自主研发能力，与世界同步发展，联塑投入巨资打造了具有国际水准的研发中心，拥有一支由博士、硕士、中高级工程师、常驻顾问专家等100多人组成的科研队伍，投资3000多万元从美国、德国、英国购进先进的科研设备，专业研究和发展行业的最新技术，确保联塑在行业中的领先地位。

2004年"联塑研发中心"被批准组建为"广东省塑料管道工程技术研究开发中心"。联塑集团始终坚持"以质量为生命，以科技为龙头，以顾客满意为宗旨"的经营方针，力图通过促进塑料管道及相关产业的发展，为改善中国乃至世界人民的生活环境和提高他们的生活品质作出贡献。

质量体系

优质的产品必然来自先进的设备和技术。联塑无论在厂房设备等硬件方面，

┃联塑研究院　　　　　　　┃自动化生产线

还是在人才、技术等软件方面都大力投入，保证了产品品质能够领先同行，同步世界。

一流的生产设备，一流的品质保证

联塑公司通过了国际质量ISO 9001认证，并按该管理体系的要求进行生产和管理，从原料的选用、配方和生产流程的控制到产品的入仓等环节都牢牢把好产品质量关。

联塑视质量为企业的生命，不断完善各种生产及检测制度，从原料入厂、产品设计、打样、生产到产品出厂，都进行全面立体检测，依靠"自检、互检、抽检"三检制度对生产进行控制，确保产品质量的稳定。

智能无人车间

智能制造是推动制造业高质量发展的驱动之一，也是管道产业的未来趋势。作为管道行业的龙头企业，中国联塑积极响应国家《中国制造2025》的战略要求，抓住"新基建"带来的发展契机，凭借产能规模大、布局广、质量优、配套服务能力强等企业优势，整合上下游产业链资源，全面开展自动化升级改造，加速5G、大数据、工业4.0等新一代信息技术与制造业深度融合，实现企业高质量发展。

联塑使用智能工业机械手、机器人等各类自动化设备建立智能化无人车间，加大物流信息、生产制造信息化建设，实现生产数据化管理，提升生产信息化及智能化效率，更好地满足"新基建"背景下的市政工程、轨道建设、地下管廊、清洁供暖等方面的建材需求，推动行业创新发展，在建材家居行业重新定义"中国制造"。

联塑牢牢把握国家的战略方向，迅速响应国务院关于推进城市地下综合管廊建设的政策，利用自身种类齐全的创新管道产品及技术实力，参与雄安新区综合管廊项目、珠海横琴综合管廊项目、云南保山市综合管廊项目、青海西宁综合管廊项目等国内多个城市地下综合管廊项目，助力壮大国家"新基建"增长点，为国家战略项目和民生工程持续输出智慧和力量。未来将坚持践行"平台化、质量化、全球化"发展策略，不断完善全国战略布局，加速基地建设，推动智能制造高质高速发展，实现提质增效，释放产能形成内核力，助推集团快速高效发展，在"新基建"浪潮中占据优势市场地位。

例子：配件车间PVC自动化车间

联塑的配件车间PVC（聚氯乙烯）自动化车间，主要生产PVC排水管配件产品，车间购置有先进机器人及相关设备进行设备集成，车间基本整体实现了自动供料、自动分离水口、自动转运、自动包装，全部生产过程仅修剪披锋及检验环节需要人工实现，并通过MES（制造执行系统）与线边WCS（仓储控制系统）、DCS（集散控制系统）、AGV（搬运机器人）等多系统的交互与数据集成来实现各设备之间的协同工作，以及关联到生产订单、过程监控、产品追溯、参数管理、设备模具管理、报工进仓等。对原本人工操作及半自动的生产工艺进行数字化、智能化改造，实现提高产品品质与生产效率、降低劳动强度、保障生产安全的目的。

自动化车间通过嵌入数字化框架应用，通过数据采集实现对设备动作、参数的实时监控；运用边缘计算及数据分析，实现产品周期监控分析、能耗监控分析、设备负载分析；并将设备与设备、设备与管控实施互联互通，通过数字化、可视化，以及生产工艺与管理流程全面融合，在周期产能优化、工艺品质分析、订单管控、资源协调等多个方面得到较大的提升。

自动化设备的投入不仅为公司节省了人力资源成本，而且还大大提高了生产效率，为生产管理提供了便利，提升了公司竞争力，更重要的是保证了产品质量的稳定性。

二、工匠介绍

◇ 宋科明

宋科明，中国联塑集团控股有限公司副总裁兼研究院院长，2020年被评为全国劳动模范。

2009年，宋科明从中山大学高分子化学与物理专业博士毕业，加入联塑从事博士后研究工作。作为联塑第一个博士后，

2020年全国劳动模范、联塑副总裁兼研究院院长宋科明

宋科明也参与了集团研究院的筹建。2012年，联塑企业技术中心升级为国家级企业技术中心；2015年，联塑研究院建成。宋科明带领团队历经7年时间，攻克PVC产品无铅化的技术难关。2017年，联塑成为国内率先实现全系列PVC管材管件无铅化的企业，推动塑料行业绿色发展，多项创新成果达到国际领先水平。

凭借扎实的科研能力，宋科明在塑料建材科学研究、标准制（修）订、人才培养等方面做了大量富有成效的工作。他先后主持及参与省重大科技专项、省产学研结合项目、省级科技计划项目等12项省市级及以上科技项目，通过科技攻关，解决了一大批塑料建材行业的技术难题。目前，由宋科明参与研发的部分产品已广泛运用于港珠澳大桥、北京大兴机场以及武汉雷神山医院等国家基建工程中。

作为项目总负责人，他成功建立了广东省塑料成型加工技术企业重点实验室，统筹规划与制定研究路线，负责制定实验室规章制度和人才引进，开展从原材料、装备、制造工艺到产业化应用全过程的基础及应用研究。依托国家认定企业技术中心、博士后科研工作站等平台，整合国内外高校及外部企业资源，在宋科明的带领下，近10年联塑培养的博士后、博士、中高级工程师、高级技师等达100多名，着力打造出一支技能创新型劳动者队伍。

在完成一批重大科技成果转化和一系列国内领先的技术和产品开发，承担国家级及省部级科技项目的同时，他主持和参与国家、行业及地方标准的制（修）订，推动行业技术进步及规范化管理，提高技术创新及组织管理能力。

作为国内大型建材家居产业集团，联塑着力将塑料管道延伸到新领域。近年来，新基建项目需求正在崛起，宋科明将继续带领团队抓紧机遇，加快相关领域的技术研究和产品研发工作，争取在核心技术及成果转化上取得新突破。

◇ 张慰峰

张慰峰，高级工程师，广东联塑科技实业有限公司研究院副院长。2018年获第二届"佛山·大城工匠"，2019年获广东省五一劳动奖章。

他从事塑料产品质量控制、技术开发、标准制定工作20多年，主持及参与制定30多项国家、行业、地方标准，相关工作对于推动塑料管道产品的标准化、规范化，缩短与国外先进同行的差距，促进我国塑料管道行业的发展起重要作用。

2013年至今，他担任广东省非金属压力管道标准化技术委员会（GD/TC90）

委员；同时也是全国塑料制品标准化技术委员会塑料管材管件及阀门标准化技术委员会委员。被评为"国家标准制定先进工作者"。

2011年，在塑料管道行业打拼了10多年的张慰峰进入联塑，加入能抵抗台风冲击的海洋养殖网箱的研发中。他带领团队深

2018年第二届"佛山·大城工匠"、2019年广东省五一劳动奖章获得者，广东联塑科技实业有限公司研究院副院长张慰峰（中）

入恶劣的海洋环境蹲守，监测得到大量一手数据，成功研发出能经受海水腐蚀、台风冲击的网箱材料。2019年，张慰峰统筹研发的海洋养殖网箱经受住了超强台风"山竹"的侵袭。

数年前，联塑科技研究院着手攻关白蚁蛀食燃气管道引起燃气泄漏问题，张慰峰带领大家从白蚁的生活习性入手，破解白蚁破坏燃气管的生物机理，开发出耐白蚁的双层复合燃气管材。这一核心技术不但填补了国内行业空白，而且达到国际领先水平，获得广东省轻工协会科学技术进步一等奖。还成功申请了国家专利，同时将双层管技术要求写入国家标准，推动燃气管相关国家标准的制定。

除了科研工作外，张慰峰还积极推动QC（质量控制）活动建设，组织一线员工开展QC小组活动，项目多次获得全国QC小组一等奖，每年取得经济效益达2000万元以上，获得"全国质量管理小组卓越领导者"荣誉称号。

此外，他也十分注重对人才的培养，让更多年轻的科研人员可以参与到项目中去，积累经验，并且勉励他们要耐得住寂寞，找到科研的乐趣。鼓励他们发挥个人特长，多参加外部交流，提高产品意识，触类旁通，从开发者转变为产品经理。传承工匠精神，培养技能人才，形成推动科技创新的更大合力，助力企业做大做强，推动佛山高质量发展。

三、研发人才与技术生态环境

创新是新时代企业发展的核心竞争力。联塑坚守"开拓进取，求实创新，科学管理，精益求精"的品牌精神，提升产品创新能力，推动管理创新水平，汇聚高质量发展的智慧，为全球居者创造更美好的轻松生活。2020年，联塑科研开发和技术创新总投入9.47亿元。持续加大推进科技创新研发能力建设，着力于产业前沿技术研究，在稳健发展的同时把握新机遇，不断拓展多元化业务，开发适应市场需求的新产品、新技术，以科技创新实现经济、环境和社会效益的共同提升。

此外，联塑为科研人员打造科研平台。建立广东省科技专家工作站，搭建高层次科技创新平台，围绕高分子材料成型加工技术与装备的研究开发、高分子材料改性、新材料、新工艺等，解决一批行业关键共性难题，推动塑料管道生产行业的技术进步。建有国家认定企业技术中心、广东省重点实验室，拥有通过CNAS国家实验室认可的实验室、管道工程模拟实验室、约1000平方米的中试车间以及4个模具设计制造车间，获得省、市及区级各类科技进步奖超30项。为培养创新人才，建立广东省博士工作站，吸纳技术、资本运营、人力资源管理、贸易等方面的专才和跨国人才，充实研发和管理队伍，积极培育一批具有创新能力和发展潜力的领军后备人才。

建立创新合作项目，加强科研联系

作为项目总负责，与广东省科学院新材料研究所共同承担2020年度广东省基础与应用基础研究基金粤佛联合基金项目"塑料用模具高耐磨耐蚀涂层的性能调控与服役失效机制研究"。

与广州市香港科大霍英东研究院共同承担佛山科大专项"PE/PP-R给水管件产线智能管控系统的研发与应用示范"。

作为项目总负责，与中山大学、华南师范大学、广东省科学院新材料研究所共同承担2020年顺德区核心技术攻关项目"高性能环保聚氯乙烯（PVC）管道制造关键技术与产业化"。

作为项目总负责，与华南理工大学、华南师范大学共同承担2020年顺德区核心技术攻关项目"风浪海洋养殖网箱用高性能PE管道制造关键技术"。

科研成果

受理专利208项（外观专利6项，发明专利68项，实用新型专利134项），授权专利33项（外观专利2项，实用新型专利31项）。

参与国际、国家、行业、团体标准制修订工作50项，主导制（修）订的标准17项，其中国标6项、行标6项、团标1项。担任标准化技术委员会委员单位13个。

完善创新机制，助力人才发展

管理创新是提高企业竞争力的主要途径，也是企业创新的重要内容。2020年开始，联塑以"相信、放开、坚持、调整"为原则，在集团内部定点推动积分制管理，充分激发员工的主观能动性，提高管理质量与效率。通过生产车间班组长培训、班组会议宣贯、年度表彰等方式不断推动积分制管理工作做细做实，不仅提升公司管理水平，也增强管理者与员工之间的情感联系和思想沟通，增强企业凝聚力。

建立民主沟通反馈机制

联塑不断完善平等、公开的对话机制，拓宽员工参与民主管理的渠道，通过员工满意度调查、民主生活会、员工代表大会等方式倾听员工的声音，引导员工有序参与公司治理，切实保障员工的知情权、参与权、表决权和监督权。

搭建员工成长平台

联塑不断完善公司培训体系的建设，以联塑学院为教育阵地推出"大讲堂""联塑私塾""名师堂""联塑云课堂"等多种类型的培训项目及课程，在日常工作中综合采用专业技能提升、人才自主评价、师带徒等培养模式，同时加强校企合作、推动产教融合，满足员工多样化的需求，全面提升员工职业技能和素养，助力员工全方位发展。

多渠道员工发展

联塑建立完善的职级体系，为员工发展提供管理、技术、生产三大通道。不断完善职业发展体系，针对不同员工制定差异化的培养计划，畅通员工发展渠道，为员工职业提供明确发展路径，助推员工成才成长。2020年，首次打破部门之间的人才流通限制，加快形成跨部门的流动机制，帮助员工找到适合自己的发展道路，更大化实现自身价值，与企业同频共振、共同发展。

提升员工幸福感

联塑通过课程培训、员工体检等方式保障员工的安全与健康，为员工提供丰富多彩的业余活动，热心帮助有需要的员工，努力构建幸福工作、快乐生活的良好氛围。

职业健康安全

联塑重视员工健康，严格遵守职业健康法律法规，不断完善安全管理体系与制度，开展安全与健康相关课程培训，提高员工的职业安全防护意识和技能，为员工提供劳保用品及健身设施，保障员工身体健康。

关心员工生活

联塑不断为员工创造更大生活空间，提高员工生活质量，在节庆日开展三八节活动、五四青年节活动、厂庆系列活动、中秋晚会等多种形式的员工文化体育活动，为困难员工发起捐助和提供帮扶，营造积极向上的工作氛围和生活态度，提升员工幸福感和归属感。

蒙娜丽莎集团股份有限公司

一、企业概况

蒙娜丽莎集团股份有限公司（简称蒙娜丽莎集团、蒙娜丽莎）始创于1992年，总部位于佛山市南海区西樵镇，是一家集科研开发、创意设计、专业生产、市场营销为一体的高新技术上市陶瓷企业。

目前，蒙娜丽莎集团共有11家控股子（孙）公司，4个现代化建筑陶瓷生产基地，共建有37条生产线，产品涵盖陶瓷砖、陶瓷板材（薄板、大板、岩板）、瓷艺等品类，广泛应用于住宅与公共建筑装修装饰，包括陶瓷板材在建筑幕墙工程、户外和室内陶瓷艺术壁画的应用，以及包括装配式建筑、复合部件、定制家居、瓷砖胶等在内的新领域开拓。

蒙娜丽莎集团旗下有"蒙娜丽莎""QD"两个品牌，在全国建立4000多个专卖店和营销网点，与碧桂园、万科、恒大、保利、融创、中海、绿地等近百家大型房地产商建立战略合作关系。多年来，蒙娜丽莎集团先后参与北京奥运会八大场馆、广州亚运会十大场馆、港珠澳大桥、北京大兴机场等国内外重点工程建设，签约成为2020年迪拜世博会中国馆指定瓷砖供应商、2023年杭州第19届亚运会官方建筑陶瓷独家供应商。

蒙娜丽莎集团实施创新驱动发展战略，创建蒙娜丽莎研究院，通过国家认定

西樵生产基地

西樵生产基地之窑炉烧成工序

西樵生产基地之抛光磨边工序

企业技术中心、院士专家工作站、博士后科研工作站、中国轻工业无机材料重点实验室、中国轻工业陶瓷装饰板材工程技术研究中心等科研创新平台，在建筑陶瓷研发设计、生产、应用和环保治理等多方面，以及生产制造上实现了较高的绿色化程度。与此同时，积极与中国科学院广州化学研究所、华南理工大学、武汉理工大学、陕西科技大学等科研院所开展产学研合作，进一步拓展建筑陶瓷薄型化的应用，为行业转型升级开辟新路径和提供有效保障。截至2020年12月，蒙娜丽莎集团共主（参）编国家、行业、地方、团体标准46项，获得国内发明专利124件、国际专利4件。

品质为本，创新为先。蒙娜丽莎集团先后推出陶瓷薄板、轻质板、瓷艺画、陶瓷大板、陶瓷岩板等创新产品。其中，2007年推出的1800×900×5.5（毫米）大规格陶瓷薄板是建陶行业30多年来具有革命性意义的一款创新产品，推动行业绿色升级，获得中国建筑材料科学技术奖科技进步一等奖等荣誉；2019年引进国产36000吨压机，实现3600×1600×15.5（毫米）大规格陶瓷岩板的量产，推动中国大规格岩板逐步走向独立生产的局面；2021年1月，蒙娜丽莎集团推出6100×1830×10.5（毫米）更大规格的陶瓷大板，实现了中国陶瓷大板的新高度。

蒙娜丽莎独创建筑陶瓷与艺术、绿色、智能相融合的质量管理模式，简称"三美模式"。凭借技术创新、服务创新、营销创新、工艺创新、管理模式创新，先后获得2015年度佛山市政府质量奖和广东省政府质量奖、2018年第三届中国质量奖提名奖。与此同时，蒙娜丽莎集团在标准化管理上走在行业前沿，获评广东省首批"标准化良好行为AAAAA级企业"。

蒙娜丽莎集团将绿色环保理念贯穿集团发展的始终，构建绿色产业生态链，实现陶瓷企业的绿色生产——资源能源节约、废渣循环利用、废水零排放，体现循环经济和清洁生产效应，为全行业绿色发展提供示范模式。先后被评为国家"资源节约型、环境友好型"试点创建企业，荣获国家工信部首批"绿色建材评价标识三星级"、首批"绿色工厂"，连续五年获得佛山市环保诚信企业（绿牌）、低碳榜样企业。

"为美化人类建筑与生活空间作出贡献"，蒙娜丽莎人始终严格践行这一经营理念，在品牌建设、科技创新、质量水平、绿色智能制造、市场营销创新等领域走在市场前列，让"蒙娜丽莎的微笑"走进千家万户。

二、工匠介绍

◇ 刘一军

刘一军是蒙娜丽莎集团股份有限公司生产技术副总裁、省级工程中心主任、教授级高级工程师。入职蒙娜丽莎26年，刘一军从技术部一名普通的技术员到公

2020年全国劳动模范、蒙娜丽莎生产技术副总裁刘一军

司管理者之一，他一路披荆斩棘，不断开阔视野和提升能力，为企业的创新和发展而努力。

2004年，在完成国家"十一五"科技支撑计划重大项目"陶瓷砖绿色制造关键技术与装备"的基础上，刘一军自主研发了大规格干压陶瓷板产业化等行业领先技术。他带领公司技术研发团队先后主持了国家、省、市级科研攻关项目7项，开发的新产品、新技术通过省、市级科技成果鉴定48项；荣获省、市、区各类科技进步奖28项；多年来共获授权发明专利54件、实用新型专利11件，PCT（《专利合作条约》）申请4件，获美国授权发明专利1件、日本授权发明专利2件、欧盟授权发明专利1件，主编、参编著作5部……这些创新性的技术打破了国外技术垄断，填补了国内空白。

通过整合新技术、新工艺和新材料，运用系统的方法和手段，刘一军带领技术研发团队生产出低碳、环保并被消费者认可和欢迎的建筑陶瓷新产品。由于在行业发展中的突出贡献，他先后获得国务院政府特殊津贴、全国轻工行业劳动模范、佛山市节能减排先进个人、佛山市领军人才等多项殊荣。

破除迷雾，传统产业焕新颜

2007年，佛山市委、市政府针对陶瓷行业展开了"扶持壮大一批、改造提升一批、转移淘汰一批"的产业提升与环保整治风暴。

在集团的引领下，刘一军和团队一起着手开展对建筑陶瓷的节能、环保、安全、降耗、低等级原料应用等方面的深入研究开发。2006年承担国家"十一五"

科技支撑计划重大项目，历经两年时间，克服多重技术壁垒，终于厚积"薄"发，成功研发出规格达到900毫米×1800毫米、厚度仅为3.5毫米～5.5毫米的大规格建筑陶瓷薄板，并建成全国示范生产线。

针对这一创新产品，刘一军牵头主编了《陶瓷板》国家标准和《建筑陶瓷薄板应用技术规程》行业标准制定。近年来，他也一直积极参与《陶瓷板、砖》国际标准制定，使中国陶瓷获得了国际话语权。蒙娜丽莎因此成为全国建筑卫生陶瓷标准化技术委员会（SAC/TC249）的建陶行业唯一副主任单位。

随后，刘一军还作为主要负责人参与完成了"瓷砖薄型化与陶瓷废渣高效循环利用关键技术研发及产业化"项目，自主创新开发出不外加发泡剂、抛光废渣使用量占50%以上、产品规格达1000毫米×2000毫米×（8～20）毫米的大规格轻质陶瓷板。

该成果可有效缓解国内大量陶瓷生产原料的来源问题，解决因陶瓷抛光废渣填埋所需占用的土地和处理废渣所需消耗的人工、设备及二次环境污染等，代替传统陶瓷原料50%以上。

潜心研发，推动产品再升级

根据"十三五"规划要求，大型文化中心项目纷纷兴建，美观且实用的超大规格陶瓷薄板更好地迎合了各种市场需求。为此，蒙娜丽莎开启了从传统900毫米×1800毫米到1200毫米×2400毫米的大规格陶瓷板的创新之路。在刘一军的带领下，研发团队对超大规格陶瓷薄板的每一个环节逐一进行技术攻破，终于实现大规格陶瓷板真正落地，投入市场。

从2007年到2019年，随着大规格陶瓷板的发展，蒙娜丽莎集团展现出超强的战斗实力，在科技创新、绿色环保、智能制造、质量升级等领域创造出一个又一个业界传奇。

多年来，刘一军没有停下学习的脚步。除建筑卫生陶瓷以外，他还开展了固体废弃物的资源化利用，节能环保型建筑材料、新型墙体材料开发及应用，无机非金属材料开发等方面的研究。

以身作则，当好技术带头人

多年来，蒙娜丽莎集团在人才引进、科研开发等方面不断加大投入，走在行业前沿。与众多高校开展产学研合作，增加企业研发与创新人员的比重，建立和培养起一批技术过硬、精诚合作的人才梯队。这其中，刘一军功不可没。

他不忘初心，甘于奉献，务实低调，从不计较名利得失，各项工作都想在前、干在前。作为生产技术负责人，为解决生产中遇到的难题，刘一军经常带领团队废寝忘食，在新产品投产、新工艺实施等关键时候，他总是像一颗螺丝钉一样守在第一线。

在担任管理干部期间，他总是心系员工，关心他们在生活中遇到的困难，一言一行时刻感染着、影响着周围的同事，使团队上下形成了团结拼搏的良好氛围。

强大的创新观念和创新能力，以身作则的表率精神，成就了刘一军在科研创新之路上的领军者风范，使他为企业发展、为行业和社会进步，奉献出新时代的大国良匠的力量。

◇ 谢志军

谢志军，蒙娜丽莎集团股份有限公司生产技术中心技术总监，荣获2022年全国五一劳动奖章，投身建筑陶瓷行业近30年，一直从事建筑陶瓷产品的生产研发工作。

把产品做到极致

2019年，蒙娜丽莎产品中的"颜值代表作"，非"七星珍石"系列陶瓷大板莫属。其通透明亮的肌理感，让宽敞的空间更大气开阔，还给人带来满满的视觉震撼，成为各大星级酒店、别墅、会所等高端场所首选的装饰材料。其背后是谢志军与生产研发团队整整三年的心血结晶。

2022年全国五一劳动奖章获得者、蒙娜丽莎集团生产技术中心技术总监谢志军

把产品做成极致的艺术品，不是一个简单的过程。仅仅作为蓝本的石材挑选，已经花了接近一年的时间。如何高清还原石材质感肌理，谢志军与生产研发团队从肌理、质感、配方、工艺、设备等多方面深入研究。

经过不同工艺技术的叠加、调整、试验，历时两年多，谢志军与生产研发团队终于攻克难关，采用干粒镜面全抛工艺技术，让"七星珍石"系列陶瓷大板既颜值高，又实力足，还给人顺滑细腻的触摸感受。

2019年初，"七星珍石"系列产品一推出，就在行业里引起了不小的轰动，深受行业和消费者的喜爱。谢志军带领技术研发团队大胆对传统陶瓷砖（板）产品进行技术迭代，先后成功开发罗马宝石、罗马新石代、原生石材、罗马超石代、银河星辰等众多技术含量高的新产品并产业化，成为引领行业的热销品类。

立足节能环保，探寻建陶智造新动能

走进蒙娜丽莎特高板示范车间，各种硬核黑科技让人眼前一亮。整洁宽敞的数字车间里，一改传统陶瓷工厂的"土"气质。通道上不见一丝尘土飞灰，只有AGV移动搬运机器人在高效运作的"身影"。

2020年，蒙娜丽莎特种高性能陶瓷板材绿色化、智能化技术改造项目投入建设，以"新型陶瓷材料研究+数智融合管理"新模式，全力打造建陶行业高质量发展样本。

谢志军担任项目组副组长，他带领生产研发团队坚持创新引领，依托高规格的科创平台，集结当下陶瓷行业先进的岩板装备工艺技术，助力公司创建数字化智造中心，实现建筑陶瓷产品各工艺参数、各生产场景智能化控制及产品的柔性化制造，达到降低能耗、提高产品质量和劳动生产率的效果。

目前，特高板数字化示范车间3条生产线数控装备占有率较高，自动化水平达到90%。

2021年，谢志军和生产技术研发团队通过赋能智能制造，使6100毫米×1830毫米×10.5毫米大规格陶瓷岩板、9000毫米×1800毫米×10.5毫米超大规格陶瓷岩板以及3.3毫米超薄高强韧陶瓷岩板相继面世，连创全球陶瓷岩板规格之最。

同时，他带领团队制定了严格的环保内控标准，探索陶瓷行业"三废"运行管理新模式。建立"人工+在线"的烟气监测监管体系，通过对设备进行定期监测以及与车间信息互联互通，确保烟气稳定超低排放。在生产管理中坚持以节能减排为中心，不断探索各种节能技术，积极实施一系列节能改造。

2022年4月初，蒙娜丽莎环保云中心正式启用。在环保云中心管理平台，大型电子显示屏上实时显示每个排放口的排放量等数据，对生产过程的各项环保指数进行动态可视化监管，为绿色、环保生产制造管理提供大数据支撑。未来，还将

把广东清远、广西、江西基地的环保系统纳入环保云中心，进一步引领行业绿色发展。

"我们要做精做细，不能差不多。"早已成为谢志军的口头禅。这种精益求精的工匠精神渗透在他的每一个工作细节中，同时潜移默化地影响着身边的每一位员工。

2014年至今，完成新产品、新工艺、新技术30项，获授权发明专利30件，实用新型专利14件……谢志军带领生产研发团队在新产品研发、智能制造、节能减排、清洁生产等方面不断创新，为建筑陶瓷行业的技术进步、转型升级起到示范和带动作用。

三、"育才引才标杆企业"之蒙娜丽莎经验

2022年佛山首批"育才引才标杆企业"

"双轨制"晋升通道让人才充分发展

在陶瓷领域，蒙娜丽莎集团是一家明星企业，陶瓷板年产销量居全国前列，也是建陶行业数智化转型、绿色转型的标杆。锐意改革、勇立潮头的背后是蒙娜丽莎通过制度化、规范化的管理，为人才的引进、培养、内部增值等方面提供保障，最终实现人才推动企业发展的企业愿景。

企业的发展离不开人才的支撑，人才也同企业一同成长，集团鼓励员工在任期内不断提升自己，并将学习的知识、技能回馈给公司，实现双赢。在公司，员工可以结合自己任职的岗位，进行岗位相关证书、职称的考试，以及学历的提升，完成相关证书、学历提升的学业后，公司将对相关考证费用进行报销。

在蒙娜丽莎内部，有一支由部门骨干、部门负责人乃至公司高管组成的讲师团队，可覆盖员工各方面的培训需求和自我提升的需要。同时，公司还提供"线上+线下"学习模式，员工可利用碎片化的时间学习提升。线下培训采用脱产形式开展，由专业培训机构老师进行现场教学，员工提出申请并获批即可参加，相关费用也可报销。

此外，蒙娜丽莎采用双轨制互通晋升通道，分为管理方向和专业技术方向，如擅长专业技术但不善于管理的员工，或业务能力强的员工可往专业技术方向发

展,如擅长团队目标达成、团队管理的员工可往管理方向晋升。

与传统认识上管理人员薪酬必大于技术人员薪酬不同,公司在两个晋升通道方向上薪酬和待遇是平行的,可更好地发挥术业有专攻的优势。且专业技术岗位与管理岗位在晋升上也可互通,公司领导在员工发展时会充分考虑其本人意愿进行调配。对于打算调整职业发展方向或岗位的同事,蒙娜丽莎每年都会有部分岗位开放内部竞聘,提供更大的平台、更多的发展机会与通道。

数据显示,近5年来,蒙娜丽莎通过校招形式招聘本科及以上学历应届毕业生人才超200人;通过社招方式,招聘研发、工艺技术人员及销售精英等不在少数,有力地支持了公司在生产经营及业务的发展。

广东溢达纺织有限公司

一、企业概况

广东溢达纺织有限公司（简称溢达纺织）是由溢达集团于1988年投资设立的大型产品出口型及高新技术型纺织企业。公司注册资本3.23亿美元，投资总额达7.9亿美元，业务范围涵盖纺纱、染色、织布、后整理、制衣及辅料，下设6个分厂，以及热电厂、水质净化中心、研发中心、实验室等。产品（高档全棉衬衣和T恤、全棉色织布）主要出口欧美、日本、东南亚等地，是世界众多知名品牌的面料和成衣制造商。

公司设在广东省佛山市高明区，目前占地面积超过80万平方米，员工总数约1.6万人。2021年，公司的总产值超50亿元，销售额近40亿元，出口额近2.4亿美元，纳税1.9亿元，生产棉纱7300吨、全棉针织布1.8万吨、全棉色织布5400万码、成衣2800万件。

溢达纺织建有国家级企业技术中心和博士后科研工作站，并组建了广东省棉染织、后整理工程技术研究开发中心、广东省企业重点实验室、广东省博士工作站及广东溢达纺织有限公司研究院，为公司吸纳和培养高科技人才，提升研发能力，促进技术创新和可持续发展提供了强大的支持。公司设有6个实验室和1个经国家权威机构认证的物理测试中心；同时拥有国内一流纺织技术科研队伍，其中

广东溢达纺织有限公司外观图

溢达纺织现场管理工程师正在特纺厂车间内工作

溢达纺织特纺厂细纱车间

溢达纺织员工正在操作公司自主研发的自动化制衣设备

博士后2人，博士5人，研究生100余人，海外留学人员20余人。

公司高度重视技术创新，截至2022年2月，公司已申请专利2457件，其中1799件已获得授权，在已授权中国专利中，发明专利601件。凭借强大的科研创新能力，溢达纺织被认定为"国家火炬计划重点高新技术企业""国家技术创新示范企业""国家知识产权示范企业""智能制造标杆企业（第二批）""广东省知识产权示范企业""广东省创新型企业""中国企业创新能力100强""广东创新Top100""广东省加工贸易转型升级示范企业""佛山市自主创新示范企业""佛山市专利工作先进企业"以及"佛山·脊梁企业"；2014—2021年，先后七年登上"佛山市专利富豪榜"，其中2014—2015年连续两年位列榜首。

公司全棉色织、针织面料被评为"国家免检产品"，全棉色织面料被评为该行业中国第一家"出口免验产品"，在中国及全球纺织行业均享极高盛誉。公司拥有AAA级企业信用等级，是出入境检验检疫信用管理AA级企业，被广州海关授予首批"诚信企业"称号。2015年，获国家级首批"中国出口质量安全示范企业"和"佛山市政府质量奖"。

公司的环保成果也获得广泛认可。先后被评为"绿色工厂""绿色供应链管理示范企业""2020年重点用水企业水效（能效）双领跑者""2020年度纺织行业节水型企业""广东省循环经济试点单位""佛山市环境保护模范企业""粤港清洁生产伙伴（制造业）"；连续多年被评为广东省"绿牌"环保诚信企业；是国内首家通过"STeP可持续纺织生产"认证的企业，并获国际环保纺织协会（Oeko-Tex Association）颁发"Level3"最高等级认证证书；被香港工业总会及恒生银行授予"恒生珠三角环保大奖（金奖）"。

溢达集团成立于1978年，总部设于香港，在全球聘用数万多名员工，年营业额达13亿美元，拥有自创品牌"派"和"十如仕"。

二、工匠介绍

◇ 袁辉

袁辉，纺织工程高级工程师，广东职业技术学院客座教授，佛山市纺织服装行业专家库专家。2005年，于西安工程科技学院（原西北纺织工学院）纺织化学与染整工程专业硕士研究生毕业，之后加入溢达集团，现为集团研发部资深研发

2020年"佛山·大城工匠"、溢达集团研发部资深研发工程师袁辉（中）与团队工作照

工程师。2020年荣获"佛山·大城工匠"。

他坚守研发岗位17年，在公司的核心产品免烫衬衫领域坚持研发和创新，所获科技成果中，有两项达到"国际先进水平"，十项达到"国内领先水平"，四项达到"国内先进水平"。

这些科技成果帮助公司在该领域保持领先地位，从2005年至今，公司免烫衬衫的产量累计超过9200万件，深受国内外客户和市场的欢迎。

袁辉先后10多次获得区、市和国家级科学进步奖项。取得已授权发明专利17项，实用新型专利16项；参与编制广东省纺织团体标准，所发表的学术论文获佛山市自然科学优秀学术论文三等奖。更培养了一支4人的优秀技术团队，同时协助企业导师指导东华大学工程硕士5人顺利在企业完成硕士课题。

2020年，参与开发可清洗重用30次的防护口罩，为防疫工作贡献自己的一份力量。在做好本职工作的同时，还担任溢达纺织党委副书记、溢达纺织工会劳动保护委员，发挥共产党员的模范带头和先进生产力的代表作用，积极参与工会组织的活动，团结广大党员和同事，共同推动企业技术进步和发展。

◇ 张雄颜

张雄颜现任广东溢达纺织有限公司车缝研发技术专员、高级经理。她专注梭织衬衣的车缝工艺研究及生产管理30多年，屡创佳绩，推动溢达纺织的制衣自动化技术走在行业的前沿，被评为高明区高层次人才，获得"高明·大城工匠"、区"二八红旗手"等荣誉。

1991年，张雄颜进入溢达纺织，用4年时间完成了从普通车缝工到一线指导工、班长、主管、主任的四连跳，再用了3年时间于五邑大学完成了纺织工程专业（在职）的学习，掌握了系统专业的纺织技术。

担任主任后，她沉下心去钻研自动化制衣设备，每天往返于设备研发部门和车间工人之间，不断摸索、研究、调整，终于在2011年开发出第一代"封三尖"

"高明·大城工匠"、高明区"三八红旗手"、广东溢达纺织有限公司车缝研发技术专员、高级经理张雄颜（左）与员工工作照

自动化机器；通过精益改良、优化设计推出的第三代"封三尖"机，使产量提升了42%，合格率从原来的87%提升到99%。她带领着团队，进一步大规模地把自动化制衣生产技术（APT模式）应用到不同的工序中，实现梭织车缝自动化覆盖率达到74%以上。

她技术研发革新的领域涵盖免烫衬衣的车缝技术、Precure布种的压烫工艺、敏感布种的车缝改进、大规模自动化制衣生产技术（APT模式）的研发与应用等。在2016—2021年间先后获得9项实用新型的国家专利、1个外观设计专利和4个发明专利。张雄颜也先后获得中国纺织工业联合会颁发的科学技术进步奖二等奖、广东省科学技术奖三等奖。

她在人才培养和技艺传承方面不遗余力。带领纸样唛架荣获唛架技能大赛团队第一；2名纸样师和唛架师由T5级别升到T6级别；培养1名车缝/裁床经理；10多名车间优秀主任、主管等人才。编写《衣艺传承》一书，结合多年经验把制衣工序化繁为简，降低生产过程中的品质风险，用行动传技育徒。

她积极参加佛山妇联科技创新交流活动，积极推动工匠文化传播，通过线上线下的形式，用自己的经历激励新一代学生和年轻一代产业工人。

三、"育才引才标杆企业"之溢达经验

2022年佛山首批"育才引才标杆企业"

办学堂供员工随时随地学习

一直以来，广东溢达纺织有限公司都将对人才的重视摆在突出位置，发展多层次人才队伍，健全人才吸引、培养、使用、评价、激励制度，提升产业人才培养精准度和技能人才服务区域产业的整体能力。

在制度层面，溢达纺织制定了多项招聘、培训、管理规定，为员工的引进和

发展提供有力保障和清晰指引。

"我们构建了多层次的引才机制，建设产教融合型企业。例如，我们开展了'溢达全国创意大赛''溢达产业学院''现代学徒制''校企双制办学'等项目，引入了大量优秀人才。"溢达纺织人力资源部经理令艳介绍。

1993年以来，溢达纺织每年都会在全国范围内开展校园招聘。2013年开始，溢达与高校开展卓越工程师培养计划，如汕头大学、广东工业大学，累计超过82人入职，这些人才迅速成长为各类工程师。

如今，溢达纺织拥有广东省人才优粤卡（A卡）1人、佛山市科技领军人才3人、高明区高层次人才和大国工匠等10余人，拥有优粤佛山卡人才2300多人。

为帮助员工成长，溢达纺织开设专门的培训发展平台"溢达学堂"，并配备超过60名专、兼职培训师打造全方位人员培训项目，员工可随时随地进行线上课程学习。公司每年安排超数百万经费用于员工培训、发展。

企业还建立了国家级、省级企业技术中心，省企业重点实验室和博士、博士后工作站等创新平台，通过设立产学研合作中心等深化产学研对接，在人才培育上打造了多种人才培养项目，如管理培训生项目、运营培训生项目、研发培训生项目、GOAL人才发展项目等，高层次人才占比较高。

自1993年起，来自国内外顶尖大学的毕业生，如清华大学、英国伯明翰大学等超百名毕业生加入该企业，并成为管理培训生。在培养期间，公司提供大量培养资源，帮助人才快速成长，并安排其到集团国内分公司轮岗培训等，管培生可以在2.5年内快速成长为职业经理人。

佛山维尚家具制造有限公司

一、企业概况

佛山维尚家具制造有限公司（简称维尚家具、维尚）成立于2006年，是依托科技信息创新迅速发展起来的全屋家具定制企业，为消费者提供整体家居空间的家具个性化设计、生产与安装一体化服务；是传统家具行业向家居服务业转型升级的典型企业。

维尚在国内创新性地提出数码化定制概念，开创了"大规模个性化定制生产"新模式；拥有3D虚拟设计、3D虚拟生产和虚拟装配系统；2006年巨资打造基于数字条形码管理的生产流程控制系统。自成立以来，维尚以"家具制造到家居服务"不可复制的商业模式和"数码化定制""信息化制造"的核心竞争力，10余年间，销售额突破40亿，规模与发展实力走在定制家具行业前列。

维尚的"互联网+制造"走在国家战略风口，两化深度融合典范引领行业，自主研发机器人及全自动化立体仓、智能物流让维尚成为拥抱中国工业4.0的代表，受到国家领导人、知名学者、经济学家、多家媒体的广泛关注。2015年12月，维尚获得国家实验室认可；2016年1月，维尚被授予"2015中国最佳创新公司50强"；2016年6月，入选工信部智能制造试点示范项目；2018年10月，入选第二批工信部服务型制造示范企业；2022年1月，入选工信部绿色供应链管理企业。维尚

▌维尚家具五厂正门

▌维尚家具生产原料仓机器人

已被认定为国家高新技术企业、国家级工业设计中心、广东省企业技术中心、广东省工程技术研究开发中心、广东省工业设计中心、广东省优势传统产业转型升级示范企业、广东省供应链管理示范企业等。

维尚作为"维意定制"和"尚品宅配"两大品牌全屋定制家具的制造基地和供应链集成中心,目前已建成约30万平方米生产基地。"维意定制"荣获2012年度"终端影响力品牌大奖"、"2012年中国衣柜行业'质量·服务'双十强示范企业和环保示范品牌"、2014年"广东省著名商标"、2016年"广东省名牌产品"、2017年"中国驰名商标"、2018年家居权力榜年度"影响力品牌"、2018年7月"最受欢迎喜爱的创新力品牌"、2019年度"佛山市政府质量奖";"尚品宅配"荣获"2012年度百强成长企业""2014年中国衣柜影响力十大品牌",2015年度荣膺"最受万达广场消费者喜爱品牌"。两大品牌拥有全国加盟商与海外代理商2000多家。

企业领航人李连柱

李连柱,维尚家具董事长、企业联合创始人,2019年获"佛山·大城企业家"荣誉。

1994年华南理工大学研究生毕业留校任教的李连柱,与同窗好友创办圆方软件,专攻家居设计领域,发展成为占据95%以上市场份额的龙头企业。

基于为家具行业提供企业信息管理解决方案的经验,对市场趋势的洞察,怀抱打造新的行业范式的初心,李连柱带着一批信息技术人员,跨界进入家具行业,做起了家具定制。"希望把那些原先属于少数人的定制,变成今天多数人的生活。"

2004年,尚品宅配和维意定制分别在广州和佛山成立,销售定制橱柜和定制衣柜。2006年,他们在佛山南海创设佛山维尚家具制造有限公司,跨界进入定

▌2019年,维尚家具董事长李连柱获"佛山·大城企业家"荣誉

制家具生产领域，利用软件信息化、生产智能化的手段改造传统家具行业。2007年，新居网成立，成为网上直销平台。

李连柱的跨界可以说是一次对家具行业的完全颠覆，引来一片质疑声。但他始终没有放弃，而是以信息技术为基础，让个性化定制实现生产制造规模化，在价格和品质上都能满足消费者的需求。

2007年3月，维尚启动信息化技术改造传统家具生产项目。当年11月，大规模定制生产信息化系统研发完成并成功上线运行。通过这个数字化信息系统，在消费者下单后，维尚会把订单产品变成效果图，再把生产、仓储、运输环节全程打通。维尚家具由此开启了全屋家具定制时代。

随着"80后""90后"消费力量崛起，定制化、个性化需求开始释放，维尚家具的业务连年翻番，至2014年，销售额超过20亿元，相比2013年增长60%，高居中国家具行业增长率榜首。

为跟上订单不断扩大的脚步，维尚家具在智能生产上有了更多探索。2014年5月，维尚家具新一厂落成投产，机器人技术及智能化立体仓投入使用；2016年9月落成的第五工厂，成为国家2016年智能制造试点示范项目，矢志打造成家具行业工业4.0的典范。

2015年，维尚家具将工匠精神纳入公司发展战略，提出"岗位造工匠"的理念，在集团内部设立"集团金匠奖"，弘扬工匠精神，传承科技创新，为消费者和社会呈献价值。

二、工匠介绍

◇ 周淑毅

周淑毅毕业于华南理工大学机械学专业，工学硕士学位，是维尚家具联合创始人之一，现任公司总经理。1994年在华南理工大学任计算机讲师的他毅然"下海"，全力研发"数码化家具定制"项目。通过不懈努力，周叔毅最终开发出我国第一个拥有自主知识产权的设计软件，并给企业带来了巨大

2010年"全国劳动模范"、维尚家具技术总监周淑毅

的效益。周叔毅因带领团队通过信息化技术实现传统家具产业转型升级并作出了巨大贡献，获2010年"全国劳动模范"称号、2010年亚运会火炬手、"2012年全国轻工业企业信息化科技人才奖"、2013年度广东省科学技术奖一等奖（获奖成员），2019年"庆祝中华人民共和国70周年"纪念章。

◇ 朱懿哲

家具设计与制造专业科班出身的朱懿哲，从事家具行业15年，从一名普通的技术员成长为公司工艺技术中心经理。他一直保持学习状态，不断拓展知识和能力，优化工作方法，打造"多面手"团队，提升工艺技术中心的工作效率，一再做出突破，先后在2013年荣获"佛山市突出贡献高技能人才"称号，在2020年荣获南海区劳动模范称号。

2020年南海区劳动模范、维尚家具工艺技术中心经理朱懿哲

2009年朱懿哲入职维尚时，只是一名普通的技术员。半年后，公司把审核工序从前端转到技术员手中，这意味着作为技术员，他需要直接对接设计师，受理方案修改及报价工作。

由于善于钻研，朱懿哲提出了不少有效建议，包括前后端软件改善、实现产品模型工艺指令标准化等，并通过编写下单标准手册，清晰地传达给设计师。很快他便晋升为审核团队主管。

多年来，朱懿哲及其团队承担了公司多个重要项目的工作。他以精益求精的态度对待工作，带领团队实现新工艺、新模式与现有生产体系的无障碍对接，提升工艺技术中心的工作效率。全年有效减少35%拆单错误，降低30%板材耗损，降低20%售后补单。

针对维尚家具大规模的柔性化定制业务，朱懿哲认为要实现"虚拟制造"精细化，需在个性化方案中找到共性。2018年以来，在集团研发与工艺技术中心的反复探索下，灵感柜新下单模式上线，前端设计软件融合了更多工艺元素，月度订单复合增长高达90%以上，出错率从百分之一降到万分之一。

面对公司的高速发展和客户需求的快速变化，朱懿哲认为人才培养和储备格外重要。他根据团队成员自身优势和业务需求，通过轮岗制度、流程化建设等有针对性的举措，促使基层干部及工程师提升项目管理、产品研发、跨团队协作的能力，打造"多面手"团队。

在日常工作中，朱懿哲要求团队不放过任何细节，要在问题中探寻优化点，在产品客诉和生产中发现问题时，应主动跟横向业务部门沟通，制定出新的工艺产品标准，确保杜绝同类问题。

精益求精，是朱懿哲一直以来的工作态度。他通过持续学习，在不断的挑战中提升自身业务能力，带领团队解决行业难题，以此回馈社会，让消费者享受美好家居生活。

◇ 廖江

维尚工业工程中心总监廖江，加入维尚16年来，带领着他的团队在公司技术创新和自动化生产、工业4.0的践行道路上开拓进取，为公司创造价值，助推行业加工生产方式变革。2021年，获得"佛山市先进劳动者"称号。

2006年廖江以一名基层派遣技术员身份入职维尚，善于学习和钻研的他，很快熟悉工厂生产的流程和工艺技术，成为大家心目中的技术导师。

2021年"佛山市先进劳动者"、维尚家具工业工程中心总监廖江

2007—2008年间，他作为技术骨干加入"个性化定制规模化生产"攻关小组，经过6个月通宵达旦的努力，以一个"领带西裤抽屉"的模型为试验生产，成功实现产品全流程生产信息化指令的生成和对接，破解了行业技术难题，实现了家具行业大规模个性化定制生产。

此后，经过近5年的不断优化改进，进一步打通了销售系统和生产系统的全面对接，促使定制家具生产信息化得到质的飞越，使材料利用率提升10%（达到93%），生产交期缩短一半。

随着维尚的快速发展，廖江及其团队在生产信息化和智能制造方面，不断开发出一项又一项具有重大意义和价值的技术项目：2018年，开发出机器人喷胶产线，每年减少材料、人工、品质报废、环保等投入超百万元，为行业作出表率；2019年，开发出板式自动化封边钻孔产线，效率提升25%以上，每年成本合计节约超200万元；2020年，开发出在线包装模式，对软件算法、包装材料、作业流程和方法进行了革命性的颠覆，并全面覆盖，每年为公司减少几千万元的包装成本，成为行业的创新先锋。

他参与开发的系列成果，通过申报获得软件著作权达20余项，包括拆单系统、智能立体仓库管理系统、定制大批次混排开料系统、定制家具智能自动批次组织系统等，有力推动行业工业4.0的践行。

由于廖江技术过硬，大家只要在拆单工艺、软件操作、系统更新测试等方面有问题，都会找他寻求帮助，他也总能给予指导，并把问题解决，因此，大家都亲切地称呼他为"廖导"。如今，"廖导"已成为工业工程中心总监，但不变的是他始终坚持对生产系统各个流程和环节进行创新优化。在廖江总监的带领下，团队培养了一批软件优化、设备效率提升和维护等经验积累丰富的老员工，带领整个团队高效运转。他说："我不仅要跑，更要带着团队跑，让身边的人跑出更好的成绩。"

◇ 黎干

黎干，现任维尚家具总经理。2017年获得由中国两化融合权威媒体e-works数字化企业网颁发的"2016年度中国推进两化融合杰出CEO"等殊荣；2019年获得"广东省优秀中国特色社会主义事业建设者"荣誉称号。

2006年至今，黎干全面负责佛山维尚家具制造有限公司管理工作。在其带领下，秉持"创新科技服务家居"的理念，在短短15年间，将公司从微小企业发展到今天8000余人、在全国拥有2000多间实体店、产值超过

2021年"南海·大城工匠"荣誉称号获得者、维尚家具总经理黎干

70亿的智能制造试点示范企业，并实现了企业销售、设计、生产、配送、安装全流程信息化。维尚通过创新"虚拟现实技术"和"大规模定制技术"在传统家具

企业的全面应用以及独特的商业模式，成为中国信息化与工业化两化融合的标杆企业，企业销售规模年均增长60%以上，被誉为"传统产业转型升级的典型"。

由于维尚家具作为一家快速发展的全屋定制家具智造企业，且拥有行业内单位面积最多的半自动化设备车间，因此对高素质的技能人才尤为渴望。作为国家智能制造的典范，维尚工业4.0背后，是一批批的"工匠"在支撑。基于黎干同志对品质和口碑的追求，以及高素质技能人才的渴望，2016年大力提出维尚家具"千匠工程"和"校企合作前置"项目。项目的全面启动有效缓解了企业招工难、用工短缺等问题，对于特殊时期全面有序复工复产、人才储备等具有重要意义，同时也将助推国家核心技能人才的培育和发展。

匠心筑梦的维尚，从传统产业转型升级，以大规模、个性化定制为起点与核心，开创了符合时代发展的先进产业模式。相信未来的维尚，在黎干的带领下会持续创造家具行业的奇迹，带给消费者更好的服务。

三、维尚研发管理体系

维尚家具一直倡导"创新科技、服务家居"，"创新"是维尚的核心价值观之一。从早期的圆方软件，跨界成为全屋定制家具的开创者与领军品牌，维尚靠的就是创新。

维尚家具，不但每年投入在科技开发上的费用不低于销售额的3%，如2018—2020年研发费用累计投入超7.74亿元，更从制度和组织两方面入手，建立起一套完整的研发创新管理机制，有效地培育和促进企业持续的自主创新水平。

健全研发组织管理制度，建立研发投入核算体系

为规范研发项目组织管理，公司制定了《研究开发项目立项管理制度》，囊括科研项目立项管理和实施过程管理。

通过《研发费用核算管理制度》，建立研发投入核算体系，编制研发费用辅助账，对研发费用进行专账管理，实现了研发费用管理的透明化和合理化，有效促进了自主创新水平的提升。

与此同时，进一步以《研发人员考核奖励制度》《知识产权管理办法》等创新制度，鼓励职务发明创造，提升创新意识，提高创新效果。

设立研发机构，完善研发基础条件，积极开展产学研合作

公司成立了专门的研发机构，并于2017年通过广东省板式家具数码化定制工程技术研究中心认定。工程中心配备了原值超过1000万元的先进研发实验仪器设备，完善研发基础条件。

同时，为推动产学研合作广泛化、深入化、常态化，公司制定了《产学研合作项目管理办法》，近年来，先后与华南理工大学、广东工业大学、中国电子技术标准化研究院、广工大数控装备协同创新研究院等多家高校和科研机构联合开展智能制造与智慧工厂方面的研究与应用，并取得良好成果。

建立科技成果转化组织实施与激励机制及开放式创新创业平台，提升自主创新水平

同时，为进一步提升创新能力，建立并完善创新创业平台，公司成立了技术中心，并于2015年通过广东省省级企业技术中心认定。定期开展技术创新培训与交流活动，取得了良好的实施效果，有效提升了自主创新水平。此外，公司还设立了"中山大学高等继续教育学院MBA高研班教学实践基地""广东省民营企业转型升级案例教学基地"等一系列创新创业平台。

建立科技人员引进、培训、奖励制度，提升技术创新积极性

为提升科技人员技术水平和创新积极性，公司制定了《研发人员考核奖励制度》《人才引进管理制度》《科研人员培训管理制度》等制度，积极引进优秀科技人才，定期组织培训学习及技术交流活动，对研发人员进行绩效考核奖励，充分调动科技人员的创新积极性，推动公司自主创新能力的提升。

附：企业技术中心架构设置及职责介绍

佛山维尚家具制造有限公司企业技术中心组织架构图

维尚的企业技术中心成立于2009年，实行主任负责制，在公司的大力支持下，经过四年的发展与完善，现拥有技术委员会、专家委员会、研究开发中心、战略发展部、研发协作部、测试中心、综合管理部七大部门。

技术中心部门职责

（1）技术委员会

负责企业技术中心的重大问题决策、指导、检查和监督，特别是对中心研究开发方向、重大课题和经费核算等重大问题的决策；审议年度项目计划、讨论技术中心的战略规划；组织对技术中心及各部门负责人的考核奖惩等。

（2）专家委员会

参与对企业技术中心研究方向、重大研究计划及讨论，对企业的发展战略、投融资决策、市场商业策划、项目进展情况等进行咨询评估，为公司决策服务。

（3）研究开发中心

作为企业技术中心的核心部门之一，肩负着研制、开发新产品，完善产品功能的任务。对公司现有产品与市场部沟通，进行销售跟踪，根据市场反馈情报资料，及时在设计上进行改良，调整不理想因素，使产品适应市场需求，增加竞争力。

（4）战略发展部

负责企业技术发展的规划设计，市场与技术调研、研发项目可行性分析，确定技术中心研发方向；新产品推广、产品方案制作工作；研发项目技术支持工作。

（5）研发协作部

协助销售部门进行产品售前技术支持工作；市场需求调研工作；征集客户使用意见、客户跟进工作。

（6）测试中心

主要负责企业技术中心在研项目及新产品技术的测试工作；负责提供在研项目或新产品的技术测试报告，协助研发中心对测试结果进行科学分析，提出相应的测试意见。

（7）综合管理部

负责中心各项制度、规范建立与维护；研发项目管理；研发文档资料归档保存；实施绩效管理；项目知识产权申报和维护及其他中心内部管理工作。

广东一方制药有限公司

一、企业概况

广东一方制药有限公司（简称一方制药）隶属于国药集团中国中药控股有限公司，1993年由广东省中医药工程技术研究院创办。作为一家专业从事中药饮片剂型改革的现代中药制药企业，是国家"中药饮片剂型改革生产基地"和国家"中药配方颗粒试点生产企业"，是中国以现代植物提取技术改革中医中药传统汤剂的先行者。

自成立以来，广东一方制药有限公司以广东省第二中医院（广东省中医药工程技术研究院）为强大的科技依托，系统进行中药配方颗粒的生产工艺、质量标准、临床药效、安全性等研究，为一方制药中药配方颗粒项目产业化发展奠定了坚实的技术基础。

20余年来，一方制药研发生产了700余味产品，建立了中药配方颗粒特征图谱质量控制标准，开展了中药谱效学研究、等量性与等效性研究等科研工作，与研究院共同承担完成中药配方颗粒相关的省部级科研课题41项，荣获国家科学技术进步奖二等奖一次，广东省科学技术进步奖一等奖、二等奖、三等奖等奖项多次及其他奖项。现为国家企业技术中心、广东省中药配方颗粒企业重点实验室、广东省中药配方颗粒工程实验室、广东省中药配方颗粒工程技术研究开发中心、博士后科研工作站，不断研究创新，打造核心竞争力，积极走向世界，开展国际合作。

目前拥有佛山和顺一方、佛山里水一方、甘肃陇西一方、山东临沂一方、浙江磐安一方、湖南常德一方、江西南昌一方、陕西一方、广西桂林一方以及甘肃陇中药业、山东中平药业等十一大生产基地，100余个常用品种的药材基地。

▍一方制药总部基地

▍佛山里水一方

▌中控室

▌中药提取生产线

作为中国现代中药工业的领军企业，一方制药于1999年通过澳大利亚药物管理局（TGA）的GMP认证，2001年研制出中药配方颗粒智能调配系统，2011年荣获国家科学技术进步奖二等奖，2017年与沃特世共建中药行业第一家联合实验室；2018年通过CNAS国家实验室认可，2019年被认定为国家企业技术中心，并先后获得"国家火炬计划重点高新技术企业""南海制造业全国隐形冠军"等荣誉。作为中药配方颗粒国家标准制定参与单位，获国家市场监督管理总局颁发"中国标准创新贡献奖标准项目一等奖"。产品已覆盖全国所有省、市、区，并远销欧洲、北美、澳洲、东南亚等60余个国家和地区。

二、工匠介绍

◇ 魏梅

自2008年入职一方制药，魏梅历任技术经理、技术总监、质量总监、副总经理，现为公司董事长，20多年来，一直致力于中药配方颗粒研究。任职期间，带领一方制药技术人员开展中药配方颗粒质量标准深化、产业化技术升级、技术平台打造、重点配方颗粒品种优化升级、智能化制造水平提升等研究。开展中药材种源培育和规范化种植，形成中药配方颗粒全产业链的质量溯源。开展中药经典名方的研究工作，构建"经典名方+中药配方颗粒"的研发体系。

作为国家企业技术中心副主任、广东省中药配方颗粒企业重点实验室主任，魏梅所带领的科研团队掌握行业最先进技术，为中药配方颗粒行业发展及中药现代化改革作出了积极的贡献。创建了中药配方颗粒质量评价体系，建立了不同品种的数据和指纹图谱库，有效地解决了600多种中药配方颗粒质量评价关键技术，填补了中药配方颗粒质量标准的空白。国家药监局首批及第二批公示的196个中药配方颗粒国家标准中，54个为一方制药完成，数量居15家单位之首，引领行业发展。一方制药还积极开展国际标准研究，与中国药科大学合作，共同开展黄芩及陈皮配方颗粒美国药典质量标准研究；与荷兰莱顿大学合作，以人参配方颗粒为示范，共同建立德国药品法典；与澳门科技大学、上海药物研究所合作开展大黄、黄连等药材国际质量认证体系（ISO标准）研究，以标准的国际化推动中药配方颗粒产品的国际化。

2020年，魏梅主动请缨，一直坚守在抗击疫情的生产一线，负责研发广州市第八人民医院的"肺炎1号方"，成功获得首个用于新型冠状病毒感染轻症肺炎的医疗机构制剂"透解祛瘟颗粒"备案批件，为最短时间将中药应用到疫情一线提供了坚强的技术保障和药品供应。

她积极推动公司数字化、智能化转型升级，根据公司生产经营特色，在提取工序引入中药提取集散控制系统（DCS）、制剂工序引入生产过程执行系统（MES），生产信息化水平不断提升；2019年起，主持公司智能化立体仓库建设项目，建成后公司仓储能力可扩增2—3倍，满足公司日益增长的仓储需求。

经过多年的积累，魏梅先后获得"抗击新冠肺炎疫情全国三八红旗手"、广东省先进女职工、广东省优秀质量管理人、广东省优秀质量受权人、广东省医药行业科技创新发展卓越领导者、"佛山·大城工匠"、佛山市科技创新领军人物、佛山市创新杰出人才等荣誉。先后被中国中药协会、广东省中西医结合学会、广东省药学会理事会等专业协会聘任为专业委员会理事、常务委员和委员等，并被聘任为广州中医药大学等高等院校的研究生导师。

◇ 陈向东

陈向东自1998年起到广东一方制药有限

"南海·大城工匠"、一方制药技术中心副总监陈向东（右）工作照

公司任职，历任生产车间职员、制剂车间副主任、标准化研发项目组主管、技术研发中心副经理、技术中心标准化部经理，现为公司技术中心副总监，24年来埋头钻研中药配方颗粒标准研发，从零开始，建立以薄层鉴别为技术核心的几百种中药配方颗粒质量标准，成功将120多个品种标准纳入《广东省中药配方颗粒质量标准》，成为国内首次颁布的法定标准。

我国中药应用于临床的品种超过300种，每一个都要定性、定量，过程很琐碎，周期也很长。更何况，从零开始"铸尺"不是简单地画一条线，而是建立在成千上万次实验的基础上。为解决颗粒剂无法采用性状鉴别方法判别原材料好坏的情况，陈向东大煲小罐做实验，最终确定用薄层鉴别将各种中药中所含的化学成分以色谱图直观展现出来，形成了当时最先进的中药配方颗粒质量标准。

为了打造严格的中药配方颗粒内控标准，他从控制产品焦煳味、不溶解等着手，逐步收窄颗粒色泽、颗粒均匀度、含量上下限、收率等控制范围；同时，又对药材、饮片、浸膏、提取物到产品的标准进行设计。质量之外，他还针对容易出现染色的品种，建立同时测定金胺O、金橙Ⅱ等染色剂的方法；针对农药残留容易超标的问题，研究出测定100多种农药残留的技术。

陈向东以"打造一流标准"为目标，24年来，始终坚持淬炼一把衡量中药配方颗粒质量的"标尺"，不断地在中药配方颗粒技术上取得突破，使公司产品质量标准引领全国同行业，推动行业发展，荣获了"南海·大城工匠"等荣誉称号。

◇ 罗艳萍

罗艳萍，副主任中药师、副研究员，1994年本科毕业于沈阳药科大学，2005年毕业于广西中医学院，获硕士学位，2009年毕业于南京中医药大学，获博士学位。2012年入职广东一方制药有限公司，现任健康产品技术研究院副院长，负责大健康产品的开发工作。

如何让良药不"苦口"，这是罗艳萍常在思考的一个问题。无论是由中药材变成中药提取物或各类中成药，还是由中药汤剂变成中药配方颗粒的过程，如何减少药效的损失是攻关的核心。她和团队在中药提取、浓缩、干燥、制粒等各个工艺研究中，不断尝试，研究每个工艺的时间管控、温度设定，将生产工艺做到极致。为配合中药配方颗粒的推广应用，她带领团队深入一线，在充分调研后创新性研发出配方颗粒无糖膏方、外用膏剂等剂型。利用中药配方颗粒生产优势，积极对中药传统剂型进行配方工艺改进，提高质量，减少药品服用量的同时让功效得到保证，并解决了中药重金属、农药残留等问题。同时顺应TGA等国际标准要求，提高重金属、农药残留、微生物限度等指标，让中医药传统剂型在海外市场获得认可，服务于更多有需求的人。

解决了苦口的问题，那如何让中药融入日常生活调养中，做到未病先防、已病防变？这是罗艳萍思考的另外一个问题。中药大健康产品要做到既有效好吃又方便，才能让中药更大程度发挥调理亚健康、预防重大疾病及减轻老龄化影响的作用。基于此，罗艳萍依据中医九种体质特征及"清、调、补"的中医养生理论，带领团队精心筛选原料和经历无数次的配方测试，开创性地研发了"一方四季""一方九韵"系列体质调理产品和多款健康果冻食品，具有口感好、携带服用方便、调理功效明显等特点，且原料均为药食同源原料，没有成瘾性或伤害身体等其他安全性问题，让中医药为人民健康发挥更大的作用。

除此之外，罗艳萍在人才队伍建设中倾注巨大的心血。在她的领导下，制定了完备的大健康研发团队人才培养计划和人才引进计划，建立了良好的学术接班人和优秀青年人才的培养机制，使团队真正成为敢于创新的学习型组织。培养了一支以青年人为主体的多学科人才创新团队，先后指导17名硕士研究生及10名本科生同事开展中药相关研究开发工作，多名同事先后成为公司技术骨干和优秀管理者。

作为学习中药、研究开发中药超过30年的中药大健康从业者，罗艳萍一直坚守在科研工作第一线，始终坚持实事求是的科学精神、严谨的治学态度，严格遵守学术研究道德规范，以"修合无人见、存心有天知"的做事理念，勤奋务实做实事，努力为中医药大健康发展贡献自己的力量。

三、"育才引才标杆企业"之一方经验

2022年佛山首批"育才引才标杆企业"

依托院士工作站培育高端人才

广东一方制药有限公司是目前国内最大的中药配方颗粒生产企业，一方制药主营产品有600多味品种，占据行业30%以上的市场份额，从1992年在佛山成立至今已30余年，是佛山本土企业成长的代表。

一方制药发展离不开做好"人才功夫"。30余年来，一方制药注重人力资本运营，倡导以敬业者为本。早在2016年，就成立了一方研修院，共设四大研修院，分别为管理研修院、技术研修院、营销研修院及党建研修院，为全体员工提供发展所需的学习资源，系统提升组织能力。

一方研修院建有完善的课程体系、讲师体系，拥有专业的移动学习平台"E方"，特色的学习课程、专业的培养体系助力一方人更快成长。

特别在2017年以来，以"构筑人才高地"为战略目标，推动人力资源变革，不断提升对人才的吸引力和培养能力，激发人才创造力，促进人力资本的持续提升。

广东省科学技术协会公布的2022年广东省院士工作站（第二批）名单，其中一家建设单位为一方制药，进站院士为中国科学院院士仝小林。

依托院士工作站，一方制药将着力打造岐黄学者等各类高层次人文培养项目，培养中医药高端人才，在推动中医药产业健康发展的道路上做作积极贡献。除借助与院士团队的合作外，一方制药在内部也积极开展了人才"航计划"工程，通过"一方师承育才计划"，打造富有战斗力的复合型人才。"航计划"是一方制药特色管理培训项目，旨在为公司培养各级后备管理人才，搭建完善的后备人才梯队。包括启航、潜航、巡航、领航四大序列，分别面向应届毕业生、后备主管、后备经理、后备高管做有针对性的系统培训培养。

此外，一方制药以科研项目为载体，与医院、高校开展产学研合作，实施"产学研联盟培才计划"，目前已累计开展科研项目9项，并于2020年10月获得广东省第一批建设培育的产教融合型企业资质。

做好人才驱动工作，不仅要注重外部引进，也要考虑员工自身成长机会、成长速度。一方制药在持续提高市场规模、品牌知名度的基础上，不断完善内部办公、住宿等环境，积极打造花园式工厂，通过"六险一金"等着力提高员工收入及福利水平。

为强化服务，提升员工满意度，设置了人才服务专岗，保障人才及时享受政府各项人才扶持与奖励。现已累计通过第三方人才评审近300人，人才累计申报补贴金额达175万元。

佛山市国星光电股份有限公司

一、企业概况

佛山市国星光电股份有限公司（简称国星光电）成立于1969年，注册资本6.2亿元，是广东省属国有独资重点企业广晟集团的控股上市公司，专业从事研发、生产、销售LED及LED应用产品，是国内第一家以LED为主业首发上市的企业，也是最早生产LED的企业之一。经过53年的改革发展，国星光电现已成为广晟集团电子信息板块的主力军、我国LED封装行业的龙头企业，在全球LED封装行业占据重要地位，显示器件市场规模名列国内前茅，白光器件市场规模位居高端应用领域国内前列，组件产品为国际知名家电企业的核心战略供货商。

作为国家高新技术企业和国家火炬计划重点高新技术企业，近年来国星光电深入学习贯彻习近平总书记关于科技创新的重要论述，认真落实广东省委、省政府关于实现科技自立自强的决策部署，按照广晟集团科技创新工作要求，大力实施创新驱动发展战略，形成了电子信息领域相对完备的科技创新体系，搭建了博士后科研工作站、半导体照明材料及器件国家地方联合工程实验室等多个国家级科研平台，承担了国家"863"计划项目、国家火炬计划项目等国家级科研项目20多项，省部级项目80多项，特别是聚焦LED元器件、Mini LED显示、LED外延及芯片、非视觉光源等产品的研制、生产，狠抓关键核心技术攻坚，着力破解半导体

┃ 国星光电全景

┃ 车间

领域"卡脖子"难题，在LED超高清显示、新型光电子及应用、第三代功率半导体等领域占据技术主导地位，一批高科技产品在中华人民共和国成立70周年阅兵、博鳌亚洲论坛、奥运会、北京大兴国际机场等重要活动和场所得到成功应用。截至目前，国星光电已申请专利破千项，已授权专利近700项，荣获2019年国家科学技术进步奖一等奖，实现了省属企业国家科学技术进步一等奖的重大突破，并荣获2020年度广东省科学技术进步奖一等奖。

接下来，国星光电将持续以服务国家战略、支撑国家建设、引领行业发展为己任，做强做优做大LED封装主业，做专做精做深智能显示、智能穿戴、智控模块等新兴产业，努力成为世界级LED封装技术创新领导者，为广晟集团奋进世界500强发挥重要作用，为粤港澳大湾区培育世界级电子信息产业集群作出新的更大贡献。

二、工匠介绍

◇ 李程

【获得荣誉】

荣获2015年佛山市科学技术奖二等奖

荣获首届"禅城区大工匠"称号

荣获2016年禅城区科学技术奖一等奖

荣获2017年佛山市科学技术奖二等奖

荣获2018年"佛山·大城工匠"称号

荣获2019年佛山高新技术进步奖一等奖

荣获2020年广东专利优秀奖

荣获2020年度广东省科学技术进步奖一等奖

国星光电副总裁、研究院院长李程

荣获2020年度广晟集团"科技创新杰出人才"称号

荣获2021年度广东省科学技术进步奖一等奖

荣获2021年度广晟集团"百名先锋""先进科技工作者"称号

李程，博士、教授级高级工程师、国务院特殊津贴专家，现任国星光电副总裁、研究院院长。

李程全面负责国星光电新产品开发和技术创新等工作，带领团队长期钻研各种LED器件的封装及其应用技术，开发出Mini&Micro LED、非视觉LED、户内外小间距显示用LED等系列产品，在国内甚至国际都处于领先地位；高度重视知识产权管理，带领团队获得"国家知识产权示范企业"的荣誉。主持和参与科技项目共38项（其中"863"计划项目、国家重点研发计划等国家项目5项，省级项目17项，市区级项目16项）；完成专利申请73项，专利授权63项；在国内外著名期刊上发表论文18篇，其中SCI收录3篇；作为主要起草人完成了1项国际标准和1项国家标准的编制，参与《佛山市LED产业技术路线图》的编写。

◇ 秦快

【获得荣誉】

荣获2016—2020年国星光电科技创新奖

荣获2017—2018年中国LED创新技术与产品奖

荣获2019年度国家科学技术进步奖一等奖

荣获2020年广东省科学技术进步奖一等奖

荣获2020年广晟公司"广晟工匠"称号

秦快同志入职国星光电10余年来，始终秉着严格严谨的工作态度，着眼市场应用，专注于LED器件封装工艺研究和应用技术开发，

国星光电RGB器件事业部
总经理秦快

带领团队刻苦钻研，夜以继日开展试验，不断在实践中学习，在学习中实践，摸透核心材料性能，升级工艺工程，持续提升产品性能，开拓行业应用。引领行业发展的多项产品、工艺均属行业首创或首发，尤其在RGB全彩显示器件的应用领域，参与和主导多款核心产品及省市级科研项目的开发工作，取得突出成绩。在近年发展迅速的小间距和微小间距领域，包括Mini&Micro LED封装及应用，助力国星光电在全球范围内实现技术领先、产品领先的地位。申请LED器件专利75项，发明31项，其中境外11项；实用新型专利42项，其中境外3项；外观设计专利2项，其中境外1项，为有力提升国星光电公司的产品竞争力与市场份额做出重要贡献。

◇ 谢志国

【获得荣誉】

荣获2016年佛山市高新技术进步奖三等奖

荣获2016年佛山市禅城区科学技术奖一等奖

荣获2018年佛山市创新领军人才

荣获2019年佛山市高新技术进步奖三等奖

荣获2019年"广晟工匠"称号

荣获2020年"广晟劳模"称号

荣获2020年广晟集团"科技创新杰出人才"称号

谢志国参与起草氟化物红色荧光粉国家标准，带领技术团队从事LED半导体照明封装技术研究，开发的白光封装器件出货量2000KK/月①，年销售额达到5亿；先后开发完成Mini

国星光电组件事业部总经理谢志国

SMD背光器件、Mini COB背光显示模组、白光"Eyelove"健康照明器件、通用照明市场0.2W～1W2835 LED器件、直下式和侧入式背光等系列产品，建立全新的户外景观亮化产品3535/5050线，通过一系列特色产品打造，有力提升国星品牌效应。先后主持和参与科技项目22项，其中参与国家"863"计划项目、国家重点研发计划等国家项目2项，省级项目8项，地市级项目12项。主持国家重点研究计划课题1项，广东省科技计划项目4项，区科技项目1项。累计完成专利申请54项，专利授权40项，其中发明专利7项。发表第一作者论文7篇，其中SCI收录4篇，EI收录1篇，中文核心期刊2篇。

◇ 梁丽芳

【获得荣誉】

荣获2011年佛山市科学技术奖一等奖

荣获2013年禅城区"三八红旗手"称号

荣获2014年佛山市禅城区科学技术奖一等奖

荣获2018年广东省科学技术奖一等奖

荣获2018年佛山市禅城区科学技术奖一

国星光电研究院副院长梁丽芳

---

① 因为LED数量通常很大，所以采用K做单位，1K就是1000颗，1KK就是1000×1000＝1000000（颗），即100万颗。

等奖

荣获2019年佛山高新技术进步奖一等奖

荣获2019年广东省专利优秀奖

荣获2019年国星光电"专利管理"优秀团队奖

荣获2019年度广晟公司"广晟工匠"称号

梁丽芳同志于2008年硕士毕业后入职国星光电，以"国星人"身份投身LED研发事业13年，带领团队建立了完善的知识产权管理模式，签订了全国第一批知识产权综合服务保险，促进国星光电知识产权综合实力全面提升，近几年发明专利申请占比超50%；同时，带领团队持续提高研究院的检测能力和质量控制管理能力，建立了获得国家实验室（CNAS）认可的实验室管理体系，并导入实验室信息管理系统（LIMS），结合信息化手段为客户提供专业、精准、可靠的服务。在个人成果方面，先后主持或参与科技项目24项，获得授权专利47件，发表论文共11篇，先后获得广东省科学技术奖一等奖、广东省专利优秀奖等荣誉。

◇ 徐亮

【获得荣誉】

荣获2018年广东省科学技术进步奖一等奖

荣获2018年佛山市南海区科学技术进步奖三等奖

荣获2019年广晟公司"广晟工匠"称号

荣获2019年佛山市高新技术进步奖一等奖

荣获2020年广东省技术发明奖一等奖

荣获2020年广晟公司"五先进共产党员"称号

荣获2020年中国有色金属工业科学技术奖一等奖

荣获2020年佛山市南海区认定为"三类人才"

荣获2020年度广晟集团"科技创新先进个人"称号

国星半导体技术有限公司
副总经理徐亮

徐亮主要从事国星光电氮化镓（GaN）基LED芯片新产品的开发和新技术的

导入，近年来，带领团队在车用大功率芯片、紫外芯片、RGB显示芯片、高可靠性数码芯片、硅基GaN芯片、Micro/Mini LED芯片等方面进行新产品的开发和量产；带领团队实现车用级大功率芯片D5555、D4343的开发和性能提升，整体性能处于国内前列，成功进入车用级芯片市场；负责从无到有地进行紫外芯片系列的开发，形成365纳米、395纳米、405纳米三个新系列产品，进军紫外固化、健康照明应用领域。在前瞻性领域方面，开发了Mini背光和Mini显示两大系列的芯片产品，并积极开展Micro LED的研究探索。先后主持和参与广东省重大专项11项，申请各项专利45项，授权27项，发表SCI论文3篇。

◇ 刘发波

【获得荣誉】

荣获2011—2019年国星"优秀员工""优秀科技工作者"称号

荣获2018年佛山市同济路科技进步奖

荣获2019年广晟集团"广晟工匠"称号

刘发波自2010年6月入职国星光电以来，专注于LED封装和应用的研发工作，负责LED背光研发工作，开发了护眼产品系列、高色域产品系列、超薄产品系列、mini LED背光产品等，在工作中，兢兢业业，刻苦钻研，积极努力学习新知识，夜以继日实验，开发出新品，掌握行业最新前沿知识，提升产品工艺水平，提升产品质量。开发的mini LED背光产品首家量产，开创多个第一，拓展了客户群体，引领行业的发展。开发的显示器背光产品，市场占有率高，具有市场领先地位。完成专利申请25项，其中11项发明专利，14项外观实用新型专利，先后参与省级科研项目1项，区级项目2项。

▎国星光电组件事业部
研发部总监刘发波

◇ 章金惠

【获得荣誉】

荣获国星光电2017—2018年科技创新工作优异贡献

荣获国星光电研发中心"标兵个人奖"

荣获国星光电2019年度"技术之星"

荣获国星光电2019年度突出贡献个人

荣获国星光电2019年科技创新工作优异

贡献奖

荣获国星光电研发中心"标兵团队奖"

荣获国星光电研究院2020年度"创新先锋

队"称号

荣获国星光电"岗位女能手"

荣获2020年度广东科学技术进步奖一等奖

荣获2020年度广晟集团"科技创新先进个

人"称号

▌国星光电研究院主任
工程师章金惠

章金惠主要负责国星光电前瞻性研究工作，包括Micro LED超高清显示模组、高色域量子点Mini LED器件、全光谱白光LED等。带领团队搭建研究院前瞻研发平台，推出第一代Micro LED透明显示模组（nStarⅠ），在国内LED封装企业中首次突破点间距0.3mm以下MicroLED技术与产品的开发；带领团队先后开发出一系列高品质高附加值照明器件，如高PPE植物照明全光谱LED器件、紫光激发类太阳光谱LED系列产品等，性能与国外产品相媲美，填补了公司空白。先后承担和参与各级政府科研项目7项，其中，省级5项、市级1项，企业项目1项；完成专利申请57项（发明专利21项）、授权专利35项（发明专利7项），发表科研论文5篇。

三、"育才引才标杆企业"之国星光电经验

2022年佛山首批"育才引才标杆企业"

国星光电经验谈：促进关键人才快速成长

国星光电作为广东省属国有独资重点企业广晟集团的控股上市公司，拥有多项耀眼荣誉：先后获得"2019年国家知识产权示范企业""2019年国家科学技术进步奖一等奖""2020年度广东省科学技术进步奖一等奖"，2022年入选国务院科改示范企业名单，承担了国家级项目26项，省市级科研项目100余项。

人才培育是这些成绩取得的重要支撑。目前，国星光电现有员工3875人，其

中，研发技术人员420名，作为禅城区重点企业和纳税大户，国星光电年均引入本科及以上优质人才150人以上。

"引进人才，做好平台建设是第一步。"国星光电人力资源部总经理杨宇勋表示，国星光电设立了博士后工作站、博士工作站、研究生联合培养基地、"3+1"实习基地等平台，大大夯实了引才育才的平台。

针对基层人员，国星光电不断开展诸如"金牌班组长"培训、劳动技能竞赛、红旗班组评选等活动，夯实基层人员培养；针对关键人才，国星光电出台《关键人才管理办法》，对关键人才在选用育留方面做重点倾斜，促进关键人才快速成长；针对管理人才，早在2010年，国星光电设立了管理培训班，年均安排近50名高潜人才入班学习，持续不断为公司输出诸多中层干部。

人才引得进还要留得住。国星光电经营管理班子已施行任期制与契约化管理，在中长期激励方面与高管经营做了有效的绑定，部分部门采用虚拟股权、增量奖的方式进一步探索了责任共担、利益共享的创新管理方式。同时，建立了三序列五通道的职业发展路径，尤其是今年出台了《技能人才创新发展及晋升管理办法》，为产业工人的提高培养拓宽了道路。

▎博士团队

在福利保障方面，除了五险一金，国星光电还建立了企业年金、补充医疗保险制度。此外，国星光电设立了"员工互助基金""员工子女教育基金"等，定期对困难职工进行帮扶，每年对全体员工进行一次全面健康体检。

"金牌班组长"能力提升训练营

战狼训战营

佛山隆深机器人有限公司

一、企业概况

佛山隆深机器人有限公司（简称隆深机器人、隆深）成立于2013年，专注技术创新与智能制造，引领行业转型升级，是目前我国工业4.0、智能工厂研发及项目实施领域的一家国家高新技术企业。公司以工业机器人系统集成、非标自动化设备及整线设计制造、机器人本体、控制器研发及智能制造为核心业务，服务涵盖汽车及零配件、3C电子①、家电、环保、智慧物流、新能源、教育、装配式建筑、医药等业务领域，致力于为客户提供具有市场竞争力、完整的机器人系统及整体自动化解决方案。

公司现有员工超300人，研发人员超160人，累计获得知识产权达168项；其中包括外观专利12项，发明专利28项，实用新型专利88项，计算机软件著作权40项。公司总部位于佛山顺德，现已达成上海、芜湖、长沙、武汉、十堰地区细分领域的布局，业务范围辐射全国，主要产品包括自动化集成系统、CCD视觉系统、MES软件系统、机器人本体（自主品牌科佩克）、机器人教育系统等，其中

---

① 即计算机（Computer）、通讯（Communication）和消费电子产品（Consumer Electronic）三类电子产品的简称。

▌成立于2013年的佛山隆深机器人有限公司

▌2019年智能制造骨干教师研修班结业

家电自动装配线、自动冲压线、注塑工厂信息化、码垛生产线、压铸生产线、电机装配线等均在国内具备领先优势。

隆深机器人在智能数据采集、MES软件服务、机器人系统集成、整厂自动化等领域拥有深厚技术沉淀，其产品和解决方案已应用于家电、教育行业，并正在向汽车、3C电子、新能源、环保行业等领域拓展。隆深机器人客户包括格力、海信、长虹、TCL、万和、新宝（东菱）、小天鹅、格兰仕、奥克斯、志高、惠而浦、芬尼克兹、一汽丰田、广汽丰田等，并成功开拓韶能集团、三一重工、中船重工等大型集团客户，迄今累计销售应用机器人近万台。

同时，公司是日本川崎（Kawasaki）机器人特级代理商（S级），连续6年在中国区的销售数量排名第一，德国库卡华南地区总代理，公司也是日本发那科、瑞士ABB、丹麦优傲的战略合作伙伴。2017年，经川崎授予在公司成立川崎机器人华南培训中心，承担川崎机器人在华南地区的培训业务。

公司先后获得中国系统集成商TOP30认证、国家知识产权优势企业、广东省知识产权优势企业、广东省机器人骨干企业、广东省高成长中小企业、广东省战略性新兴产业培育企业、省级博士后创新实践基地、广东省工业机器人柔性化生产线工程技术研究中心、广东省智能制造试点示范企业、佛山市工业机器人智能化和信息化技术研究中心、佛山市细分行业龙头企业、"中国制造2025"试点示范创建企业、佛山市市级企业技术中心等，先后通过ISO 9001、OHSAS 18000、ISO 45001、ISO 27001、ISO 20000、IATF 16949、知识产权管理体系认证。隆深不断加大对知识产权的保护，扩充专利储备，丰硕的科研成果也正是隆深雄厚综合实力的强有力支撑之一。2020年荣获佛山高新区领军企业、瞪羚企业、高水平企业大学、制造业单打冠军企业四项荣誉，氢燃料电池项目荣获"中国好技术"称号。2021年荣获国家级"专精特新"小巨人企业称号。

隆深与清华大学、浙江大学、东北大学、华南理工大学等知名院校和科研机构开展产学研合作，承担一批国家和省级科研项目，并与各大高职院校开展"现代学徒制"校企合作，创新人才培养模式，完善人才梯队，为公司发展培育高质量发展资源。

未来，隆深将充分利用国家及各地方政府对智能制造产业的扶持政策，抓住国内尤其是沿海地区制造业向"智能制造"转型升级的行业发展契机，结合自身优势，坚持以工业自动化集成及智能工厂为主攻方向，以广东、芜湖基地为市场中心，长沙基地为企业平台管控中心，大规模销售工业机器人，实现售后服务短、平、快，并且加速切入新能源电池、轨道交通、住宅工业化智能装备领域，拓展产品应用领域，快速、稳步提升智能装备企业市场竞争力；在发展过程中坚持技术研发和创新，不断加强研发投入，凭借专注、务实的企业精神，以拼搏、进取的姿态开拓创新，助力"中国制造2025"不断发展。

附：技术人员的企业生态环境

隆深的技术类人才分为八级，P1—P8，包括初级装调工、装调技师、助理工程师、工程师、主任工程师、高级工程师、技术总工。目前主要的技术人员分布在P4—P5阶段（助理工程师、工程师）。

技术人员薪酬，每个级别工资级差不等，3000—20000元不等。对于能力较强

▌电气主任工程师许津华工作照

▌本体设计工程师王宁工作照

▌本体研发工程师李敏工作照

的技工，在薪酬福利上有倾斜；高级技术型人才可参与公司股权激励等。

相比于管理层，技术人员的层级设定及晋升主要来源于工作经历、学历、各类技术专业等级证书及平常工作表现。从P5开始，公司内部会展开主任工程师评选工作，由技术部门根据基本要求进行内部推荐，现场演讲，由评优小组不记名投票产生。

每年公司对技术创新研发费用投入占到总费用的38%左右，占收入的5%左右。

二、工匠介绍

◇ 赵伟峰

赵伟峰，佛山隆深机器人有限公司创办人，现为公司总经理。在赵伟峰先生的带领下，隆深机器人在短短7年内已经发展为顺德区乃至佛山地区最大的机器人集成商，销售业绩年年翻番，2019年销售额达4.2亿元，累计销售及应用工业机器人超过8000台套，在中国白色家电制造行业机器人应用中名列首位，超过60%的市场占有率。

2019年"佛山市创新创业杰出人才"称号获得者，佛山隆深机器人有限公司创办人、总经理赵伟峰

赵伟峰积极推动机器人国际知名品牌落户顺德，基于隆深与川崎的深度战略合作，川崎机器人将国内首个机器人工程研发中心、机器人培训中心建立在顺德，并牵线全球最大的机器人公司——日本发那科机器人有限公司与顺德家电巨头格兰仕达成合作，发那科已将机器人研发中心设立在顺德中欧中心，同时，隆深也是德国库卡机器人在中国的前十位的代理商，为库卡落户顺德增强信心，截止2020年，隆深销售机器人超过8000台，连续3年川崎机器人全球销售冠军，并一举登榜S级代理商。赵伟峰先生先后获得"中国工业机器人系统集成金爵奖功勋人物奖"、2017年度川崎机器人集成系统领军人物、2017年度大中华区KUKA机器人应用影响力人物、2019年佛山市创新创业杰出人才等称号。

广东石湾酒厂集团有限公司

一、企业概况

广东石湾酒厂集团有限公司（简称石湾酒厂集团、石湾酒厂）是一家专业酒业集团，其前身是创立于清道光十年（1830）的"陈太吉酒庄"，迄今在原址不间断生产超过190年历史。集团现已通过ISO 9001国际质量体系认证和HACCP食品安全管理体系认证，是《豉香型白酒》国家标准起草单位和全国豉香型白酒分技术委员会秘书处单位，名列中国白酒100强、广东企业500强、广东制造业100强。

石湾酒厂集团总部所在地——佛山石湾地处珠江三角洲腹地，物产丰富，水路畅通，城乡兴旺，酒铺林立，酿酒业源远流长。早在北宋年间，政府免征岭南的盐税和酒税，酿酒业便兴盛一时，曾出产过22种名酒，畅销全国，远及东南亚，制陶和酿酒并列成为当时本镇的两大行业。

清光绪二十一年（1895），陈太吉酒庄第三代传人翰林学士陈如岳放弃仕途后，回家乡潜心酿酒，对照南北酿酒技艺之相同与差异，融合自家技艺创立了"野生菌种、只摘头酒、陶缸洞藏"的清雅型酒酿制技艺，同年创立"肥肉酿浸，缸埕陈藏"的豉香型酒酿制技艺。

清光绪二十六年（1900），陈太吉酒庄开始在石湾开设了第一家分栈，增设2条蒸酒甑，日产酒已达3600斤，并不断扩大了经营面积，酿酒作坊和店铺几乎占了石湾居民区的一半，产品包括醇旧太吉酒，顶旧双蒸、三蒸酒，原庄糯米、黑糯酒等15个品种，深为好饮者喜爱，成为当时的地方特产。至1920年，"陈太吉酒庄"在广州开设分栈销售，到1945年发展到香港、澳门，并在广州和澳门设六条蒸酒甑进行酿造生产，日产跃到17200斤。

中华人民共和国成立后，陈太吉酒庄屡经分合，以陈太吉酒庄作为厂址组建成公私合营陈太吉酒厂，后转为地方国营陈太吉酒厂，于1968年改名为石湾酒厂。2006年实行企业转制，于2011年正式更名为现在的广东石湾酒厂有限公司。企业规模从酒作坊发展到现代化大型酿酒企业，现已成为"中国白酒百强企业"和"广东白酒行业'国家信用等级AAA级'企业"，于2011年入选"中华老字号"名录，2013年入选首批"广东老字号"。

经过近200年的积累发展，集团现已形成分布于广东佛山禅城、三水，阳春和湖南临澧的五大基地，达到年产10万吨白酒的生产能力。集团拥有四个核心品牌，其中"石湾"品牌2021年品牌价值评估为151.32亿元；而"陈太吉"品牌自清道光十年（1830）沿用至今，是中华老字号；"春花牌"和"禾花雀"品牌都是广东老字号。

集团现时有白酒与养生酒两大产业结构。白酒产业已形成"两大香型、两大

石湾酒厂集团总部

▌常德石湾酒厂

▌陈太吉酒庄"丰太洞"

品牌、四大产品档次"的"224发展战略",即豉香型、清雅型两大白酒品类、石湾玉冰烧、陈太吉两大品牌、陈太吉酒庄酒珍奢产品、陈太吉中高档产品、石湾玉冰烧洞藏中档产品、其他大众产品四种档次产品系列。其中,豉香型石湾玉冰烧先后荣获国家优质酒、中国白酒香型(豉香)代表产品、国家地理标志保护产品"三大国誉",并早在1917年开始就远销海外;清雅型石湾玉冰烧是广东地产白酒成功市场化运作、成长迅速的中高档产品,并先后荣获布鲁塞尔国际烈性酒大奖赛银奖和金奖,代表粤酒彰显中国品味风范;陈太吉酒庄酒则遵循天然古法"三小细酿"(野生小曲、小灶煮饭、小坛发酵)、纯手工酿制,成为中国白酒酒庄酒的品质与价值标杆。而养生酒产业中,春花牌春砂仁酒是养生酒分类中获得"国家优质酒"称号的产品;帝一酒是广东较早覆盖全国市场的中高档养生酒产品。

石湾酒厂集团作为粤酒领导企业之一,专注做好岭南特色产品,践行振兴粤酒的使命,致力实现粤酒全国化,代表粤酒品牌彰显中国白酒文化自信,扬帆世界。

二、工匠介绍

◇ 周文燕

周文燕,佛山市禅城区劳动模范,广东石湾酒厂集团党委书记兼副总裁。

周文燕自2004年进入石湾酒厂，先后担任过综合部部长、人力资源部部长、公司副总经理，现任公司党委书记、工会主席兼副总裁。因工作表现出色，先后获评佛山市优秀女企业家、广东酒业优秀企业家、禅城区优秀党务工作者、广东省优秀高级政工师、广东省优秀工会工作者等称号。

2021年佛山市禅城区劳动模范、广东石湾酒厂集团党委书记兼副总裁周文燕

周文燕在石湾酒厂已经18个年头，经历从国企到非公有制企业的转变。她一直从事政工工作，跟人打交道，给大伙的印象是：是书记，更像知心姐姐。

刚到石湾酒厂时，为了迅速融入企业的工作和生活，周文燕经常下到基层，听取员工的心声。很快，她与大家成了无话不谈的好朋友，大家平日有事都找她分享喜忧，找她排忧解难，私下里都亲切地喊她一声"燕姐"。

在她引领下，企业内部管理有序，企业文化建设态势良好。由企业斥巨资打造的岭南酒文化博物馆、新石湾美术馆分别于2014年、2015年正式对外开放，宣传了企业形象，把"弘扬岭南酒文化、酝酿生生不息"的企业使命落到实处。基于厚植企业品牌、传承石湾文化的思路，她提出复原朱紫街的设想。通过四年多的建设，项目完工，重现了陈太吉酒庄历史上的经济地位和文化价值，打造了岭南酒文化的地理标志。

朱紫街复建后，向公众开放。通过顺接正月十五"行通济，冇闭翳"的佛山民俗传统，打造"游朱紫，大红大紫"为主题的民俗节目，让这里成为一个集中展示岭南广府民俗深厚底蕴的舞台。平日里，博物馆和美术馆两大场馆，开展各种公益项目，让周边甚至远方的客人认识和了解岭南酒文化这一文化内涵，对岭南酒文化的传播起到积极作用。

在她的积极争取下，公司设置起兼具康体、娱乐和学习功能的职工活动空间，组织起合唱、舞蹈、羽毛球、篮球、瑜伽等多种文化团队。在她引领下，企业党工群充分利用活动阵地，常年开展数十项贴近员工的活动，涵盖读书学习、文化娱乐、参与公益、徒步拉练等内容。

在周文燕助力下，石湾酒厂集团发起创立了石湾玉冰烧基金，致力于大学生奖学金、困难学习帮扶、大学生"圆梦计划"、佛山市儿童妇女事业资助等公益活动，同时借助企业岭南酒文化博物馆、新石湾美术馆、陈太吉酒庄等场馆开展文化公益项目，让社会关怀与品牌建设相得益彰。

◇ 何国良

何国良，2012年广东省五一劳动奖章获得者、2018年"佛山·大城工匠"，广东石湾酒厂集团生产技术副总经理。

2001年，石湾酒厂建立了广东第一个酒类博士后工作站，大学刚毕业的何国良就成为工作站的助手之一，负责豉香型风味、发酵原理等基础研究，同时参与了新豉香型石湾玉冰烧的研发。2003年，升级的石湾玉冰烧推出市场，成为公司至今的主要产品之一，深受广大消费者喜爱。他同时参与集团高端酒研发，到2006年，推出广东石湾酒，一改大家一直以来"广东无好酒"的印象。

2012年广东省五一劳动奖章获得者、2018年"佛山·大城工匠"，广东石湾酒厂集团生产技术副总经理何国良

在博士后工作站期间，得益于徐岩博士（现江南大学副校长）高标准、严要求，何国良和助手们开始了地狱式的训练。查资料—做方案—做实验—阶段总结—查资料—修改方案—做试验—阶段总结，每天在公司时间都超过12小时。通过整整两年的训练，他养成了基础理论和训练的扎实基本功，以及一丝不苟的工作态度和作风，受益终身。

从2008年开始，何国良进入品控部门，对产品进行感官评定，保证每批出厂产品的稳定。每天9点到11点基本是品酒的时间，每次品20—30杯酒是常有的事情。除此以外，公司还有日常的品酒培训，包括熟悉各种香型、分辨不同酒度、不同质量的训练。因为酒样不多，每次培训剩下的样品，何国良都用小瓶装好带回去，利用工余时间，进行自我训练。正是凭着打好基础的信念，他坚持付出比别人更多。通过领导和同事、前辈的指导和自己的努力，何国良在2012年度广东省第三届品酒师大赛中获得全省第一名，同时荣获广东省五一劳动奖章和广东省职工经济技术创新能手称号。

2013年，何国良被派到集团子公司阳春酒厂担任技术总监，后担任生产技术副总经理。在此期间，他带领两位技术骨干，研发出新产品春花红春砂仁酒以及具有广东特色的醇爽型米酒，投放市场，受到市场好评。

同时在集团、子公司以及总经理的领导下，完成了技术的传承，保证了产品的质量，提高了出酒率；精简机构和人员，提升了生产效率。

作为广东省非遗项目石湾玉冰烧酒酿制技艺佛山市级代表性传承人，何国良在工艺的传承、创新上也做了很多研究。保持豉香风格不变，但是做到不苦不上头；营销公司提出"冰着喝，更好喝"的概念，技术上进行了配合；在原有的技术体系下，创造性地推出目前在市场上还没有的清雅型白酒这个特色产品；推出广东石湾酒等系列高端产品，改写"广东无好酒"的历史。在出酒率、生产效率、机械化的推广等方面也是取得了很大的效果。

不怕艰苦、兢兢业业、技术过硬、坚持不懈，这就是何国良心目中的工匠精神，也是他一直以来的工作指引。

◇ 梁思宇

梁思宇，2021年广东省五一劳动奖章获得者，石湾酒厂集团副总工程师兼研发中心主任。

梁思宇，在2000年南京农业大学获得食品微生物与生物技术硕士学位后进入酿酒行业。2006年入职石湾酒厂，22年来，主要从事酿酒工艺技术研发及新产品的设计开发与生产。

2021年广东省五一劳动奖章获得者、石湾酒厂集团副总工程师兼研发中心主任梁思宇

作为石湾玉冰烧酒酿制技艺区级非遗传承人、国家一级酿酒师和一级品酒师，梁思宇在米酒工艺上进行技术创新，将低温发酵工艺、高分子半透膜超滤技术、现代澄清技术、物料动态添加技术、减压蒸馏技术、人工催陈技术等应用到中高端产品的生产过程，较好地解决了广东传统米酒后味苦涩的缺点。传承石湾酒厂优良酿造传统技术，优化推出43度广东石湾酒和33度六年埋藏玉冰烧为代表的清雅型白酒系列，在广东市场上未见同类产品，上

市以来广受消费者好评。销售持续增长，为公司创造出良好的经济和社会效益。

2020年12月，由其主导的研发团队开发设计的"石湾玉冰烧·洞藏二十"以清雅纯净的口感特点、43度国际定位的酒体设计，代表粤酒从来自54个国家和地区的1400款样品中脱颖而出，成功斩获布鲁塞尔国际烈性酒大奖赛金奖。这是清雅型石湾玉冰烧系列产品继2015年、2017年之后，第三次荣膺此重量级国际奖项。

梁思宇研发出的豉香白酒专用散曲生产工艺技术，大幅度降低工人劳动强度、提升生产效率，并实现酒曲生产机械化和自控化，已经申请发明专利，并发表科技论文两篇。另外在果酒工艺、糯米酒（黄酒）工艺创新研究领域，获得发明专利一项、发表科技论文两篇。

梁思宇是第四届广东省白酒品酒评委、中国食协白酒专业委员会第九届白酒国家资格评委、2018届国家级果露酒评委。参加2012年广东省第三届白酒品酒职业技能大赛获得第二名。2018年和2019年分别在全国首届果露酒品酒职业技能竞赛及首届黄酒品评职业技能品评大赛（决赛）中两次进入前10名，成绩优异，于2020年获得中国轻工业联合会颁发的"全国轻工技术能手"荣誉。

◇ 吴建星

吴建星，首届"禅城大工匠"独得者，石湾酒厂集团酿酒车间煮饭班班长。

吴建星在1990年入职石湾酒厂，成为酿酒车间的一位普通工人。1991年开始成为煮饭机操作工，经过11年努力，在2002年开始担任煮饭班班长职位至今。

进厂后，先后在酿酒车间从事检定、蒸馏等工序工作，为他成为煮饭班班长打下坚实的基础。善于总结是吴建星最大的优点。他把自己的想法、发现的问题都记录下来，回头再分类总结，对于不懂的就查阅书籍，向别人求

首届"禅城大工匠"、石湾酒厂集团酿酒车间煮饭班班长吴建星

教，不放过每个可能的细节。通过在检定班组的学习，他总结出煮熟大米的出饭温度范围，使大米进发酵罐后能得到更好的发酵。经过多年的努力摸索，总结出

各种大米在不同天气的情况下，煮饭过程中的加水量和加水温度，确保大米的生熟程度，更有利于发酵。

通过积极、突出的表现，于2002年担任酿酒车间煮饭班班长职位。担任班长后，吴建星以更加饱满的热情投入工作，因为他认为班长责任更重大，特别是酿酒班的工作，是决定公司成品好坏的关键一环，更应谨慎认真对待。

为了建立起更完备的知识结构，更好地做好煮饭这个工艺环节，他不断学习，不断自我完善、自我超越。2007年考取了白酒酿酒工中级技工，并在2014年获得白酒酿造工高级技师称号。不断补充机械相关知识，在二次煮饭机升级改造项目、改善白酒斋酒质量和出酒率的QC项目中，均提出不少宝贵建议。2006年，因对生产设备改造提出合理建议而获得公司嘉奖。

煮饭是酿酒工艺里的首要环节，吴建星一直把这句话带到工作中，提醒自己在工作中一丝不苟。在他的带领下，酿酒车间酿酒班保持着低误差的工作效率。

兢兢业业、任劳任怨，不断钻研、精益求精，终身学习、追求卓越，这就是吴建星在平凡工作岗位上，数十年如一日对工匠精神的践行。

三、研发与制造实力

传承"陈太吉酒庄"近200年的酿酒工艺，石湾酒厂集团现时以1名中国首席白酒品酒师、4名国家级白酒评委、2名国家级果露酒评委、1名国家级黄酒品酒委员、1名国家级酿造料酒评鉴委员、14名高级品酒师、8名高级酿酒师、2名高级工程师等其他技术人员组成超过100人规模的工艺技术团队，研发团队同时涵盖生物工程、微生物发酵、中药学、管理体系多方面专业技术人员，建成多个知识结构层，同时铺建了由高级工程师、工程师、辅助工程师构成的纵向人才网络。

石湾酒厂集团高度重视工艺及产品研发升级，成立广东省酿酒工艺工程技术研究中心，研发年均投入在2000万元左右，专职研发人员约60人。中心主任由集团总裁钟长贵担任，中心构成包括由技术委员会及专家委员会组成的决策层，由中心办公室、项目管理部、协作部组成的管理层，以及由中试车间和研发室组成的运作层。

在产学研合作方面，石湾酒厂集团先后与华南理工大学、中国食品发酵工艺研究院、中国中医科学院等国内有关的科研院所、大专院校及行业协会紧密合作，实行产学研结合，共同进行本领域的技术开发工作，为广东乃至全国酒业提供一个技术交流与资源共享平台，初步形成产业集聚发展态势。参与"中国酒协白酒产业技术创新战略联盟"和"中国白酒3C计划"，开展相关产学研合作，包括"白酒质量指标分析检测标准化技术研究与开发"项目、"酿酒原料的稳定同位素识别技术研究"项目及"重要食品同位素真实性关键技术合作研究"项目等，为公司的技术持续创新提供了强有力的保障。2021年底，石湾酒厂集团还与江南大学合作组建成立"江南大学石湾清雅型酒研究院"。

公司基建及技改方面，2018年启动总投资5亿元的常德石湾酒厂项目，实现了粤酒全国化前沿基地的战略部署，并持续投入建设。同时，技改项目各项成果显著，主要包括：投入1000万元建成石湾本部基地废热利用系统，实现能源的梯级利用，节能减排、降本增效；投入2200万元用于石湾本部基地各生产工序设备的升级换代；投入4500万元建成常德生产基地自动化酿酒生产线，投资成效达到预期。

在全面质量管控的基础上，依靠雄厚的研发与生产实力，石湾酒厂集团同时更致力于自主创新，升级推出清雅型洞藏系列产品突破中高端市场，逐步构建起"陈太吉酒庄酒珍奢产品+石湾玉冰烧洞藏中高端产品+其他大众产品"的产品结构，在新中产阶级进一步扩容之时，更好地对接白酒消费结构向中高档升级新趋势。2019年，石湾酒厂集团推出粤酒新标杆产品"石湾玉冰烧·洞藏二十"，被众多白酒专家评价为"米香、花香、蜜香'众香成韵'、清雅怡畅"，铸就了"中国白酒纯净之美"的高端品质，引领中国白酒新风尚。

广东邦普循环科技有限公司

一、企业概况

广东邦普循环科技有限公司（简称邦普循环）创立于2005年，是国内领先的废旧电池循环利用企业，聚焦回收业务、资源业务与材料业务，致力于成为全球电池定向循环领导者，为电池全生命周期管理提供一站式闭环解决方案和服务。

作为宁德时代新能源科技股份有限公司的控股子公司，邦普循环打造了上下游优势互补的电池全产业链循环体系，通过独创的定向循环技术，在全球废旧电池回收领域率先破解了"废料还原"的行业性难题，电池产品核心金属材料总回收率达到99.3%以上。

邦普循环总部位于广东省佛山市，目前在全球已设立广东佛山、湖南长沙、宁德屏南、宁德福鼎、湖北宜昌、印尼莫罗瓦利、印尼纬达贝七大生产基地；项目足迹远至刚果（金）、阿根廷等地，同时在中国香港、宁波等地设有子公司。目前，邦普循环在职员工达到8100多人，其中外籍员工1000余人。

邦普循环坚守"科技创造绿色生活"的使命，重视科技创新，拥有国家企业技术中心、新能源汽车动力电池循环利用国家地方联合工程研究中心、电化学储能技术国家工程研究中心邦普分中心、中国合格评定国家认可委员会（CNAS）认证的测试验证中心、广东省电池循环利用企业重点实验室等科研平台。

截至2022年6月30日，邦普循环已参与制（修）订废旧电池回收、电池材料等相关标准279项，其中发布162项；申请专利1407件；荣获2021年国家技术创新示范企业、2021年工信部制造业单项冠军示范企业、2021年广东省专精特新企业、2021年佛山企业百强、2019年度广东省科学技术进步奖一等奖等荣誉。

▌邦普循环长沙基地二厂

▌2021年5月8日，邦普循环二期奠基培土仪式

▌2021年12月4日，邦普循环宜昌基地开工

▌邦普循环智控中心

▌2021年12月18日，广东省电池循环利用企业重点实验室揭牌仪式

▌2022年4月14日，邦普循环与印度尼西亚携手打造近60亿美元动力电池产业链项目

▍2021年4月10日，宁德时代与洛阳钼业战略签约，布局刚果（金）铜钴矿项目

二、工匠介绍

◇ 谢英豪

谢英豪，环境保护工程师、邦普循环战略发展部经理。深耕新能源和新材料领域近10年，先后转战于技术研发、标准研究、知识产权、产业政策与战略规划岗位，在每个岗位上都做出出色的成绩。

在技术及装备研发领域，参与突破高能量密度动力电池镍钴锰三元材料合成技术壁垒，研究形成的"退役锂电池全过程清洁循环利用关键技术与应用"科技成果被中国有色金属工业协会评价为"国际领先水平"。

在标准研究领域，是我国首批动力电池回收利用国家标准《车用动力电池回收利用　拆解规范》《车用动力电池回收利用　余能检测》和《锂离子电池材料废弃物回收利用的处理方法》等的主要起草人，是全国汽车标准化技术委员会国家标准起草者、全国废弃化学品处置标准化技术委员会国家标准起草者、全国有色金属标准化技术委员会重金属分技术委员会国家标准起草者。

在产业政策与战略规划上，汇聚之前对新能源汽车产业链调研、动力电池回收利用技术所积累了丰富的技术理论和实践经验，在宏观产业政策、微观技术路线等方面有独到的观点和见解。

已参与各级标准起草27项，其中国家标准5项；发表论文32篇，其中EI以上期刊7篇；已申请中国专利18件，其中发明专利12件；承担国家级、省市各级政府项目20余项。荣获中国循环经济协会科学技术奖一等奖、广东省科学技术进步奖一等奖、粤港澳大湾区高价值专利布局大赛优秀奖，两次被评为全国有色金属标准化先进工作者，2022年获得佛山市三水区"淼城工匠"荣誉称号。

◇ 阮丁山

阮丁山，广东邦普循环科技有限公司研究院资深总监。

10年耕耘，这位"80后"用创新和实干，用恒心和专注，在新能源材料研发事业中倾注了大量的心血，攻克了多项核心技术难题，成为新能源材料行业的"魔法师"。

阮丁山，2013年从天津大学研究生毕业后就进入东莞一家专注于消费类电池研发与制造的企业，3年后入职宁德时代，次年由于成绩突出，被宁德时代控股子公司邦普循环聘请，全面负责公司的研发工作。

邦普循环研究院资深总监阮丁山

阮丁山全身心投入研发，经过废寝忘食的努力，他带领团队成功推出了低钴高电压三元材料和高镍三元正极材料，在降低新能源汽车电池对贵重金属钴依赖的同时，极大提高了电池的能量密度。

阮丁山在邦普循环独创的"定向循环技术"基础上，开展新一轮关键核心技术攻关，推动企业在供应链条上真正实现了"定向循环"闭环，促使电池产品核心金属材料总回收率达到99.3%以上。

开拓创新，硕果累累。阮丁山先后参与发表超70项专利，其中30篇已授权，发表论文30篇以上，10篇被SCI收录，同时任广东省电池循环利用企业重点实验室学术委员会委员、广东省企业技术中心副主任，并荣获广东省科学技术进步奖一等奖等多个奖项。

三、"育才引才标杆企业"之邦普经验

2022年佛山首批"育才引才标杆企业"

实施岗位成才计划，培育超千员工

2022年，广东邦普循环科技有限公司引进了1000余名员工，其中包括100余名硕士、4名博士和3名高级职称人员。

邦普循环是国内领先的废旧电池循环利用企业，聚焦回收、资源与材料等业务，为电池全生命周期管理提供一站式闭环解决方案和服务。

立足发展需要，邦普循环大力引进和培育相关领域的高层次人才和技能型人才。

为了让人才引进工作更加规范，邦普循环建立了社招、校招、猎聘、定向培养的多维人才引进渠道，并与华南师范大学、中国科学院合作建立博士后工作站、工程研究所，与佛山科学技术学院等院校合作设立大学生实践基地。

在人才培养方面，公司建立了人才培养体系，并制定清晰明确的培训管理规定。邦普循环佛山基地人力资源部主管薛小莉介绍，为了提升员工综合素养，公司会开展岗位练兵，不定期地举行岗位技能竞赛，还会采取内外部讲师讲课的培训方式，组织公司员工学习。

在邦普循环内部，有一个"岗位成才计划"，面向不同类型人才，开设了邦新班、邦青班、邦工班、邦英班、总裁班等培训项目，目前已培养了超1500名员工。

为激发人才创新动力，邦普循环制定了短期激励方案与中长期激励策略，将员工表现与其奖惩、发展、激励挂钩，包括表扬或批评、奖励、晋升、调薪、奖金发放等。"公司激励并协助员工申报职称，推荐员工申请淼城工匠、淼城英才等荣誉，以此树立内部标杆。"薛小莉说。

生活有保障，生产才有动力。在邦普循环内部，设有免费的员工食堂，现代化的厨房设备一应俱全，给员工一个整洁、卫生、舒适的用餐场所。

不仅如此，公司还为员工提供了多种多样的"礼包"。每周水果、月度物资、季度物资、节日物资、免费年度周期体检、生日会、联谊会、羽毛球赛、篮球赛……丰厚的福利待遇与休闲活动，让员工对公司产生极大的归属感。

佛山电器照明股份有限公司

一、企业概况

佛山电器照明股份有限公司（简称佛山照明）是广东省广晟控股集团有限公司下属一级企业，成立于1958年，1993年在深交所上市，长期致力于研发、生产、推广高品质的绿色节能照明产品，并为客户提供全方位的照明解决方案和专业服务，综合实力居国内照明品牌前列。

公司现有佛山高明、河南新乡、广西南宁等多个生产基地，具有规模化生产实力。近年来，公司紧盯市场需求，大力优化产业布局，强化科技创新，业务板块已从原有的通用照明、电工、车灯，逐步拓展到智能照明、动植物照明、健康照明、海洋照明等领域，着力构建具有竞争力的照明产业集群。在深耕国内市场，建立起完善的销售网络和专业的服务体系的同时，公司积极拓展海外业务，产品远销世界120多个国家和地区，出口销售占比约30%。2021年，公司实现营收47.73亿元。

佛山照明坚持创新驱动发展，不断加大研发资金投入，研发投入强度居行业前列，目前拥有4户高新技术企业、4个省级研发平台，获授权专利近1000项。公司始终瞄准照明前沿核心技术，与清华大学、复旦大学、香港科技大学、中国科学院深海科学与工程研究所等高校及科研院所深入开展新材料、新技术、智能控

佛山照明高明生产基地

机动车灯车间

佛山照明入选2022年中国最具价值品牌500强

线路板车间

制等领域的产学研合作，研发创新实力持续增强。

未来，佛山照明将秉承"用心"对美好光环境的追求，坚持创新驱动发展，加快做大体量规模，提高经营效益，提升品牌价值，推动企业高质量发展不断迈上新台阶，努力打造成为头部照明企业。

二、工匠介绍

◇ 黄迪

黄迪，2008年华南农业大学应用物理系毕业后入职佛山照明，现任研发中心技术专家。

12年来，他一心扑在工作上，兢兢业业、勤勤恳恳，始终争当先锋表率，发挥着党员的模范带头作用。2017年被评为佛山照明"优秀共产党员"，2017年、2018年连续两年被评为佛山照明"劳动模范"，2019年被评为"广晟工匠"，2020年被评为佛山照明"研发先锋"。

敏而好学、认真负责的"领头雁"

入职12年，黄迪历经实习生、技术员、电子工程师、研发项目工程师、主管工程师、技术专家等多个岗位的锻炼和成长。他始终保持认真负责、严谨务实的工作态度，重视学习、善于学习，努力使自己真正成为行家里手。刚参加工作时，开发电子节能灯和镇流器，此前没接触过，他就从零学起，边看书边请教老师傅，终于顺利推进研发。他开发出T5一体化系列支架14W、28W（Ⅱ类），曾连续两年中标发改委主办的高效照明产品推广项目。

黄迪也特别注重对工作团队的培养，在工作中事事以身作则，在工作、生活中给予指导关怀。如今，黄迪带领的研发团队已发展到35人，其中更有部分同事成长为研发骨干。

坚守初心、埋头苦干的"老黄牛"

2012年，公司开始转型，黄迪接手开发一款高性价比的LED球泡，并要赶在当年6月广州国际照明展览会（光亚展）推出。他带领团队决定使用阻容降压线路作为电源，当时行业首创，技术难度高。黄迪查阅资料，请教专家，反复实验，不断改良，一款效率高、不烧LED的阻容电源LED球泡终于在光亚展如期推出并惊艳四座，公司的LED销售局面被成功打开。

之后此LED球泡经过改良，升级为9V产品，进一步提高阻容电源效率和可靠性。该系列超炫球泡热卖了三年，成为一款经典的产品。其阻容线路至今依然是业界争相模仿的对象。

2015年，黄迪通过技术创新，在T8灯管中首次导入软基板替代铝基板，使得原来的成本下降了60%—70%。这也直接使公司拿下了美国通用电器（GE）的T8灯管订单。2016年，黄迪团队通过技术优化，实现T8灯管的自动化生产，促成与美国GE的进一步合作，完成2760万元订单额，比2015年增长了10倍左右。

业广惟勤、不断进取的"千里马"

多年来，黄迪共获得了专利23项，其中授权发明专利2项。他参与开发的多款产品获得优异成绩，其中T5荧光灯一体化支架、超炫系列LED球泡、晶莹系列LED玻璃灯管等项目更入选国家绿色照明工程采购目录和热卖产品。

2019年，黄迪开始接触智能产品开发。公司与阿里巴巴人工智能实验室跨界合作，共同研发智能语音床头灯。它需要融合八大技术，其中有6项是公司以往产品中未接触过的新技术。8月立项，而产品需要在当年"双11"预售、12月正式发货，除去3C认证和生产时间，留给研发的时间已经不多了。黄迪作为项目主要负责人，积极担当，建项目组、排计划表并逐一落实。经过两个月夜以继日的奋战，智能床头灯的工业设计和结构设计、电子方案的选型于9月底全部完成，最终第一批货于12月准时出仓。这款智能语音床头灯更获得了2020年德国IF设计奖。

2020年，公司在研发中心成立智能专项组，黄迪负责具体筹备工作，建立了体验测试团队、产品规划团队和项目开发团队。专项组成立短短10个月，成绩显著：一是接入更多主流云平台及大客户平台，在国内市场与阿里、华为、OPPO、创维等主流平台生态圈开展合作，与阿里天猫精灵共完成5大系列智能产品合作开发；产品实现了首次导入华为生态链系统，共完成了17个系列、24个规格与华为HiLink的对接等。二是构建了涵括智能窗帘电机、场景面板、智能门锁和智能传感器的生态供应链，形成可量产销售的落地产品。三是建设佛山照明专有物联网云平台，以佛照智光App为基础，打造以WiFi、ZigBee为协议的智能家居系统及家居解决方案，现已形成可销售落地方案。

◇ 张良良

张良良，2008年大学本科毕业后一直从事照明产品研发工作，2013年加入佛山照明，在LED研发部负责照明产品核心部件——驱动电源的开发，现为公司资深电子工程师。

入职以来，他尽职尽责、积极进取、追求卓越、不断成长，成为公司研发中坚力量。2018年被评为佛山照明"劳动模范"，2019年被评为佛山"最美产业工人"，2021年入选佛山照明"十大突出贡献员工"。

佛山照明资深电子工程师张良良

勇于攻坚克难，带头争创佳绩

2014年，公司新建灯丝灯车间，面临一系列制约量产的工艺问题，影响既定生产计划和预期经济效益。在压力和挑战面前，张良良投入紧张的技术攻关。他与车间及项目组同事连续加班超过半个月，最终攻克了难题，成功实现量产，使佛山照明成为华南最早量产灯丝灯的公司。

2014年到2018年，张良良每年都超额完成新产品研发项目任务，研发出的产品做到了零质量事故，并带领研发项目组同事为公司创造了多个"第一"：组建公司第一条全玻璃LED灯丝灯生产线、第一条全玻璃LED灯泡生产线、第一条智能灯泡生产线、第一条智能灯泡测试线。

瞄准前沿技术，持续提升研发能力

驱动电源是LED照明研发的关键，张良良把目光瞄准前沿技术，不断学习成长，使自身技术水平持续提高。他开发出来的产品在技术水平、性价比、可靠性等方面均处于同行领先水平。

凭借在电子技术领域多年的"深耕细作"，张良良作为主发明人，至今已获得6项专利，其中2项发明专利、4项实用新型专利，并应用这些专利开发出很多颠覆性技术产品，达到行业领先地位。比如一款超小型线性调光电源，是业内第一个满足调光兼容性和小体积的调光电源，使佛山照明成为国内第一个实现了全玻璃调光灯丝灯的厂家。产品性能提高50%，同时成本下降40%，生产效率提高30%，助推产品迅速打入北美市场，并引领行业产品生产技术变革。

另一款名为宽电压线性电源是国内首个解决了线性电路在电压不稳条件下使用的技术难题的专利产品。搭载这一电源的照明产品，可在电压不稳条件下正常使用，解决了消费端"堵点"，为公司尤其是在出口创汇方面带来很大的经济效益。

紧跟行业趋势，拥抱人本照明新时代

随着5G、智能家居、智慧城市、工业互联网的快速发展，国内照明行业向智能化升级。佛山照明也提出了由"传统的功能照明"向"智慧、健康、绿色的人本照明"跨越的发展目标。张良良与时俱进，紧跟行业发展趋势，落实公司研发工作的决策部署，把研发重心逐渐转移到智能照明产品上，与团队一起成功开发出国内地产商、电商以及北美、欧洲市场主流协议智能产品，并与主流平台开展合作，使产品兼容主流智能音箱平台，助力公司不断开拓国内、北美、欧洲智能照明市场，形成华南最大的智能照明产品规模化生产制造能力，为公司转型升级贡献了力量。

三、研发人才与技术生态环境

当前，照明行业的市场竞争日趋激烈，生产工艺和产品研发技术的革新日新月异，企业核心竞争力的不断增强和盈利水平的稳步提升都离不开生产人员和研发技术人员的重要贡献。公司生产人员和研发技术人员在推动技术攻坚、产品创新、工艺改进、产能提升、降本增效等方面发挥着关键核心作用。

佛山照明研发与生产技术人员职责

在佛山照明，研发技术人员的职责主要包括产品预研、新产品开发、知识产权管理、材料及产品质量管理、产品检测与认证、优化研发体系、研发流程监控等，职务分为技术员、助理工程师、工程师、副主任工程师、主任工程师、资深主任工程师、专家和首席专家。

生产技术人员的职责主要包括车间新产品开发、产品生产过程管理、产品工艺管控、组织落实公司产品质量认证及外部审核、客户投诉处理等，职务分为技术员、技术主管。

佛山照明技术人员薪酬体系和晋升通道

佛山照明高度重视生产和技术人员的职业生涯发展，制定了符合生产和技术人员特点的薪酬体系和晋升通道。

薪酬体系方面，生产人员从高到低划分为指导级、独立开展级、熟练掌握级和基础操作级4个职级，设置了9个等级共30个薪档；研发技术人员从高到低划分为专家级、指导级、独立开展级、熟练掌握级和基础操作级5个职级，设置了12个等级共41个薪档。

晋升通道方面，公司设置了"Y"形通道，生产人员和研发技术人员可以根据自身的职业生涯规划在"管理通道"或"专业通道"两个方向中自由选择，职级能升能降，双通道可互相转换。

佛山照明对技术创新激励的制度安排

公司注重对科技人才的激励，努力营造尊重人才、鼓励创新的良好氛围，建立健全与技术创新工作特点相适应、鼓励创新创造的分配制度和激励机制。

一是强化示范引领带动。对在科技创新和产品研发方面做出突出贡献的先进集体和个人进行表彰，近3年，先后推荐和表彰了"广晟工匠""研发先锋"等先进集体和43名先进个人，充分发挥示范引领作用，使比学赶超的创新氛围不断浓厚。

二是优化研发人员薪酬体系。先后制定了《研发技术系年终效益奖实施细

佛山照明检测团队代表

佛山照明星光大讲堂内部培训

则》《佛山照明总经理奖励基金管理办法》等制度，设立了创新奖、科技成果奖、研发平台奖、专利奖、政府科研项目奖、爆品奖和新品销售奖等专项奖励，充分调动技术人员的工作积极性。

三是畅通研发人员的薪酬晋升通道。制定了《佛山照明职位发展通道管理办法》，打通了技术人员和管理人员薪酬晋升通道，更好调动研发人员干事创业的积极性，激发创新内生动力。

四是其他生活配套制度。公司的技术人员相当一部分从外地引进，公司有针对性地制定了《高层次人员租房标准暂行办法》，为外地的博士、博士后、行业领军人才、副高级及以上职称人员以及公司认定的其他高层次人才承担房屋租金，妥善解决他们的租房问题，让他们有一个安稳舒适的住所。接下来，公司还将持续完善和落实有关技术人员关怀和服务的配套制度，消除他们的后顾之忧，让他们全身心投入工作，推动公司的高质量发展。

箭牌家居集团股份有限公司

一、企业概况

箭牌家居集团股份有限公司（简称箭牌家居）创立于1994年，总部位于广东佛山，是一家集研发、生产、销售与服务于一体的大型现代化制造企业，致力于为消费者提供一站式智慧家居解决方案。2022年10月26日，在深圳证券交易所主板挂牌上市。

秉承"持续改善人们的智慧家居生活品质"的企业使命，坚持科技创新和理念，不断开发满足和超越客户需求的产品和服务；追求客户极致体验，保持质量、服务、成本、性能、环保等方面的持续领先，引领中国智慧家居行业发展；通过实施全球化、智能化、物联化打造智慧家居集团，运用多品牌多品类协同，打造智慧家居全产业链；为客户提供高品质的智慧家居整体解决方案，向"成为国际一流的智慧家居整体解决方案提供商"的愿景迈进。

箭牌家居旗下拥有ARROW箭牌、FAENZA法恩莎、ANNWA安华三大品牌，产品品类范围覆盖智能坐便器、卫生陶瓷、龙头五金、浴室家具、浴缸浴房、瓷砖、定制橱衣柜等系列家居产品。在中国市场拥有1万多家销售网点，产品远销全球多个国家和地区，是国内具有实力和影响力的综合性智慧大家居企业集团。

　　箭牌家居以卫生陶瓷起步，产品线不断丰富，品类随之完善。1998年开始制造浴缸、淋浴房，2005年涉足浴室柜，2006年又独立开发生产五金水暖，包括龙头、花洒、五金挂件等产品；2006年涉足感应器、智能坐便器领域。

　　2010年ARROW箭牌橱柜、2012年ARROW箭牌家居定制相继成立，涵盖客厅、书房、卧室、餐厅等多空间领域，标志着ARROW箭牌家居正式迈入"大家居时代"和"定制化时代"。

　　2019年，箭牌家居正式被授牌成为"2020阿联酋迪拜世博会中国馆指定陶瓷洁具供应商"。这也是继2015年箭牌家居被选中为米兰世博会中国馆指定卫浴、瓷砖品牌后，再次被中国馆选中。这体现了箭牌家居以创新力量打造国际竞争力，向世界展示中国智造力量，助力人们实现更美好的生活的担当。

　　目前，箭牌家居在中国区域布有十大生产制造基地（2个在建）形成对资源和

▌全自动电脑温控宽体隧道窑

▌箭牌家居三水基地

市场的有效覆盖，并建有智能家居研究院等16个研发中心，1个通过CNAS国家实验室认可的中心实验室，8个检测中心，1个用户体验研究中心，2家"院士专家企业工作站"及中国科学院、清华大学、华为等产学研平台。

2006年，携手清华大学在业内首次启动"人体工程学"合作项目，同年与国际设计机构意大利福莱美设计公司实现强强联合；2017年成为中国科学院新型特种精细化学品技术创新与产业化联盟新材料应用基地，获新材料联盟正式颁发的第一块牌照；2021年与华为展开多领域合作，为家居智慧联动提供重大突破。箭牌家居通过持续开展创新研发活动，掌握家居产品研发和制造的核心技术，已取得授权专利1714项。

作为中国卫浴品牌产业升级、转型"智造"的践行者，箭牌家居通过自主创新，拥有了全自动高压注浆工作站、抑菌蓝光釉等多项国际一流水平的核心技术，研发并投产应用了机械手自动喷釉、机器人打磨抛光等智能制造技术，启动了数字化车间、灯塔工厂的建设项目，不断提升生产自动化水平。公司于2021年获得佛山市政府质量奖，2022年荣获广东省政府质量奖提名奖，"构建基于全价值链的质量管理模式实践"被中国质量协会评定为"2022年全国质量标杆"，为行业内唯一入选企业。

未来箭牌家居将顺应家居行业转型升级的发展趋势，聚焦智能家居和大家居，实施创新驱动、产品领先、品质制胜、品牌高端化、全渠道营销和国际化运营等发展战略，从智能产品到智慧空间，从卫浴到全屋，逐步实现全屋智慧家居，打造全球领先的智慧家居企业集团。

二、工匠介绍

◇ 霍志标

霍志标，现任箭牌家居集团股份有限公司集团总经办主任，2013年获"全国建材行业劳动模范"称号。

在公司业务里，霍志标在科学技术革新方面起着领导核心的作用，他推动的陶瓷洁具工艺改进，从原干改洗坯变为湿改坯工艺

2013年"全国建材行业劳动模范"、箭牌家居集团总经办主任霍志标

和生产设备的自动化改造，使得生产工艺达到国际行业先进水平，这也是顺德区2012年中小企业重大技术改造重点项目。2013年他又参与企业的多项技术改造项目，这些科技项目从源头上杜绝危害因素，改善工作环境，降低劳动强度，确保安全生产和员工健康。

霍志标在2011年被顺德区聘为年度政府质量奖的评审员，同时他还曾以行业代表的身份，参与工业和信息化部原材料工业司的建筑卫生陶瓷产业发展政策课题的研究工作，为推动区域和国家行业发展作出贡献。

◇ 贺利明

贺利明，现任箭牌家居集团股份有限公司装备部总监，曾在2016年荣获"佛山·大城工匠"称号。

从事陶瓷卫浴行业智能制造、装备技术革新工作18年，贺利明带领的技改团队先后参与卫生洁具成型生产上线、卫生洁具窑炉节能、新一代基地工厂规划建设、卫生洁具高压成型、卫生洁具进口机器人喷釉、自主设计研发投产国产机器人喷釉系统、自主设计研发投产机器人浴缸喷涂纤维、自主设计

2016年"佛山·大城工匠"、箭牌家居装备部总监贺利明

研发投产红外控温浴缸自动成型炉等等一系列技术革新项目。

2012年至2014年，贺利明团队研发国产机器人喷釉系统，经过多次失败、多代方案的改进优化，成功实现国产机器人喷釉可能，并与安徽埃夫特智能股份有限公司合作国产机器人应用卫浴行业的喷釉、五金打磨抛光等，得到国家发改委专项扶持，以及国家"863计划"先进制造技术领域的项目立项支持。

在传统卫生陶瓷产品成型工序人工效率低下，而引入国外先进技术设备成本过高的背景下，2020年起，贺利明带领团队在公司多年的高压注浆研发基础上，提出无人化高压注浆机器人工作站，并自主研发成功快速投入生产使用，目前该设备已经达成单套设备日均生产80—90件的产能。成型工序机器人替代手工，员工仅需后处理检查辅助。从2020年至今，集团已陆续投入50余套无人化高压机器人工作站，形成规模化生产应用。该生产工艺设备的突破，成本仅需进口德国公

司的1/15，效率却为进口设备的3—4倍，推动了行业技术发展，实现了企业经济效益。

◇ 叶茂盛

叶茂盛，现任箭牌家居集团股份有限公司技改办主任。卫浴陶瓷，曾经是劳动密集型、高能耗的产业，叶茂盛带领一支20人科技创新技术骨干队伍力推节能环保、智能制造、可持续发展。历年来，他获得发明专利1项和实用新型专利5项，发表论文4篇，获得2020年度第三届"佛山·大城工匠"荣誉称号。

2020年"佛山·大城工匠"、箭牌家居技改办主任叶茂盛

龙头、五金件的抛光，最消耗人力。2013年起，叶茂盛主张用机器人代劳，应用国产机器人装备、研发柔性抛光生产线，这样可以有效提升职业健康环境，提升产品品质，降低劳动强度，促进公司制造转型升级。

从2014年开始，陶瓷施釉这一环节也实现了自动化。随着5条洁具机器人自动喷釉产线陆续投入使用，整个项目涉及52套机器人，给5个分厂自动化产线带来了根本性的变化。职业健康环境大大改善，产品的质量和产能显著提升。

2018年，他负责设计并参与建设的年产120万套高档全高压洁具自动化工厂建成投产，成为行业领先的智能制造示范工厂，带动智能家居产品销售额增长。

叶茂盛是国家重点研发计划"卫浴陶瓷机器人高压成型工艺及装备研究"课题项目外聘专家。作为新时代的工匠，他在工作中勇于创新，积极推进产业制造转型升级、科技创新持续发展。

三、研发、智造与质量管理

品质和创新，始终铭刻在箭牌家居的DNA之中。在"以人为本、持续创新、追求卓越、协作共赢"价值观的指导下，箭牌家居作为中国卫浴品牌产业升级的践行者，不断加大产品研发和技术创新力度。

截至2022年底，箭牌家居拥有授权发明、实用新型、外观设计等专利超2300项；参与相关产品的国家、行业、团体等标准起草91项，多次获得设计、技术、品质、服务领域大奖。其中全自动高压注浆工作站、抑菌蓝光釉等多项核心技术处于国际一流水平。在国家发展改革委、水利部、住房城乡建设部、市场监管总局联合发布的首批《2020年度坐便器水效领跑者产品名单》中，箭牌家居产品占60%，成为中国卫浴行业的节水标兵。

产品设计方面，获得中国创新设计大奖红星奖、红棉奖（产品设计奖、红棉至尊奖），中国建筑装饰协会金马桶、金龙头、金花洒大奖；2019—2022年连续4年获得德国红点奖、德国IF设计奖，其中2021年获得德国IF设计金奖；2022年获得6项日本G-Mark设计大奖。

技改方面，通过"自主品牌工业机器人在卫浴行业的应用"项目，自主开发4款工业机器人，153台应用机器人，关键零部件国产化率达86%，研制了行业第一条智能化生产线；"卫生陶瓷窑炉余热利用综合能源管理系统"项目获国家建材行业技术革新三等奖、广东省建材行业技术革新一等奖；"年产100万套全高压高档卫生洁具自动化工厂"项目获国家建材行业技术革新二等奖、广东省建材行业技术革新一等奖；"水效领跑者双冲式坐便器"项目荣获2020年度家居行业科学技术奖科技进步类二等奖；"一种坐便器的排污管道及一种坐便器"专利技术荣获2020年度建材与家居行业专利奖优秀奖。

质量管理方面，2021年荣获佛山市政府质量奖，2022年以质量"零"文化及"6720质量管理方式"等管理理念和模式的突出成效，获广东省政府质量奖提名奖。

广东远航酒业集团有限公司

一、企业概况

广东远航酒业集团有限公司（简称远航酒业集团、远航酒业），成立于2009年9月10日，于2017年4月19日由广东远航九江酒业投资有限公司正式更名为广东远航酒业集团有限公司。集团旗下拥有广东省九江酒厂有限公司（简称九江酒厂）、佛山市南海区九江信源兴酒类有限公司等全资控股子公司。九江酒厂主营酒类生产及相关技术研发，佛山市南海区九江信源兴酒类有限公司主营酒类销售。

子公司九江酒厂成立于1994年，以生产九江双蒸酒而闻名，其前身是1952年由九江十二家酿酒作坊合并成立的九江酿酒联营社。九江酿酒业始于明代，盛于清道光时期，所以自道光元年（1821）至今，作为集九江酿酒业技艺传承大成的产品——九江双蒸酒已经有200余年的悠久历史。2014年，九江双蒸酒获得国家地理标志产品保护。九江酒厂的发展经历了公私合营、地方国营等时期，于1994年股改，2004年9月实行了企业的彻底转制，由国有企业改制为民营企业。

远航酒业是我国豉香型白酒生产规模最大的白酒企业之一，有员工784人，研发技术人员75人，占地面积达116371平方米，主营九江双蒸酒、九江双蒸精米系列、九江双蒸大师小作酒、本味寒造酒、九江十二坊酒、滴珠糯米酒、粤宴酒

九江酒厂厂房

三车间图片

等知名酒产品，涵盖豉香型、米香型、浓香型、复合香型白酒、果露酒等酒种。产品主销广东、海南等省份，部分出口中国香港、澳门地区以及东南亚、北美等地，白酒出口量长期稳居全国前列。2021年，集团旗下九江酒厂品牌价值181.62亿元，品牌价值连续第五年位列中国米酒品牌价值第一、广东省白酒品牌价值第一。拥有"中华老字号""中国驰名商标"和"广东省著名商标"等荣誉称号。

广东远航酒业集团有限公司传承九江人延续了200余年的酿酒文化与技艺，以广东省九江酒厂有限公司70年岁月积淀为根基，面对全新市场调整、面向全新的消费需求，致力于通过集团层面的宏观布局，确立"南国酒镇"产业战略，以消费者的醇美生活体验为中心，以弘扬广东米酒文化为目标，以远航巨轮推动企业转型升级，实现米酒行业的革新发展。

二、工匠介绍

◇ 关正生

2018年广东省五一劳动奖章获得者，广东酿酒大师，远航酒业及九江酒厂董事长、总经理关正生

关正生，广东酿酒大师，高级酿酒技师，现任远航酒业及九江酒厂董事长、总经理，荣获南海区劳动模范、佛山市先进劳动者、2018广东省五一劳动奖章、佛山大城企业家、广东省酒业生产风云人物、广东省酒业功勋人物、广东省改革开放三十年突出贡献人物、中国酒类流通20年营销领袖奖、2021中国酒业年度风云人物等荣誉。

关正生自1998年起担任公司领导职务以来，通过深化企业体制改革，明晰产权，大大提高管理效率，领导企业取得骄人的成绩。作为远航酒业的领头人——董事长兼总经理关正生，是广东酒业30年突出贡献功勋人物，他常怀实现粤酒战略突破和传承岭南酒文化之责任心和使命感，立志于让米香白酒实现价值回归，构筑粤酒生态圈。

他提出"广东的双蒸，世界的米香"品牌定位，在市场树立粤酒价值新高度，为粤酒开拓更加广阔的高端发展空间，把本土产品树立为全球认可的品质标杆。在他的带领下，公司年产酒量已达6万吨，2021年市场规模达11亿元，纳税约2亿元。公司荣获国家级放心酒工程示范企业、高新技术企业，第十八届中国专利优秀奖，广东省优秀品牌企业，粤酒生产十强企业等奖项。2017—2021年，连续五年蝉联"华樽杯"中国米酒品牌价值第一名、广东省白酒品牌价值第一名，品牌价值达181.62亿元。

◇ 何松贵

何松贵，享受国务院特殊津贴专家、白酒国家评委、中国白酒工艺大师、佛山市创新领军人才、佛山市突出贡献高技能人才、九江双蒸酒酿制技艺第十六代非遗传承人。

作为一位潜心白酒行业近30年的高技能人才，广东省九江酒厂有限公司的何松贵总工程师致力于用科学方法和科学理论去钻研传统工艺，使传统工艺更多融入科学技术，得以继承和发展。他创造了白酒行业的多项新突破，不仅带来显著的经济效益，而且在科学理论的指导下，使依赖人工、依赖经验的传统工业更自动化、智能化，为带动传统行业的长远发展树立了标杆。

享受国务院特殊津贴专家、中国白酒工艺大师、九江双蒸酒酿制技艺第十六代非遗传承人何松贵

近年，他通过研究白酒酿造工艺机械化、自动化、智能化的创新工艺和创新装备，完成了包括制曲、发酵、蒸馏、精馏、陈酿工艺等创新研究试验及工程试验，完成了新技术新装备改造传统酿造的机理研究。在保证酒的风味不变的情况下，形成了高效低能耗低占地的工艺模式。同时培养高级技师20人，高级工程师4人，硕士研究生多名。

◇ 崔汉彬

崔汉彬，2017年"佛山·大城工匠"，国家白酒评委、首届中国首席白酒品酒师、佛山市突出贡献高技能人才。崔汉彬从事白酒酿造28年以来，创新地将传统白酒的直接勾调方式改为间接勾调方式，为公司的生产布局、工艺调整及新产品的发展提供技术支持。他先后主持完成了"九江双蒸酒系列产品的生产工序精品化""乡纯米酒的研究开发及产品成长""青梅酒系列新产品开发""'崔心酿'酒工艺的小试阶段研发、产品酒体设计定型"等项目。他主导的产品"崔心酿4星"，更获得2019年度中国白酒酒类新品最高奖项——青酌奖。

2017年、2020年"佛山·大城工匠"，国家白酒评委，首届中国首席白酒品酒师崔汉彬

◇ 刘新益

刘新益，2016年首届"佛山·大城工匠"、白酒国家评委、佛山市创新领军人才、佛山市突出贡献高技能人才。刘新益从事酒类工艺技术研发及产品设计工作15年，研究开发了"九江十二坊"等新产品40余种。近年开发的中高端新产品，使公司产品价格从传统的1万元/吨提升到20万元—50万元/吨，打破了粤酒低度、低端、低价的形象。

2016年首届"佛山·大城工匠"、白酒国家评委刘新益

◇ 余剑霞

余剑霞，2019年"南海·大城工匠"、佛山市南海区非物质文化遗产项目代表性传承人。1994年加入九江酒厂以来，余剑霞历任实验中心检验员、研发科基础研究组组长、技术研发部副经理、技术中心研发检测部经理、酒体设计中心主任、质量管理部经理等多个工作岗位。余剑霞常年专注于基础研究，为开发新工艺和新产品奠定数据和经验基础。2001—2010年，她在《酿酒科技》上发表了5篇科技论文，获得各级科技奖励，之后又取得发明专利6项、国家发明专利优秀奖1项。参与成功开发"青梅酒""翰墨飘香""粤宴酒""九江十二坊"等产品。2014年被佛山市南海区认定为第三批区级非物质文化遗产项目代表性传承人。

除了在生产研发上精益求精，余剑霞在质量管理岗位上也紧抓工艺和品质监控，实行比国标更为严格的企业内控标准和产品口感在线放行。对于未有明确规范标准的，余剑霞牵头组建起企业标准。余剑霞带领团队通过加强工艺技术管理，在发酵工艺优化、提高出酒率的同时，最大限度地提高白酒中的总酯含量，取得明显经济效益，超额完成企业原定目标。

◇ 郭梅君

郭梅君，国家一级品酒师、白酒国家评委、南海区突出贡献高技能人才、2021年"南海·大城工匠"、2021年"全国酿酒行业技术能手"。

2009年进入九江酒厂后，郭梅君和研发团队一直致力于能够提升酒的香气和柔度的微生物种类，以及这些微生物的特性、培养条件、发酵机理等的研究。为摸索菌种的生长规律，常常要昼夜连续进行试验，周末加班也是常态。

经过长达3年的技术攻坚克难，郭梅君和团队在筛选了100多个菌种以后，最终找到了九江酒厂专属的微生物菌种，成果获得中国专利奖优秀奖。蒸馏环节的研究也取得显著成果，不但可以去除引起上头的不良成分，而且三种新的蒸馏方式比传统的釜式蒸馏节能30%以上，每年可为企业节约200多万成本。

至今，她申请了9项发明专利，获得了4项授权专利，在核心期刊上发表了5篇论文，被人们称为"舌尖上的工匠"。

▌ 2021年"南海·大城工匠"、2021年"全国酿酒行业技术能手"、国家一级品酒师郭梅君

三、技术生态

目前，远航酒业集团已形成一支年轻、有创新活力的技术人才队伍，拥有各类专业技术人才168名，其中硕士研究生14名、高级工程师8名、高级技师25名、在任国家白酒评委6名、佛山市创新领军人才2名、佛山市突出贡献高技能人才7名，技术实力在同行当中处于先进水平。2019年，集团获批组建佛山市企业博士后工作分站，努力为集聚高端人才筑巢引凤。

集团一直非常重视技术创新，不断完善科技创新平台和科技创新体系。集团旗下建有广东省企业技术中心、广东省酿酒微生物及发酵工程技术研究中心、广东省酿酒师技师工作站、国家级技能大师工作室，并作为发起单位成立了中国米酒研究院。集团实行内优外联的技术创新策略：在内部，集中人、财、物进行新产品、新工艺、新技术的开发与技术难题的攻关；对外联合高校、科研院所进行攻关，与中国食品发酵工业研究院、江南大学、华南农业大学、华南理工大学等院所建立了良好的产学研合作关系，建有研究生联合培养基地，并成为广东省研究生联合培养创新示范点。

集团至今已申请发明专利37项，拥有有效发明专利18项，其中一项发明专利获得第十八届中国专利奖优秀奖；获得有效实用新型专利7项，有效外观专利5项；获得各项科技奖10余项。

广东嘉腾机器人自动化有限公司

一、企业概况

广东嘉腾机器人自动化有限公司（简称嘉腾机器人、嘉腾），是一家致力于解决搬运问题的公司，是全球顶级的AGV（Automatic Guided Vehicle，即搬运机器人）制造商、物流与仓储自动化解决方案提供商。公司成立于2002年，自创建伊始即坚持走自主研发的道路，推出了系列安全、稳定、智能的AGV产品及相应的物流解决方案。

嘉腾机器人是中国工业机器人十大品牌商之一，是广东省高新技术企业、广东省机器人骨干企业、战略新兴骨干企业，是BVL德国物流联盟成员。迄今为止，公司获得的专利数近400项，产品获得国内外多项大奖。其中，2015年产品"大黄蜂"获创客中国企业组唯一的一等奖，同年单举升AGV获中国红星奖，2016年磁导航和惯性导航两款AGV产品获得世界工业设计界的"奥斯卡"大奖——德国红点设计奖，是中国唯一一个获得此奖项的机器人公司。嘉腾曾多次代表中国机器人参加德国汉诺威工业展，也是出口欧洲最早的中国机器人公司。

嘉腾的客户遍及全球40多个国家，其中包括60多家世界500强企业，客户涵盖奔驰、宝马、特斯拉、广汽集团、本田、丰田、大众等知名汽车生产商，华为、美的、海信、联想、纬创资通等通信、电子、电器类公司，以及中国中车集团有

广东嘉腾机器人自动化有限公司大门

标准产品生产车间

非标准产品生产车间

"嘉腾工匠奖"颁奖活动

限公司等交通、电力、航空、食品等众多领域的世界级公司。自2015年，嘉腾便是世界顶尖激光导航技术服务商NDC的全球战略合作伙伴。

嘉腾机器人的总部位于广东省佛山市顺德高新技术产业开发区（简称顺德高新区），拥有自有厂房4.7万平方米，交通便利，环境优美；另设有重庆分公司、广州分公司，并在中国境内设有20多个办事处，在北美、南美、欧洲、东南亚都有合作伙伴。嘉腾的智能制造专家团队核心成员已超过10位，分布在中国大陆（内地）、台湾、香港地区，以及德国等地，公司目前员工数为600多人，其中研发人员超过180人，软件开发人员超过30人。

为培养工匠、留住工匠，降低大制造部门的人员异动率，打造一流的技工队伍，制造一流的产品，公司特制定"嘉腾工匠计划"，以弘扬和培育工匠精神，打造爱岗敬业、精益求精、担当作为的工匠人才队伍。

嘉腾机器人在研发上秉承持续创新的理念，在工艺上秉承持续改善的工匠精神，以"做全世界最好的AGV"为使命，为打造全球顶级AGV而不懈奋斗。

二、工匠介绍

◇ 陈洪波

陈洪波，广东嘉腾机器人自动化有限公司联合创始人、董事、副总裁。2021年佛山市劳动模范。

从2005年起，他和他的团队，十年如一日，专注于国产移动机器人的制造与研发，曾三次走进德国汉诺威工业博览会，在世界最大的工业技术博览会舞台上展示中国的智能装备。2016年，嘉腾机器人"大黄蜂"和"小白豚"两个产品，荣获国际知名工业设计奖项"红点奖"。嘉腾机器人的产品已经获得超过60家世界500强企业的青睐。

在中共广东省委宣传部组织开展的"我和我的祖国"——庆祝新中国成立70周年百姓宣讲活动中，陈洪波作为省级百姓宣讲团成员，积极参加宣讲活动，用"坚持就是胜利——我的创业三部曲"的创业故事，激励大家敬业爱岗、传播正能量。

◇ 崔俊健

崔俊健，自动化设计与制造工程技术高级工程师、电工高级技师，现任广东嘉腾机器人自动化有限公司研发中心研发经理。2017年荣获佛山市突出贡献高技能人才，2018年荣获"佛山·大城工匠"称号，2020年荣获佛山市职工优秀发明大赛优秀创新成果奖（佛山市职工创新标兵）。

多次参与省重点技改项目、产学研项目、市创新科技项目、市重点领域科技攻关项目等。为各行各业提供智能化物流解决方案和智能设备超490项，服务对象企业涵盖电子电力、交通、航空、食品等众多领域的世界级企业。取得已授权专利50项，专利技术所涉及的订单销售额超7500万元。

广东天安新材料股份有限公司

一、企业概况

广东天安新材料股份有限公司（简称天安新材），成立于2000年，致力于专业生产环保高端家居装饰材料和汽车内饰材料。公司总部设在佛山市禅城区南庄镇吉利工业园新源一路30号，是国家级高新技术企业、国家火炬计划重点高新技术企业和广东省创新型企业。

天安新材在广东佛山和安徽全椒共设有三个制造基地。公司自主研发的用于家居装饰、大型船舶装饰、汽车动车内饰的新兴装饰材料在产品研发、市场占有率、生产规模、产品质量等方面处于国内领先地位。

天安新材拥有自主知识产权及核心竞争力，经过近20年在饰面装饰材料行业的深耕细作，实现了从传统装饰材料到更具核心竞争优势的环保新材料产品的转型升级。被工信部评为"绿色工厂"，是第三批专精特新"小巨人"企业、"国家知识产权优势企业"、"广东省知识产权示范企业"、"广东省两化融合管理体系贯标试点企业"，并通过了企业知识产权管理规范贯标认证。

天安新材自创立以来一直围绕高端定位、绿色环保、精品战略的总体方针，致力于"成为全球领先的环保艺术空间综合服务商"，秉承"科技与艺术创造美好生活"的企业使命，将绿色环保理念、健康生活方式通过环保装饰饰面材料嵌

▌天安新材梧村厂区

▌天安新材国家认可实验室

▌天安新材辐照中心

入空间装饰领域。

2021年4月，天安新材完成了对浙江瑞欣装饰材料有限公司（简称瑞欣装材）60%股权的收购，瑞欣装材位于浙江省嘉兴市嘉善县，是一家专业的装饰材料生产企业，一直专注于高端耐火板、不燃高压树脂等装饰材料的研发和制造，是国内耐火板材第一梯队企业，拥有多项船级社认证证书、中国绿色环保建材认证、铁道部产品质量认证等资质，技术行业领先，拥有较高的工艺水平，并获得多项发明和实用新型专利。瑞欣装材产品主要应用于大型船只（游轮）、医院内墙装饰、净化室、高铁动车、酒店内饰等公共设施及外墙等领域。

天安新材2021年8月完成了对佛山石湾鹰牌陶瓷有限公司、河源市东源鹰牌陶瓷有限公司、佛山鹰牌科技有限公司、佛山鹰牌陶瓷贸易有限公司各66%股权的收购。鹰牌陶瓷拥有47年历史，是国内驰名商标、中国陶瓷著名品牌，已在全国各地建立了1000多家经销商和展厅门店。总部位于"中国陶都"——广东佛山，是享誉国际的现代建筑陶瓷生产企业之一。主要经营建筑陶瓷业务，致力于高品质建筑陶瓷制品的研发、生产和销售。产品覆盖瓷质无釉砖、瓷质有釉砖两大类别，主要包括抛光砖、抛釉砖、仿古砖等，广泛应用于写字楼、政府机关、星级酒店、文教体卫建筑等公共建筑及住宅建筑装修装饰。

研发情况

在技术创新方面，天安新材已经形成了以省级企业技术中心为核心的技术研究开发体系，并设有国家认可实验室及广东省聚合物工程技术研究开发中心、广东省新型高分子表层工程实验室、佛山市企业博士后工作站广东天安新材料股份有限公司分站等产品技术创新平台。近年来，公司不仅逐步增加了气味实验室、甲醛实验室、VOC实验室等与人体健康息息相关的性能检测科室，还陆续增设了抗菌、防污等与环保相关的化学性能、安全性能检测科目，一举跻身国家认可实验室的行列。

同时，公司先后承担了国家火炬计划、广东省重大科技专项等项目开发，形成了2项PCT国际专利、53项发明专利、72项实用新型专利及16项外观设计专利；成果获广东省科学技术进步奖二等奖、中国专利优秀奖等技术成果水平的权威认证。在自我提升的同时，公司还积极地参与制定了3项国家标准和5项行业标准，为行业的发展提供了可行的技术标准和规范，建立并规范了行业技术和相关产品生产与应用的评价方法，逐步提升行业产品准入指标。

二、工匠介绍

◇ 宋岱瀛

宋岱瀛，高级工程师，佛山市首届"佛山·大城工匠"，广东省硕士研究生联合培养基地材料与化工专业硕士研究生导师；现任职广东天安新材料股份有限公司副总裁，广东天安高分子科技有限公司法人代表、副总裁。

自华南理工大学毕业后，他一直从事高分子复合饰面装饰材料的制造与研发，长达28年。目前，在他的带领下，公司已经组建了一支87人的科研队伍，其中高级职称人员2人、中级职称人员15人。在近5年里，宋岱瀛带领的技术团队主持科研项目超10项，年均研发投入超2000万元。其中包括：2016年主持完成的广东省重大科技专项"环境友好电子束固化表面改性高分子复合材料的研究"、广东省战略性新兴产业核心技术攻关"双真空三维成型用环保聚丙烯吸塑材料的压延生产技术研究"（替代，原负责人丰俊湘2015年离职）2项省级政府科技计划项目。

▍天安新材雏鹰人才计划

▍天安新材精英团队拓展活动

在天安新材任职期间，他主持的创新项目累计取得了科研成果65项，其中，获授权专利47项，包括PCT专利的日本授权、欧洲授权各1项，发明专利23项。"基于电子束辐照复合薄膜的研究及应用"成果经鉴定达到了国际先进水平，"新型TPO汽车内饰材料的研发及产业化"等8项成果达到了国内领先水平。

创新成果获得广东省科学技术进步奖二等奖（第1完成人）、国家专利奖优秀奖、广东省专利银奖等荣誉。创新成果转化成为"液体激冷法生产高光泽PVC装饰片材""绿色环保耐候的汽车内饰新型复合材料"等国家重点新产品、广东省名优高新技术产品，不仅使企业每年的高新技术产品销售收入占比达到70%，还推动企业实现了产品的三次转型升级，打破了丰田、日产、标致等国际品牌汽车内饰产业链的技术壁垒，成功登陆国际高端汽车内饰市场。通过欧盟EN71标准、RoHS标准、REACH标准等检测，成为拥有美国船级社（ABS）、挪威船级社（DNV）、英国船级社（LR）、日本船级社（NK）及欧盟认证的企业，攻破了船舶行业的技术壁垒。其中，印刷技术、表面处理技术成果与创意风格设计的结合，更是形成了引领行业潮流趋势的时尚化、高品质家居装饰饰面材料。

而且，他还参与制定了1个国家标准、2个行业标准和地方标准及多个企业标准，规范了装饰材料行业多种产品的性能指标。这些标准的制定，不仅彰显了宋岱瀛在行业的领导力和影响力，也为产业的升级发展提供了必要的依据。

广东必得福医卫科技股份有限公司

一、企业概况

广东必得福医卫科技股份有限公司（简称必得福），始建于1994年，总部位于佛山市南海区九江镇沙头石江工业区，曾用名佛山市南海必得福无纺布有限公司，旗下有佛山市南海康得福医疗用品有限公司（简称康得福）、广东稳德福医疗制品有限公司、江苏稳德福无纺布科技有限公司、稳德福无纺布（天津）有限公司、Uniquetex（美国优尼特）和日本稳德福株式会社等企业。

必得福专业从事无纺布、无纺布深加工、无纺布医疗制品和无纺布一般制品的研发、生产和销售。目前拥有中大型无纺布生产线22条，年设计产能达12万吨，主要产品包括：（1）卫生制品用无纺布，包括纺粘、纺熔复合无纺布、弹性布，以及采用亲水、拒水、超柔软、打孔等处理的无纺布；（2）医疗耗材用无纺布，主要为纺熔复合无纺布，以及经过三抗处理的复合无纺布、喷胶复合无纺布；（3）工农业产品用无纺布，主要为添加抗老化剂等的纺粘无纺布。

医疗制品部分，必得福下属核心企业康得福拥有超3万方洁净车间，执行ISO 13485医疗器械质量管理体系，拥有国内一类、二类无纺布制医疗器械生产资质，产品获得欧盟CE、美国FDA认证，远销海内外。主要产品包括医用口罩、防护口罩、医用一次性防护服、一次性使用医用隔离衣、手术衣、手术铺单、灭菌包布

必得福佛山1号门厂区

L线（SSMMS纺熔复合生产线）

车间优秀员工评选活动

等。2020年，必得福迅速响应号召复工复产，顺利完成了国家下达的9.6万件国标医用防护服，佛山市政府下达的14.78万件医用防护服、1640.5万个一次性口罩、1.06万个N95口罩等的生产任务。先后收到国务院应对新型冠状病毒感染的肺炎疫情联防联控机制（医疗物资保障组）、广东省新冠肺炎防控指挥部办公室物资保障一组、佛山市新型冠状病毒肺炎疫情防控指挥部办公室发来的感谢信；必得福获评"广东省抗击新冠肺炎疫情先进集体"称号，康德福获评工业和信息化部"抗击新冠肺炎疫情先进集体"称号。

必得福凭借领先的技术和科学管理，优质的产品质量，在无纺布及无纺布制品领域取得较高知名度，公司拥有10余项发明专利及数十项实用新型专利，是国家高新技术企业、南海区"雄鹰计划"重点扶持企业、南海区制造业隐形冠军（医用基布）、佛山百家优秀民营企业、佛山市质量强市细分行业龙头企业；建有广东省工程技术研究中心、佛山市工程技术研究中心，并被认定为广东省企业技术中心；2011—2021年，连续10多年为中国非织造布行业十强企业，2017—2019年连续被评为全国纺织行业实施卓越绩效模式先进企业；"高端医用防护创新产品MBB"和"高端医用复合材料生产线SSM-MS"项目获得"十二五"计划期间纺熔非织造布行业重大科技进步奖，"美丝系列无纺布项目"获得中国技术市场金桥奖。必得福是中国产业用纺织品行业协会副会长单位、佛山市南海区医卫用产品行业协会会长单位，参与起草制定多个非织造布行业标准。

目前，必得福正积极筹备上市，并加速佛山工厂新的8号门生产基地建设计划，同时已订购全球领先水平的生产设备，加快人才梯队建设，以维持公司的长远发展。

二、工匠介绍

◇ 朱丽平

朱丽平，广东必得福医卫科技股份有限公司设施管理班班长，2020年获全国优秀农民工，2019年获佛山市南海区九江镇"构建和谐劳动关系之星"——热爱企业优秀员工。

朱丽平于2000年加入必得福，至今兢兢业业地在设备维修部岗位上默默地耕耘，先后参加厂房构建、无纺布生产线组建、洁净车间改造等重点工程建设。

2001年，也就是朱丽平刚熟悉公司设备维护维修工作的第二年，公司购买了第一条非织造布生产线，由于当时公司乃至全国都缺乏

必得福设施管理班班长、全国优秀农民工朱丽平

非织造布生产设备安装经验，公司设备安装团队迎来从未遇见过的挑战，但朱丽

平及团队成员无所畏惧，一次次地反复装卸安装，一次次地连续改造设备结构，甚至晚上在梦中想通问题都会马上醒来打电话和工程师们请教。为了攻克技术难关，朱丽平连续几天几夜驻扎在安装现场，最终使生产线成功投产，第一次生产出属于必得福自己的非织造布。

2009年，公司从美国引进国内首条5个纺丝头的医用非织造布生产线，运回来的零部件货柜超过150个，安装时长和难度前所未有，但被任命为班长的朱丽平带领团队，历经1年半时间的安装改装、研发新部件，使生产线最终成功投入运营。该生产线成为当时在全国屈指可数的可生产医疗用无纺布的设备之一。

2019年，公司购买了一条7.2米幅宽的双组份生产线，全球仅有3条，该生产线庞大的占地面积和结构与公司任何一条3.2米的非织造布生产线不同，该项目要求的基建布局和设备定位十分严格和精准。面对新的设备零部件、新安装工艺带来的难题，朱丽平带着团队一一攻克，发挥了学习型班组的精神，也为2020年疫情期间双组份生产线改造生产熔喷布奠定了基础。

2020年初，他充分运用以往的工作经验对防疫物资生产设备复产排检，并召集班组成员回岗、下达设备复产攻坚任务。之后更是没日没夜驻扎在生产一线，为公司在1月28日顺利交付2000件防护服任务提供不可或缺的支持。随后马上转战口罩和防护服原材料——熔喷布生产设备的复产检修工作。朱丽平带领攻坚小队不辞劳苦实行两班倒，甚至一周睡眠时间不足30小时，他表示："疫情的防控，没有旁观者，人人都是抗击疫情的主角，尤其是我们作为抗疫物资生产企业的员工。我们有义务承担起这份社会责任，为战胜疫情作贡献。"

从水电工、缝纫工到装配工，历练过多个岗位的朱丽平逐渐成长为公司的业务骨干。如今，他已从学徒成为老师傅，手下带出了十几个徒弟。对于新跟班的学徒，他总会重复着当年师父对自己的告诫："耐下心，认真干。"

佛山市高明福煌五金制品实业有限公司

一、企业概况

佛山市高明福煌五金制品实业有限公司（简称福煌五金、福煌）是一家拥有50多年铸铁搪瓷产品生产经验，集设计、开发、生产和销售于一体的领先铸铁厨具生产商。公司主要生产铸铁珐琅（搪瓷）厨具、铸铁茶壶、铸铁炉架、铸铁炉头、铸铁烤网、铸铁烤板等。

福煌总部生产基地位于中国广东省佛山市高明区沧江工业园，临近机场及港口，拥有便利的海陆空运输条件。

福煌工厂面积约7.9万平方米，拥有3条先进的垂直分型无箱射压全自动铸造生产线，型腔尺寸为750毫米×530毫米×250毫米，产能为320型/小时；2250瓦中频电炉2套，熔炼能力达3吨/小时；1250瓦中频电炉3套，熔炼能力达2吨/小时。拥有3条隧道式全自动辊轴搪瓷生产线，2台CNC数控加工中心及其他的冲压车床机械设备，产能达1200吨/月。

目前，福煌产品主要以高端产品为主，销往欧美、东南亚、澳大利亚和国内等地区。与惠而浦、通用电气、伊莱克斯、威焙等世界知名品牌都保持着长期供货合作关系。为了更好地把福煌高品质产品和服务介绍给世界其他地区的客户和消费者，福煌也在开发其他地区的新兴市场，如南美、非洲等。

2011年，成立佛山市住味宝厨具贸易有限公司，创立自主品牌"铸味Jill May"。拥有一支涵盖研发、设计、生产及营销的专业团队，贴近前端市场资讯，不断创新，力求提供给顾客更新更好的产品及服务。

为了提高公司自动化生产能力，公司在2012年增加了一条自动浸搪搪瓷生产线，稳定高效自动化搪瓷生产，产能达到500件产品/小时。2017年，公司再新增一条全自动喷涂搪瓷线，产能达到700件产品/小时，进一步提升搪瓷的大规模生产及供货能力，增强搪瓷生产自动化能力，从而达到节能降耗、增加市场竞争力的目标。

▌铸造车间熔炼铁水

▌2018年，福煌五金获"佛山红模铸造工艺传承基地"称号

▌搪瓷车间珐琅生产线烧结工序

2019年，福煌五金挺进广西，在广西玉林陆川县建立占地200多亩的广西生产基地，专门从事铁镬铸造项目。此技术源于福煌五金所传承的非遗项目——传统佛山红模薄镬技术，结合先进的钢模压铸、氮化、氧化等当代制造技术，进行传承创新。产品面向两广及全国各地，并出口东南亚国家。目前投产的铁镬生产线，日产能达3000多口。

福煌将继续秉持"品质优先，顾客至上"的经营理念，不断提升自己，致力于把福煌打造成国内乃至世界一流的铸铁厨具生产商，为客户和消费者提供更多优质满意的产品和服务，缔造舒适愉快、高品质的厨房生活。

二、工匠介绍

◇ 庞耀勇

庞耀勇，佛山市高明福煌五金制品实业有限公司董事长、佛山市市级非物质文化遗产红模铸造工艺传承人、2018年佛山市高明区第二届"高明工匠"。

庞耀勇沉浸铸铁行业50年，一手复原出历史上的佛山红模铸造传统工艺，成为佛山市市级非物质文化遗产红模铸造工艺传承人，在他身上活现了传承创新的当代匠人精神。

佛山市高明福煌五金制品实业有限公司总经理、2018年佛山市高明区第二届"高明工匠"庞耀勇

庞耀勇可说是诞生在一个铸铁世家，3岁起就随父亲在铸造厂玩耍。对他而言，泥沙和铸铁就像朋友一样亲近。

1996年接过父亲的担子，创业之初，庞耀勇专门到日本学习铁壶铸造技术。1998年，他接了一批美国的订单，共要生产1.2万套铸铁锅，由于当时的铸造设备和搪瓷设备无法支持制作产品，样品根本无法做出，一时间举步维艰。因为"诚信"二字，庞耀勇下定决心要攻克技术难关，经过一年半的努力，终于完成任务。当样品制作成功的时候，他整个人抱着铸铁锅喜极而泣。

2004年，福煌五金创立自主品牌并移师高明扩产。到了2012年，福煌五金创立"住味宝"品牌，主营产品有铸铁厨具。

庞耀勇凭着锲而不舍、精益求精、创新完美的"工匠精神"，设计和生产出每一件铸铁产品。只要客户描述所需产品的大致概念，他就会动手画图，反复修改，把客户的概念产品变为现实产品呈现出来。

庞耀勇对铸铁一行可说是相当痴迷，每天喜欢在车间倒腾技术和产品，永远心怀好奇。一次偶然的机会，庞耀勇在《佛山明清冶铸》一书中发现了10张清代佛山铸铁锅的通草画，里面记载了红模铸造法传统工艺。红模铸造曾是佛山铸造历史文化瑰宝，至今已有500多年的历史。时移世易，随着工业化进程推进，一度消失了近百年。

庞耀勇带领团队反复试验，经历过无数次失败。最终，以传统工艺制造出一只只有2毫米壁厚的铁锅。这项生产老工艺，也跻身佛山市市级非遗名录。但庞耀勇并未止步于此，他经过不断摸索，将非遗工艺红模铸造法精铸的特性与现代机械生产有机融合，推进非遗走向产业化，使新产品走出国门，深受欢迎。

多年的铸造实践让庞耀勇领悟到，铸造的过程即一段铸造人生的过程。他希望以自己坚持多年的手工铸铁技艺，让更多人领略佛山铸铁之美、感悟铸造人生。